AF639489

Peter Köster SJ

Geistliche Begleitung

Eine Orientierung für die Praxis

Peter Köster SJ

Geistliche Begleitung

Eine Orientierung für die Praxis

eos

Umschlag: Eberhard Münch, ohne Titel, Aquarell
© adeo Verlag in der Gerth Medien GmbH, Asslar,
Verlagsgruppe Random House GmbH, München, www.adeo-verlag.de

Imprimi potest
Coloniae, die 14. Februar 2002
Franz Meures SJ
Praep. Prov. Germ. Sept.

1. Auflage 2002
2. erweiterte Auflage 2009
3. verbesserte Auflage 2013
4. Auflage 2018

Copyright © by EOS Verlag Sankt Ottilien
mail@eos-verlag.de
www.eos-verlag.de

ISBN 978-3-8306-7386-6

Bibliografische Information der Deutschen Bibliothek
Die Deutsche Bibliothek verzeichnet diese Publikation
in der Deutschen Nationalbibliografie;
detaillierte bibliografische Angaben
sind im Internet unter http://dnb.ddb.de abrufbar.

Alle Rechte vorbehalten.
Kein Teil des Werkes darf in irgendeiner Form
(durch Fotografie, Mikrofilm oder ein anderes Verfahren)
ohne schriftliche Genehmigung des Verlags
reproduziert oder unter Verwendung elektronischer Systeme
verarbeitet, vervielfältigt und verbreitet werden.

Pustet Druck Regensburg
Printed in Germany

Die Altväter der Vorzeit begaben sich in die Wüste
und machten nicht nur sich selber gesund,
sondern wurden auch noch Ärzte für andere.
Wenn aber von uns einer in die Wüste geht,
dann will er andere früher heilen als sich selbst.
Und unsere Schwäche kehrt zu uns zurück
und unsere letzten Dinge werden ärger als die ersten.
Daher heißt es für uns: Arzt, heile dich vorher selber!

Antonius der Große

Ich wäre langsam im Sprechen,
würde beim Zuhören zu lernen versuchen
und bliebe dabei innerlich ruhig,
um Gedanken, Gefühle und Absichten
der Sprecher aufzufassen
und hernach umso besser zu antworten
bzw. um so besser zu schweigen.

Ignatius von Loyola

Ich bin sachte durch's Leben gegangen
ich habe mich nicht in das Leben anderer gedrängt,
sondern von ihnen gelernt;
habe sie nicht manipuliert, sondern versucht,
ihnen Gelegenheit zu geben, zu **sein.**

Carl R. Rogers

Inhaltsverzeichnis

Vorwort

Unsere gesellschaftliche Situation ist gekennzeichnet von einem Überangebot an Sinnentwürfen bei einem gleichzeitigen Verlust an verlässlichen Normen und Werten, die Orientierung und Entscheidungshilfen geben. Die Pluralisierung der Lebensformen macht es nicht mehr möglich, allgemein gültige und verbindliche Konzepte vom „richtigen Leben" zu formulieren. Im Zuge der gesellschaftlichen Individualisierung haben die traditionellen Instanzen der Sinnvermittlung an Bedeutung verloren und z. T. ihre Glaubwürdigkeit eingebüßt. Mit der Entwicklung zur Individualisierung von Lebenssituationen und Lebensrisiken und damit zur Auflösung traditioneller Verbindlichkeiten und solidarischer Lebenszusammenhänge wird der Einzelne mehr und mehr auf sich selbst verwiesen und zum Gestalter seiner eigenen Lebenswelt. Dabei ist er zunehmend auf Hilfe angewiesen, um in der Fülle der Möglichkeiten und dem Nebeneinander von Unvereinbarem sein Leben nicht zu verfehlen.

In der Kirche hat der gesellschaftliche Veränderungsprozess zu großen Verlusten an traditioneller Kirchlichkeit bei den Gläubigen geführt. Doch die Fragen nach persönlicher und spiritueller Identität sind keineswegs verstummt. Viele Menschen suchen nach den verborgenen Quellen gläubiger Lebensgestaltung, nach einem „Ort", wo sie Lebensdeutung und Lebenshilfe erfahren und sich ihnen die Chance bietet, im Glauben Mensch zu werden, zu wachsen und zu reifen.

Diese Situation ist eine große Herausforderung und muss als Chance verstanden werden. Als Christen sind wir mitten hineingestellt in diesen dramatischen Prozess, in eine Entwicklung, der auch das Kommen des Gottesreiches verheißen ist.

Geistliche Begleitung muss im Kontext der gegenwärtigen gesellschaftlichen und kirchlichen Wandlungsprozesse als ein Dienst an den Menschen verstanden werden, die danach suchen, wie Geschehen und Erleben ihrer Alltagswirklichkeit zu gläubiger Erfahrung und Lebensgestaltung werden kann. Dabei sind die komplexen Zusammenhänge von menschlicher Entwicklung und geistlichem Wachstum nicht außer Acht zu lassen.

Die vorliegende Orientierung für die Praxis geistlicher Begleitung ist auf dem Hintergrund meiner Erfahrung von mehr als drei Jahrzehnten im Begleiten vieler Menschen aus unterschiedlichen Berufen und Lebensformen sowie langjähriger Supervision und Praxisreflexion von geistlichen Begleitern und Begleiterinnen entstanden. Sie möchte dieser Praxis dienen und in knapper Form wesentliche und unverzichtbare Aspekte des Begleitgeschehens und seiner Voraussetzungen herausstellen, ohne diese Einführung mit zu vielen Details zu überfrachten.

In den Kapiteln 4 und 5, 12 und 16 werden Orientierungen für die Gebetspraxis des Begleiteten gegeben. Diese vier Kapitel wurden als „kleine Gebetsschule" für die Hand des Begleiteten auch gesondert unter dem Titel „Beten lernen – konkrete Anleitungen, praktische Übungen, spirituelle Impulse" im Benno Verlag herausgegeben.

Das Buch ist als praktische Grundorientierung für Begleiter und Begleiterinnen konzipiert. Die geistliche Begleitung von Gruppen wird in dieser Einführung nicht berücksichtigt. Sie bedarf einer eigenen Darstellung.

Die erste Auflage hat ein so positives Echo gefunden, dass ich das Buch nun in einer leicht überarbeiteten und um drei Kapitel erweiterten Auflage herausbringe.

Frankfurt am Main *Peter Köster SJ*

Einleitung

Im zweiten Buch der Makkabäer (1,19-22) wird erzählt, wie Einwohner Jerusalems nach dem Fall der Stadt (587 v. Chr.) in die Verbannung geführt wurden. Sie hatten alles verloren, was ihrem Leben Sinn und Identität gab: Die politische Existenz Judas war verspielt. Mit der Daviddynastie ging es zu Ende: Der letzte König, Zedekia, wurde geblendet ins Exil gebracht und starb dort. Jerusalem lag in Trümmern, der Tempel war zerstört. Heimat, König, Tempel sind wie Symbole einer großen unwiderbringlich vergangenen Tradition, das *Exil ein Bild für verlorene Identität.* Die gewaltsame Vertreibung, die räumliche Deportation in eine ethnisch wie religiös-kulturell fremde Umwelt ist wie ein Bild für die innere Entfremdung von sich selbst, für den Identitätsverlust, der sich längst in den Herzen der Menschen vollzogen hatte. Steine und Strukturen, Riten und Gebräuche hatten aufgehört, Zeichen der größeren Sehnsucht nach dem lebendigen Gott zu sein.

Und doch war das *Feuer* vom Altar des Tempels noch nicht erloschen. Man hatte es geborgen und im Schacht eines leeren Brunnens versteckt. Das Feuer, Symbol für Gottes leidenschaftliche Sehnsucht nach dem Menschen, aber auch Bild der Sehnsucht des Menschen nach Gott, sollte nicht verlöschen (Lev 6,5 f.). Es brannte noch an einem geheimen Ort. Nur wenige wussten von dem Brunnenschacht und dem Licht, das dort in der Nähe verlorener Identität noch flackerte. „Darüber vergingen viele Jahre ..." (V. 20).

Im Exil fand Israel in langwierigen und schmerzlichen Prozessen zu einer neuen und vertieften Identität. Die Sehnsucht, heimzukehren zu ihrer alten Freiheit, bekam neue Nahrung. Israel brauchte einen Ort, einen Raum, in dem es seine neue Identität ungehindert leben konnte, und das war nicht länger das Land fremder Herrschaft. Ein neuer Exodus musste gewagt werden ...

Als Teile Israels den Ort wiedergefunden hatten, den Gott für sie bestimmt hatte, und sie nach dem Feuer suchten, das ihre Väter einst versteckt hatten, entdeckten sie in dem Brunnenschacht nur eine *zähe Flüssigkeit.* Das Feuer war erloschen. Diese Flüssigkeit ist wie ein Bild für die Energie, die im Menschen noch vorhanden ist, auch wenn sie nicht mehr brennt. Wenn göttliche Energie und menschliche Energie neu zusammenfinden, dann kann sich das Feuer neu entfachen. „Nach einiger Zeit brach die Sonne hervor ... Da flammte ein großes Feuer auf und alle staunten" (V. 22). *Das Bereiten des Opfers* ist wie eine Symbolhandlung für die Disposition des Menschen, sich von Gott neu entflammen zu lassen. Nehemia fungiert hier wie einer, der den ganzen Prozess begleitet. Er weiß, dass er die Flamme nicht entzünden kann. Er muss geduldig warten, bis der göttliche Funke überspringt.

Wir leben in einem gesellschaftlichen Kontext, in einem kulturellen Milieu, das oft unbemerkt einen Teil unserer Identität aufzehrt und zu einer inneren Entfremdug von uns selbst führt. Darüber können Jahre vergehen ... Im kirchlichen Umfeld haben Steine und Strukturen, Riten und Gebräuche vielerorts aufgehört, Zeichen der größeren Sehnsucht nach dem lebendigen Gott zu sein, obwohl noch alles funktioniert. Manchmal erinnern wir uns daran, dass es einmal ein Feuer gab, ein Licht, das uns wärmte und Orientierung gab, eine Begeisterung, die uns mit Leben und Leidenschaft erfüllte für etwas, das größer war als wir selbst. Manchmal ahnen wir, dass es dieses Feuer noch gibt, dass es an einem geheimen Ort noch brennt, wenn die Sehnsucht in uns aufflackert, heimzukehren zu unserer alten Freiheit, zu der Freiheit, die Gott uns zumutet.

Die Suche nach dem verborgenen Brunnenschacht braucht ortskundige Leute, die unter den Trümmern und dem Schutt verlorener Identität das versteckte Feuer wieder entdecken. Sie müssen in Verbindung stehen mit jenen, die sich eine lebendige Beziehung zu dem Feuer bewahrt haben und die darauf vertrauen, dass das Feuer wieder gefunden und neu entfacht werde.

Es kann sein, dass wir dann nur noch eine zähe Flüssigkeit entdecken, kein Feuer mehr. Aber diese zähe, dickflüssige Masse kann zu einem Feuer aufflammen, wenn wir sie wieder in Verbindung bringen mit dem, der größer ist als wir selbst und geduldig darauf warten, bis der göttliche Funke überspringt.

Wir leben, um einer persönlichen Bestimmung zu folgen und in dieser Welt eine persönliche Spur zu hinterlassen. Um seelisch gesund zu bleiben – und das hat auch seine Auswirkungen auf das Leibliche –, gilt es, dieses Besondere, dieses unverwechselbar Einmalige zu entdecken und zu respektieren. Unsere Menschwerdung kann nur gelingen, wenn wir damit in Übereinstimmung kommen und unserer persönlichen Lebensberufung folgen.

Manchmal ist es ein nachhaltiger Traum, der uns stimmungsmäßig stark beschäftigt, – ein Traum, der uns auf die Spur unserer persönlichen Bestimmung stößt und wir unmittelbar spüren, dass wir uns verlieren, wenn wir dieser Spur nicht folgen. Manchmal kann uns auch die Erfahrung der Lebensmitte oder andere bedeutsame Lebensübergänge dazu bringen, Bilanz zu ziehen, weil wir mehr ahnen als wissen: Es gibt etwas in unserem Leben, das nicht zum Leben kommt, wenn wir so weiter leben wie wir leben. Auch eine plötzliche Krankheit kann uns zu dieser Einsicht bringen. Irgendwann spüren wir, ob wir eher einem kahlen Strauch in der Steppe gleichen, auf ausgedörrtem Boden, wo niemand wohnt – wie der Prophet Jeremia sagt (17,5-8), oder ob unser Leben einem Baum gleicht, der am Bach steht und zum Wasser hin seine Wurzeln ausstreckt und auch unter extremen Bedingungen nicht aufhört, Früchte zu tragen.

Geistliche Begleitung kann dann beginnen, wenn jemand sich auf die Suche nach dem verborgenen Brunnenschacht macht, um das versteckte Feuer (wieder) zu entdecken und sein Leben mit jener Sehnsucht in Verbindung zu bringen, die Gott *selbst* ihm ins Herz geschrieben hat. Er wird dann jemand aufsuchen wollen, von dem er hofft, dass dieser in einer lebendigen Beziehung zu dem Feuer steht und darauf vertraut, auch in ihm dieses Feuer (wieder) zu finden oder dass es (neu) entfacht werden kann, wenn nur eine zähe Flüssigkeit übrig geblieben ist. Geistlicher Begleiter* wird jemand dadurch, dass er von einem Suchenden um diesen Dienst gebeten wird. Er muss darum wissen, dass er selbst die Flamme nicht entzünden kann, und dass er geduldig warten muss, bis der göttliche Funke überspringt. In der geistlichen Begleitung kommt es vor allem darauf an, dem Begleiteten *konkrete* Hilfen zu geben, wie er Gottes Wirken im eigenen Leben entdecken und wie er mit ihm in einen Dialog kommen kann über alltägliche und bedeutsame Erfahrungen seines Lebens und über zentrale Fragen seiner Gottesbeziehung.

Geistliche Begleitung erfolgt normalerweise in einem zeitlichen Abstand von etwa vier Wochen. Der Begleitete reserviert sich täglich ein gewisses Maß an Zeit für seine Gebetsübungen, um seine Beziehung zu Gott zu pflegen und sein Leben auf ihn hin auszurichten. Im Zentrum des Begleitgeschehens steht die Beziehung zwischen dem Begleiteten und Gott. Die Begleitung geschieht in einer Atmosphäre der „Anwesenheit Gottes". Er ist bei diesem unverfügbaren Geschehen der eigentlich Handelnde. Der Begleiter spielt dagegen eine eher untergeordnete Rolle.

Damit Gott in der Begegnung zwischen Begleiter und Begleitetem auch wirklich im Mittelpunkt steht, ist auf beiden Seiten eine innere Unabhängigkeit und diskrete Freimütigkeit Voraussetzung. Deshalb empfiehlt sich für den Anfang, zunächst etwa drei Termine zu vereinbaren, in deren Ablauf jeder unabhängig voneinander prüfen kann, ob die Beziehung für eine Fortführung der geistlichen Begleitung förderlich ist. Der inneren Freiheit beider Seiten dient auch, die Fortsetzung zunächst auf einen Zeitraum von etwa einem Jahr zu begrenzen und dann erneut zu entscheiden. Ein solcher Kontrakt kann auch helfen, in schwierigen Zeiten den eingeschlagenen Weg konsequent weiter zu gehen.

Geistliche Begleitung steht in einer langen kirchlichen Tradition. Im frühen Mönchtum wurde geistliche Begleitung in erster Linie als *Mystagogie* verstanden, als Hinführung zur Kontemplation, zur Begegnung mit dem Geheimnis Gottes. Voraussetzung dafür war, dass jemand aus einem langjährigen Leben in der Nachfolge Jesu um die geheimnisvollen Wege Gottes mit den Menschen weiß, dass er im Kampf mit seinen Leidenschaften und in Auseinandersetzung mit seinen Bedürfnissen und

* Aus stilistischen Gründen verwende ich keine inklusive Sprache. So heißt es im Folgenden immer: der geistliche Begleiter bzw. der Begleitete, obwohl immer mitgemeint ist: die geistliche Begleiterin bzw. die Begleitete.

Gefühlen zu einem erlösten Umgang mit ihnen gefunden hat und mit seiner Versuchbarkeit und Schwäche vertraut ist. Neben dem jahrelangen Kampf um die Läuterung des eigenen Herzens braucht es für die geistliche Begleitung die Gabe der *Herzenskenntnis* (*kardiognósis*) und die Gabe der *geistlichen Unterscheidung* (*diakrísis*). Beide Charismen sind Gaben des Hl. Geistes, nicht Fähigkeiten, die man sich auf gewöhnliche Weise mit einer bestimmten Methode erwerben kann.

Nur wer über die Erfahrung eigener Schwäche und im Ringen mit den lebenzerstörenden Kräften zu einem barmherzigen Umgang mit sich selbst gefunden hat, wird spüren, was für den Begleiteten in seiner jeweiligen Situation angemessen ist, ohne ihn mit Idealen zu überfordern. Auf diese Weise wird er die Sehnsucht des anderen nach Gott stärken und ihn auf dem Weg seiner Gottsuche ermutigen. Dabei darf der Begleiter niemandem die Verantwortung für seinen Weg abnehmen. Einfühlsam eröffnet er dem Begleiteten Erfahrungsmöglichkeiten, die ihn die ganze Wahrheit seines Herzens nach und nach entdecken lassen. Dabei ist es unerlässlich, im Gebet vor Gott für ihn einzustehen. Es geht also bei der geistlichen Begleitung im frühen Mönchtum in erster Linie um das Einüben von Grundhaltungen. Deshalb warnt ein unbekannter Mönchsvater: „Lehre nicht vor der Zeit, sonst wirst Du Dein ganzes Leben nicht verständig!"

Geistliche Begleitung heute muss in Verbindung mit diesen Ursprüngen sowie einer profunden Kenntnis anthropologischer Gegebenheiten und Voraussetzungen verstanden und praktiziert werden. Von daher wird auch deutlich, dass die Fähigkeit zu geistlicher Begleitung, wie bei den Wüstenvätern und -müttern, nicht an ein Weihesakrament gebunden ist.

1. Kapitel

Anthropologische Voraussetzungen für geistliche Begleitung

Der person-zentrierte Gesprächsansatz nach Carl R. Rogers ist ausgiebig erforscht und in vielen Abhandlungen dargestellt und beurteilt worden. Es gibt kein anderes psychotherapeutisches Verfahren, dass so gründlich mit Methoden empirischer Forschung untersucht wurde wie die person-zentrierte Psychotherapie. Sie hat weit über den psychologischen Bereich hinaus Anerkennung und Anwendung gefunden, besonders in der praktischen Theologie und Seelsorge. In vielen pastoralen Ausbildungsgängen finden sich Einheiten zur person-zentrierten Gesprächsführung nach Rogers. Ich setze die Kenntnis dieses Gesprächsansatzes hier voraus und beschränke mich darauf, ihn mit Hilfe einer Grafik als einen wichtigen Ausgangspunkt und als eine Voraussetzung für geistliche Begleitung kurz zu skizzieren. Auf dieser Grundlage gibt die nächste Grafik Auskunft über den Zusammenhang zwischen person-zentrierter Gesprächsseelsorge und geistlicher Begleitung sowie über die Unterschiede zwischen beiden Formen von Begleitung. Die zweite Grafik enthält bereits die wichtigsten Orientierungen für geistliche Begleitung, sowohl im Blick auf den Begleiter wie auf den Begleiteten. Sie werden in den folgenden Kapiteln im Einzelnen dargestellt.

1. Der person-zentrierte Ansatz nach Carl R. Rogers ist in erster Linie „eine Seinsweise" (a way of being). Sie findet ihren Ausdruck in Einstellungen (Grundhaltungen) und Verhaltensweisen, die ein wachstumsförderndes Klima schaffen. Die Präsenz des Begleiters, seine *Gegenwärtigkeit* umfasst die Grundhaltungen und aktualisiert bzw. intensiviert sie.

2. Die Grundhaltungen sind die immer konkreten Ausdrucksweisen der *einen* Grundhaltung des Begleiters gegenüber seinem Gesprächspartner und zugleich die Ausdrucksweisen seines zu Grunde liegenden Menschen- und Gottesbildes: Nach christlicher Auffassung ist der Mensch in seinem innersten Kern Abbild Gottes und hat damit eine von seinem Schöpfer eingestiftete positive Grundausrichtung. Nach Rogers beruht der gesamte person-zentrierte Ansatz auf einem grundlegenden Vertrauen in die menschliche Natur. In jedem Organismus, auf welcher Ebene auch immer, gibt es ihm zufolge eine zu Grunde liegende Ausrichtung auf eine konstruktive Erfüllung seiner innewohnenden Möglichkeiten. Der innerste Kern der menschlichen Natur sei von Grund auf sozial, vorwärtsgerichtet, rational und realistisch.

3. So wichtig das Erfassen und Verbalisieren emotionaler Erlebnisinhalte für den Klärungs- und Wandlungsprozess des Begleiteten ist, primär kommt es auf das

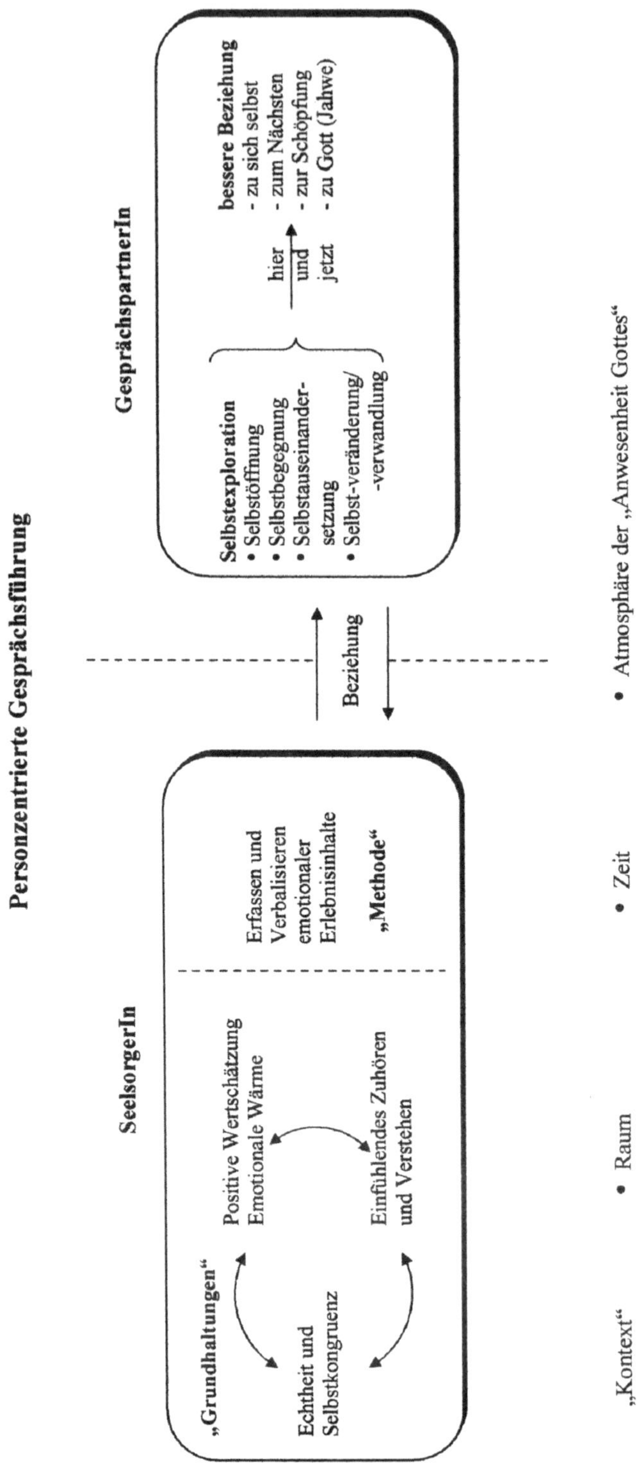
Personzentrierte Gesprächsführung
SeelsorgerIn
„Grundhaltungen“
Echtheit und Selbstkongruenz
Positive Wertschätzung Emotionale Wärme
Einfühlendes Zuhören und Verstehen
Erfassen und Verbalisieren emotionaler Erlebnisinhalte
„Methode“
Beziehung
GesprächspartnerIn
Selbstexploration
• Selbstöffnung
• Selbstbegegnung
• Selbstauseinander-setzung
• Selbst-veränderung/ -verwandlung
hier und jetzt
bessere Beziehung
- zu sich selbst
- zum Nächsten
- zur Schöpfung
- zu Gott (Jahwe)
„Kontext“
• Raum
• Zeit
• Atmosphäre der „Anwesenheit Gottes“

unmittelbar gegenwärtige Erleben des Gesprächspartners in der aktuellen Beziehung an und nicht auf den „Durchblick" des Begleiters.

Die Gegenwart, das unmittelbar gegenwärtige Erleben in der aktuellen Beziehung zwischen beiden ist der „Raum", in dem Wandlung/Veränderung sich ereignet und der Gesprächspartner sich *dem* Leben annähert, das ihm entspricht („Aktualisierungstendenz"). Es geht um den Prozess als Weg und Ziel, nicht um irgendwelche Inhalte.

Die Dynamik des inneren Prozesses beim Gesprächspartner ist abhängig von der Qualität der Beziehung.

4. Das Ziel der Selbstexploration des Gesprächspartners ist eine autonome konstruktive Veränderung oder Wandlung der Persönlichkeit von innen her. Das Individuum besitzt die Fähigkeit und hat die Tendenz, sein Selbstkonzept zu reorganisieren, und zwar in der Weise, dass es kongruenter mit der Ganzheit seiner Erfahrungen wird, so dass es sich von einem Zustand der psychischen Fehlanpassung zu einem Zustand der psychischen Ausgeglichenheit entwickelt. Das geschieht, wenn der Gesprächspartner die seinem Wesen zu Grunde liegende Ausrichtung entdeckt, eine innere Sinn- oder Lebenslinie findet, die in dem sich unaufhaltsam ändernden Fluss seiner Erfahrung existiert.

   Das Entdecken des inneren Sinns wird dadurch ermöglicht, dass der Begleitete im Gesprächsprozess den „Mitteilungen aus dem eigenen Innern" zuhören lernt und dabei erfährt, dass die Achtung und Akzeptanz seiner Person durch den Begleiter unerschütterlich bleibt, unabhängig davon, wie fremd oder abschreckend der Gesprächspartner sich selbst erlebt. Auf diese Weise kann der Begleitete eine offene und verbindliche Beziehung zu seiner eigenen Erfahrung und zu seinen eigenen Gefühlen entwickeln und schließlich eine positive Zuneigung zu sich und ein Verständnis seiner selbst als ganzheitlich „funktionierende" Einheit gewinnen.

5. Bedeutsame Veränderungen geschehen in den Augenblicken, in denen der Begleiter intuitiv wird, wo sein innerer Sinn den inneren Sinn des Gesprächspartners berührt. Diese Momente sind nicht machbar.

   Rogers selbst ist von seinem biografischen Hintergrund den Fragen nach dem Transzendenten, der Spiritualität und nach Gott „schlichtweg ausgewichen" und hat sich auf den empirischen Standpunkt zurückgezogen. Gegen Ende seines Lebens sagte er jedoch, dass unsere Erfahrungen das Transzendente, das Unbeschreibbare, das Spirituelle ganz klar einschließen, und er bekennt, die Wichtigkeit dieser mystischen, spirituellen Dimension unterschätzt zu haben.

   Jedenfalls haben die Analogien im positiven Menschenbild zwischen dem Gesprächsansatz von C.R. Rogers und dem christlichen Menschenbild eine pastorale Wirkungsgeschichte ausgelöst.

Geistliche Begleitung auf der Grundlage des person-zentrierten Gesprächsansatzes

1. In der geistlichen Begleitung kommt den *seelischen Impulsen und Bewegungen* zentrale Bedeutung zu. Ihre Wahrnehmung und Unterscheidung sind ausschlaggebend für die „Ordnung" seines Lebens, um die sich einer müht. Indem er nach und nach aufmerksam wird auf das, was in ihm vorgeht; indem er wahrnimmt, welche Impulse ihn bewegen, welche Stimmungen und somatischen Reaktionen sie in ihm auslösen, findet er zu den „Stellen" seines Herzens, wo er sich „investiert" hat. Hier liegt die Erfahrung zugrunde, dass wir über das fortschreitende Bewusstwerden der Bewegungen in unserem Innern zu unseren Werten, Überzeugungen und Grundhaltungen vordringen können.

   Ignatius von Loyola legt z. B. in seinem Exerzitienbuch (= EB) Wert darauf, dass der Übende mehr und mehr spürig wird für die feinsten Regungen in seinem Innern. Von daher wird verständlich, dass er den Exerzitienbegleiter anweist, den Übenden auf die Ebene seiner seelischen Impulse und Bewegungen zu führen. In dem Maß, wie der Exerzitienbegleiter die inneren Vorgänge im Übenden erfasst und verstehend aufnimmt, bringt er ihn dazu, diese Erfahrungen immer mehr zu erlauschen. Er hilft ihm, seine eigene Realität tiefer und freier zu erleben und anzunehmen.

2. Damit aber der geistliche Begleiter einem anderen wirklich helfen kann, sein Leben im Sinne des Evangeliums zu „ordnen", sind bestimmte **Grundhaltungen** und ihnen entsprechende **Verhaltensweisen** ausschlaggebend.

   a) Einfühlendes Zuhören

   Was mit dieser Weise aktiver Präsenz gemeint ist, möchte ich zunächst an einem Text von Michael Ende aus seinem Buch „Momo" verdeutlichen (S. 15-16):

   „Was die kleine Momo konnte wie kein anderer, das war: Zuhören. Das ist doch nichts Besonderes, wird nun vielleicht mancher ... sagen, zuhören kann doch jeder.

   Aber das ist ein Irrtum. Wirklich zuhören können nur ganz wenige Menschen. Und so wie Momo sich aufs Zuhören verstand, war es ganz und gar einmalig. Momo konnte so zuhören, dass dumme Leute plötzlich sehr gescheite Gedanken bekamen. Nicht etwa, weil sie etwas sagte oder fragte, was den anderen auf solche Gedanken brachte, nein, da saß sie nur da und hörte einfach zu, mit aller Aufmerksamkeit und aller Anteilnahme. Dabei schaute sie den anderen mit ihren großen dunklen Augen an, und der Betreffende fühlte, wie in ihm Gedanken auftauchten, von denen er nie geahnt hatte, dass sie in ihm stecken. Sie konn-

te so zuhören, dass ratlose und unentschlossene Leute auf einmal ganz genau wussten, was sie wollten. Oder dass Schüchterne sich plötzlich frei und mutig fühlten. Oder dass Unglückliche und Bedrückte zuversichtlich und froh wurden. Und wenn jemand meinte, sein Leben sei ganz verfehlt und bedeutungslos, und er selbst nur irgend einer unter Millionen, einer, auf den es überhaupt nicht ankommt und der ebenso schnell ersetzt werden kann wie ein kaputter Topf – und er ging hin und erzählte alles das der kleinen Momo, dann wurde ihm, noch während er redete, auf geheimnisvolle Weise klar, dass er sich gründlich irrte, dass es ihn, genauso wie er war, unter allen Menschen nur ein einziges Mal gab, und dass er deshalb auf seine besondere Weise für die Welt wichtig war. – So konnte Momo zuhören."

Einfühlendes Zuhören ist schöpferisches Tun. Es löst offenbar im anderen eigenes Verstehen aus und bringt seinen Klärungsprozess weiter. Wenn einer sich von seinem Gesprächspartner angenommen und verstanden weiß, ist er auch eher bereit, offen über sich selbst zu sprechen. Dadurch kann er innere Vorgänge erkennen und zur Sprache bringen, die ihm vorher gar nicht bewusst waren. Ein guter Zuhörer wertet die Äußerungen des anderen nicht und ermöglicht ihm, mit verborgenen oder verdrängten Gefühlen der Verwirrung und des Schmerzes umzugehen. Solches Verhalten fördert den Prozess der Selbstannahme.

Wie einfühlendes Zuhören die Voraussetzung für jedes hilfreiche zwischenmenschliche Verhalten ist, so ist es auch der Schlüssel zur hilfreichen Begleitung eines geistlichen Individuationsprozesses.

Zum einfühlenden Zuhören gehört auch, dass der geistliche Begleiter auf die Werte und Überzeugungen seines Gesprächspartners eingeht. Seelische Reaktionen lassen sich oft nur von daher verstehen.

b) Respekt

Diese innere Einstellung meint zunächst, dass der geistliche Begleiter sich für die Gefühle, Erfahrungen und Möglichkeiten des anderen interessiert, dass er ihn zunächst so akzeptiert wie er ist, mit seinen Licht- und Schattenseiten, ohne ihn zu vereinnahmen oder zu ermahnen. Respekt bedeutet, dass ich „an den anderen und seine Fähigkeiten zum Unmöglichen" glaube (R. Geraudy).

Jeder Mensch verfügt über gesunde Kräfte und Grundveranlagungen, über ein Potenzial an innerer Steuerung, um zu seiner Ganzheit zu wachsen. Jesus spricht die Menschen unmittelbar daraufhin an, zu werden, was sie ihrer Anlage nach sind und sein sollen. Sein Respekt führt die Menschen dazu, an das Beste in sich zu glauben. In der Begegnung mit ihm erfahren sie sich oft wie neu am Anfang ihrer Möglichkeiten. Respekt ist für Jesus so bedeutsam, dass er ihn als heilsentscheidend ansieht.

So ist der geistliche Begleiter gehalten, der konkreten Einmaligkeit des anderen mit Respekt zu begegnen, um ihn zur freien Selbstaussprache und Selbstentfaltung kommen zu lassen. „Dem Evangelium nach heißt ‚Man-selber-sein', so lange zu graben, bis man auf die unersetzliche Gabe stößt, die in jedem Menschen verborgen ist. Durch diese einzigartige Gabe hindurch, die in nichts der eines anderen gleicht, verwirklicht sich der Mensch in Gott" (Roger Schutz).

Der geistliche Begleiter wird sich zurücknehmen, sobald er wahrnimmt, dass Gott selbst die Initiative übernimmt und sich dem Suchenden erschließt. Das eigentliche Geschehen, die Umformung in Christus, spielt sich im anderen ab, in dessen eigener Mitte. In diesem Innenraum zwischen Gott und Mensch darf der geistliche Begleiter mit seinen eigenen Vorstellungen nicht sprechen.

Aus dieser Ehrfurcht vor dem anderen und aus diesem Glauben an den anderen wird ein geistlicher Begleiter auch spüren, wann es an der Zeit ist, sich vom anderen wieder zu trennen und ihn in seinen eigenen Lebensgehorsam zu entlassen. Es ist sicherlich kein Ausdruck von Respekt, wenn er für den Übenden denkt und ihm Ratschläge gibt, die nicht aus dem Prozess des anderen, aus seinem Leben und Erleben selber hervorgehen.

Die heilende Wirkung des Respekts kann wohl nur von einem Menschen ausgehen, der zu seiner eigenen Person ein freundschaftliches Verhältnis gefunden hat.

c) Echtheit

Aus der Beschreibung der beiden Grundhaltungen und Verhaltensweisen dürfte deutlich geworden sein, dass sie ohne Echtheit nicht zu realisieren sind. Einfühlendes Zuhören und Respekt können auf den anderen nur dann eine schöpferische Wirkung haben, wenn sie wirklich gemeint sind. Der geistliche Begleiter muss für den anderen transparent sein; das heißt, sein äußeres Verhalten muss seiner inneren Einstellung entsprechen und mit dem übereinstimmen, was er fühlt und denkt. Wenn der andere nicht weiß, wie er mit dem geistlichen Begleiter dran ist, wird er sich ihm gegenüber kaum eröffnen. So behindert jede Art professionellen Rollenverhaltens die geistliche Begleitung.

3. Für eine den geistlichen Lebensprozess fördernde Begleitung möchte ich ergänzend einige wichtige Gesichtspunkte nennen, die wir nach dem Zeugnis der Evangelien am Verhalten Jesu ablesen können. In der Begegnung mit Menschen zeigt Jesus eine große Flexibilität – je nach den Voraussetzungen und Möglichkeiten seiner Gesprächspartner. Diese Bandbreite der Reaktionen lässt sich vielleicht am ehesten mit folgenden Spannungspolen charakterisieren:

a) Kompromisslos und offen

Jesus ist kein Mann des sowohl – als auch. Er bezieht Position und verlangt das gleiche von den Menschen, die ihm begegnen: Dem einen sagt er: „Lass die Toten ihre Toten begraben; du aber geh und verkünde das Reich Gottes!"; einem anderen: „Keiner, der die Hand an den Pflug legt und zurückschaut, taugt für das Reich Gottes" (Lk 9,60.62). Das Gleichnis vom barmherzigen Samariter schließt mit der Aufforderung an den Gesetzeslehrer: „Geh hin und handle genau so!" (Lk 15,37). Martha bekommt von Jesus zu hören: „Du machst dir viel Sorgen und Mühen. Nur eines ist notwendig. Maria hat das Bessere gewählt. Das soll ihr nicht genommen werden!" Lk 10,41 f.). Einem von den führenden Leuten sagt er: „Eines fehlt dir noch: Verkauf alles, was du hast, und gib das Geld den Armen, und du wirst einen Schatz im Himmel haben; dann komm und folge mir nach!" (Lk 18,22).

Aber Jesu kompromisslose Entschiedenheit hat nichts mit Enge und Sturheit zu tun. Gerade in den genannten Beispielen wird deutlich, dass er seine Gesprächspartner von allen lebenshemmenden und lebensmindernden Konventionen befreien möchte; von dem, wie „man" zu empfinden und was „man" zu denken hat, welche Meinung „man" haben und wie „man" handeln soll. Jesus ist situativ offen für das, was dem anderen je mehr hilft, zu der einmaligen Ganzheit zu wachsen, zu der er von Gott her angelegt ist.

Auch der geistliche Begleiter muss eine klare Einstellung erkennen lassen. Eine charaktervolle Bestimmtheit bietet eher die Möglichkeit zur lebenordnenden Auseinandersetzung als eine unbestimmte und verwaschene Position.

Die spannungsvolle Polarität von genuiner Sicherheit und Offenheit für die Möglichkeiten des anderen gehört beim geistlichen Begleiter zu den Voraussetzungen, um auf die Vielfalt seelischer Phänomene im Prozess des anderen angemessen eingehen zu können. Dadurch wird die geistliche Begleitung zu einem für beide Partner schöpferischen Zusammenspiel.

b) Warten-können – spontan zugreifen

Psychische Entwicklungen sind mit organischem Wachstum vergleichbar, das seine je eigene Zeit braucht. Ebenso hat auch die geistliche Entwicklung eines Menschen ihren „Kairos". Dieser „Zeitpunkt" kann nicht vorweg genommen werden. Auch in der geistlichen Begleitung gibt es keine Abkürzungen. Darum ist geduldiges Warten-können Voraussetzung für eine organisch sich entfaltende „Ordnung des Lebens".

Jesus weiß um diese Gesetzmäßigkeiten. Er erzählt das Gleichnis von der selbstwachsenden Saat (Mk 4,26 ff.) und von dem Feigenbaum im Weinberg, der noch ein Jahr stehen bleiben soll (Lk 13,6-9).

Andererseits greift Jesus spontan zu, wenn die Situation eine sofortige Entscheidung verlangt; zum Beispiel: Als Jesus zu der Stelle kam, wo Zachäus auf dem Baum saß, schaut er hinauf und sagte zu ihm: „Komm schnell herunter, denn heute muss ich in deinem Haus zu Gast sein" (Lk 19,5). Er erzählt auch das Gleichnis vom klugen Verwalter, der in der ihm noch verbleibenden Frist alle seine Möglichkeiten ins Spiel bringt, um sich seine Zukunft zu sichern (Lk 16,1-8).

In der geistlichen Begleitung ist eine wache Präsenz erforderlich, um einen möglichen Kairos nicht zu verpassen. Dazu braucht man manchmal auch den Mut wie eine Hebamme, die bei der Geburt einen notwendigen Eingriff vornehmen muss.

c) engagiert – distanziert

Jesus ist in seinen Begegnungen emotional engagiert. Am stärksten drückt sich das in dem griechischen Verb *splangchnidzesthai* aus (vgl. u. a. Mk 6,34). *Tà splángchna* heißen ursprünglich die Eingeweide, meinen dann Herz und Gemüt. Jesus ist also beim Anblick menschlichen Leids in seinem Innern, in der Tiefe seines Wesens berührt und erschüttert.

Als die Pharisäer zu ihm hinauszogen, um von ihm ein Zeichen vom Himmel zu fordern, löst das bei ihm einen tiefen Schmerz aus, so dass er aufseufzt (*anastenádzo).* Diesen Menschen kann er sich nicht mehr mitteilen (Mk 8,11 f.)

Dem reichen Mann, der ihn nach seinem Weg zum ewigen Leben fragt, schaut er an und gewinnt ihn lieb, bevor er ihm sagt: „Eines fehlt dir noch ..." (Mk 10,17-21)

Andererseits wirkt Jesus distanziert, wenn er wesentliche Werte menschlichen Lebens bedroht sieht. In dem Gleichnis vom anvertrauten Geld (Lk 19,11-27) wird dem Knecht, der aus Angst sein Geld nicht in Umlauf gebracht hat, alles abgenommen und dem gegeben, der sich am erfolgreichsten für die Sache seines Herrn eingesetzt hat. Distanziert reagiert Jesus auch auf das Ansinnen Simons und seiner Begleiter: „Alle suchen dich." – Er sagt ihnen: „Lasst uns anderswohin gehen, in die benachbarten Dörfer, damit ich auch dort predige; denn dazu bin ich gekommen" (Mk 1,35-39).

Jede Begegnung mit dem anderen verlangt vom geistlichen Begleiter emotionales Engagiertsein. Nur darf das nicht dazu führen, dass er sich mit dem Übenden identifiziert. Eine hilfreiche Begegnung ist ohne ein gewisses Maß an Distanz nicht zu leisten.

d) subjektiv – objektiv

Das Geheimnis von Jesu Wirksamkeit im Umgang mit Menschen war, dass er sich selbst eingebracht hat mit der ganzen Bandbreite seiner Möglichkeiten. Und doch hat er seine Gesprächspartner nie mit seiner Persönlichkeit eingeengt. Vielmehr haben sie in der Begegnung mit ihm ihren Anteil an Verantwortung und Entscheidung erkannt.

So muss auch der geistliche Begleiter die Eigenbewegung des anderen und seinen Anteil im Gesprächsprozess uneingeschränkt respektieren. Sonst kommt es nicht zu einem willigen und verständnisvollen Miteinander.

4. Der geistliche Begleiter kann und darf also dem anderen nur helfen, dass dieser gleichsam den Schatz im Acker seines Lebens entdeckt, um ihn dann selbst auszugraben. Alle Begleitung läuft darauf hinaus, dass der andere in wachsender Eigenständigkeit sich Gott mehr und mehr öffnet und sein Leben von ihm her „ordnen" lässt. So hat der geistliche Begleiter als „Mitarbeiter der göttlichen Gnade" seine Aufgabe zu erfüllen „mit viel Liebe, Sorgfalt und Gebet" (G. Calveras).

Geistliche Begleitung

Begleiter(in)

- Das Wissen um den Weg des Glaubens als geistlichen Individuationsprozess
  - ➢ aus eigener Erfahrung
  - ➢ aus der geistlichen Tradition der Kirche

  Er / sie weiß also etwas über die Art und Weise, wie göttliches Wirken menschliche Gestalt annehmen kann.

- Die eigene Gotteserfahrung/-beziehung aus der er / sie lebt. Die Verbundenheit (familiaritas) mit dem Herrn ist für die Begleitung noch entscheidender als große geistige Qualitäten und praktische Urteilsfähigkeit.

- Die momentane Aufmerksamkeit, Sensibilität, Durchlässigkeit für Gottes Wirken

- Das Gebet für den / die Begleitete(n)

➢ **Disponieren** für eine geistliche Gestaltung des Alltags mit dem Ziel: einen geistlichen Wachstumsprozess einzuleiten bzw. zu fördern;
Menschwerdung nach dem Bild Gottes, d. h. disponieren
- für eine absichtslose und unbefangene Wahrnehmung dessen, was im Begleiteten lebt und vorgeht (Sehnsucht, Verlangen, Angst, Widerstand), also für die „ganze" Wahrheit seines / ihres Lebens, aber ohne zu werten
- für eine Offenheit und Verfügbarkeit gegenüber Gott

Dies geschieht durch praktische Orientierungen aus der geistlichen Tradition der Kirche:
- geistliche Übungen für den Alltag
- Erschließung biblischer Grundtexte
- methodische Schritte zum Vollzug der geistlichen Übungen
- Beachtung des Phasenmodells*)

Diese praktischen Orientierungen sind gleichsam das Vehikel, bzw. das Instrumentarium, das den Kontakt zwischen dem / der Begleiteten und Gott ermöglichen soll.

➢ **Begleiten** des geistlichen Prozesses (fördern, entfalten)

⟶ Beziehung ⟵

Begleitete(r)

- Die geistlichen Übungen und die Gestaltung des Alltags, die die Offenheit und die Verfügbarkeit gegenüber Gott fördern und zur Entfaltung bringen d. h. ⟶ Phasen des geistlichen Wachstumsprozesses:*)
  - Vertrauen in Gott
  - Umkehr
  - Neuorientierung
  - Gottes Willen eine konkrete Gestalt geben
  - Vertiefung: Passion, Tod und Auferstehung
  - Gott finden in allen Geschöpfen

  - seine / ihre Sehnsucht und Suchbewegung nach Gott
  - Gottes Sehnsucht nach ihm / ihr, seine Lebensabsichten mit ihm / ihr
  - seine / ihre Widerstände gegen Gottes Lebensabsichten mit ihm / ihr
  - die Wachheit und das Schweigen des Herzens: Kontemplation

- Reflexion der geistlichen Übungen und Tagesrückblick als „Gebet der liebenden Aufmerksamkeit"

- Selbstexploration über das, was im Verlauf oder Gefolge der geistlichen Übungen geschah, und seine Auswirkungen auf den / die Begleitete(n)

Trost – Trostlosigkeit

Zum Verständnis der Grafik „geistliche Begleitung" auf der Basis des person-zentrierten Gesprächsansatzes nach Carl R. Rogers:

Linker Teil der Grafik (Begleiter):

Die vier Punkte auf der linken Seite bilden die Voraussetzung für das auf der rechten Seite genannte *Disponieren* des Begleiteten und das *Begleiten* seines individuellen geistlichen Entwicklungsprozesses. Zentral ist auch hier das unmittelbar gegenwärtige Erleben des Begleiteten in der aktuellen Beziehung, das intuitive Erfassen und Reagieren.

Rechter Teil der Grafik (Begleiteter):

Die ersten beiden Punkte auf der linken Seite beschreiben die geistliche Praxis des Begleiteten und ihre Auswirkungen auf ihn. Sie bilden die Voraussetzung für den dritten Punkt, d.h. für das, was der Begleitete von sich aus in die Begleitung einbringt.

Auf der rechten Seite sind die Phasen eines geistlichen Entwicklungsprozesses genannt, die durch die Praxis des Begleiteten und die geistliche Begleitung ermöglicht werden können. Bei diesem Modell ist aber zu beachten, dass die einzelnen Phasen beim Begleiteten unterschiedlich verlaufen und der Prozess nicht wie eine Einbahngerade zu verstehen ist. Die Phasen lösen einander oft ab, existieren auch nebeneinander und wiederholen sich wie ungleiche Spiralen. Auf Seiten des Begleiteten ist zentral, dass er im Gesprächsverlauf den Mitteilungen aus seinem Innern lauscht und im Auf und Ab von Trost und Trostlosigkeit lernt, seine innere Sinnlinie mit Gott zu finden.

Die in der Grafik zusammengefassten Orientierungen werden im Folgenden weiter entfaltet und durch zusätzliche Themen ergänzt.

2. Kapitel

Die verschiedenen Bedeutungsebenen im Begleitgespräch

In den Kontext dieses Gesprächsansatzes gehört auch die Beachtung der *verschiedenen Bedeutungsebenen,* die Worte und non-verbalen Äußerungen des Gesprächspartners in der geistlichen Begleitung signalisieren können. (vgl. die Grafik auf der gegenüberliegenden Seite!)

⇨ Die Ebene der Inhalte

Sie betrifft die Inhalte der Worte:

- die mit Worten beschriebenen äußeren Sachverhalte. Hier haben Worte eine allgemeine und emotional eher geringe Bedeutung.
- die mit Worten beschriebenen emotionalen Erlebnisinhalte. Sie können von unterschiedlicher emotionaler Tiefe und Bedeutung sein.

⇨ Die Ebene der schnell wechselnden Gefühle

Sie betrifft die Gefühle, die mit einem Wort oder Inhalt bei einem Menschen verbunden sind und eine persönliche Bedeutung signalisieren.

Gefühle auf dieser Ebene sind oft situationsgebunden und wechseln häufiger.

⇨ Die Ebene der Überzeugungen

Sie betrifft (oft unbewusst) übernommene, gelernte oder durch persönliche Erfahrung gewachsene Werte, Ziele, Prinzipien. Überzeugungen haben immer etwas Kognitives, d.h. einen deutlichen Inhalt und etwas Intentionales, d.h. sie verfolgen bestimmte Wünsche, Interessen, Absichten. Überzeugungen sind weniger an bestimmte Situationen gebunden und stärker für die Person als Ganze bezeichnend. Sie wurzeln tiefer in unserem Leben, bestimmen unsere Lebensform mit und haben einen großen Einfluss auf das, was wir tun und lassen, passend oder unpassend finden.

⇨ Die Ebene der Haltungen

Sie betrifft unsere Lebenseinstellung, unsere Grundhaltung dem Leben gegenüber (vgl. „Die acht Grundhaltungen" im Entwicklungsmodell von E. Erikson). Haltungen

Die verschiedenen Gefühls- und Bedeutungsebenen im Gespräch

Was jemand sagt, hat immer mehr Bedeutung als die Worte allein ausdrücken können. Oft steckt mehr dahinter als dem GP selbst bewusst ist.

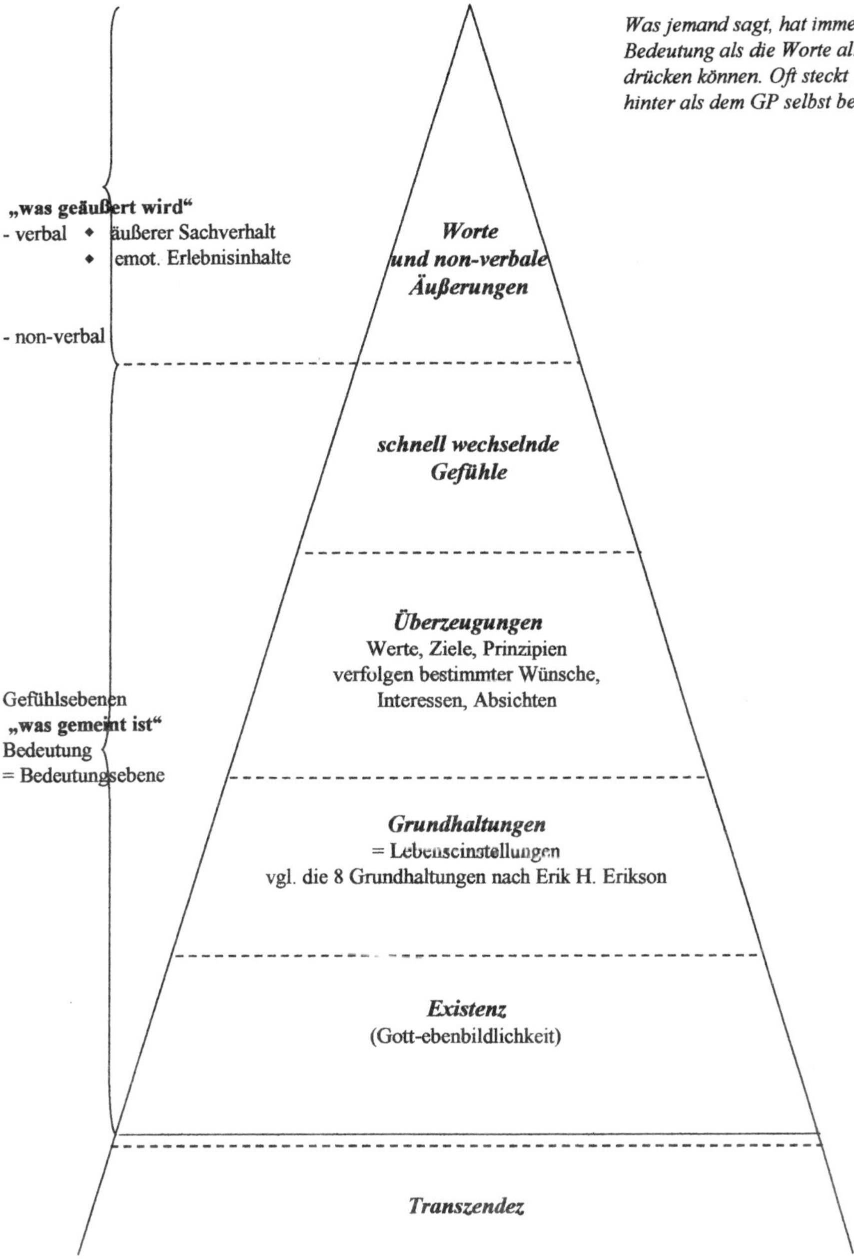

Den Gefühlen (insg. 4 Gefühlsebenen) kommt eine weit größere Bedeutung zu als den Worten

bestimmen uns umfassender und tiefer als Überzeugungen. Sie durchdringen alles, was wir tun, denken, fühlen und erfahren. Sie drücken im tiefsten aus, was jemand im Leben geworden ist. Sie sind die Grundfarbe unseres Charakters und bestimmen Stil und Weise unserer Lebensäußerungen. Haltungen lassen sich nur sehr schwer verändern.

⇨ Die Ebene der Existenz

Sie betrifft die Ebene, die sich mit psychologischen Begriffen nicht mehr beschreiben lässt. Hier ist die Gesamtperson in ihrer Gottebenbildlichkeit und damit in ihrer geheimnishaften Dimension gemeint.

Unsere Existenz verwirklicht sich in den genannten Haltungen und Überzeugungen, Gefühlen und Gedanken, Worten und konkreten Verhaltensweisen.

Geistliche Begleitung hat, wie das Evangelium, vor allem diese Ebene im Blick, aus der dem Menschen die Sinnhaftigkeit seines Lebens letztlich zukommt. Auch wenn sich die Ebene der Existenz in allen genannten Ebenen ausspricht, ist sie selbst nicht jederzeit erreichbar.

Tragfähige Entwicklungen und Veränderungen sind nur von der Tiefe her möglich.

3. Kapitel

Die phänomenologische Vorgehensweise in der geistlichen Begleitung

Je unmittelbarer der geistliche Begleiter seine Wahrnehmung auf das *Gegenwärtige* richtet, je genauer er hinschaut und hinhört, desto stärker ist er mit dem verbunden, was gerade ist, was gerade im/beim Begleiteten abläuft bzw. sich zeigt.

Je stärker er in der aktuellen Begleitung mit seinen Vorstellungen und Ideen, mit seinen Hypothesen und Überlegungen beschäftigt ist, desto mehr entgeht ihm der Augenblick.

Geistliche Begleitung entfaltet ihre größte Wirksamkeit aus der Begegnung mit dem Gegenwärtigen im Begleiteten.

Normalerweise sind wir jedoch nur mit einem mehr oder weniger großen Teil unserer Aufmerksamkeit in der augenblicklichen Begegnung mit dem Gegenüber. Stattdessen denken wir oft gleichzeitig, interpretieren, be- und verurteilen nebenher. Vorerfahrungen werden zu Hypothesen. Wir versuchen auf diese Weise Erklärungen dafür zu finden, was augenblicklich vor unseren Augen abläuft.

Je näher der Begleiter im Augenblick ist, desto besser kann er sich ins Unbekannte vortasten. Er überlegt nicht im Voraus. Er kennt nicht das Ende, sondern nur den nächsten Schritt und auch den nicht immer gleich. Manchmal muss er warten, bis sich etwas zeigt. Erst am Ende sieht man, dass es sinnvoll war, aber nicht vorher.

Wer andere geistlich begleiten will, soll zunächst nach Kräften alles lernen, was an Wissen, Techniken und Erklärungen zur Verfügung steht. Wenn er dann dem konkreten Menschen in der Begleitung gegenübersteht, soll er alles vergessen und sich ganz auf den Augenblick und auf diesen einzigartigen Menschen einlassen.

Der Begleiter setzt sich also einer Wirklichkeit aus, wie sie an der Oberfläche erscheint, d.h. dem, was der Begleitete sagt, wie er aussieht, wie er somatisch reagiert u. ä. Aber zugleich schaut er nicht nur auf den Begleiteten, sondern lässt *sein ganzes Umfeld* auf sich wirken, das verborgen ist. Bei dieser systemischen Vorgehensweise kommt das Vollständige und das Ganze in den Blick. Dazu gehören v. a. die Eltern, die Familie, das Ursprungs- und das Gegenwartsmilieu des Begleiteten. Deshalb ist es für den Begleiter ein wichtiger Schritt, dieses verborgene Umfeld als gegenwärtig gleichsam hinter dem Begleiteten zu wissen und zu achten – vielleicht mit einer inneren Verneigung als Ausdruck des Respekts. Das kann ihm helfen, seinen angemessenen Platz in der Begleitung einzunehmen: als Mitmensch an der Seite des Begleiteten – mehr nicht! Ein anderer Platz steht ihm nicht zu.

Wenn der Begleiter darauf ausgerichtet ist, *das Gegenwärtige und das Ganze* in den Blick zu nehmen, wenn er sich öffnet für das, was der Begleitete bewusst oder unbewusst ausgeschlossen hat, dann hilft er ihm, damit in Kontakt zu kommen. Durch diese Ausrichtung entsteht gleichsam das *Kraft- und Wirkfeld,* in dem der Begleiter mit dem anderen unterwegs ist. Diese Art der Aufmerksamkeit ist nicht auf einen Punkt gerichtet, sondern sie geht in die Weite, ohne dass der Begleiter etwas Bestimmtes sucht. Der Blick, um den es hier geht, ist also nicht gefangen vom Detail und andererseits verliert er sich auch nicht in der Weite, sondern das Schauen erfolgt aus einer inneren Ruhe und Kraft.

Der Begleiter verfolgt keine bestimmte Absicht. Er setzt sich dem aus, was kommt und so, wie es ist. Das heißt, er versucht, mit sich in Einklang zu sein und mit der Welt, wie sie ist, mit den Schicksalen, wie sie sind, mit Leben und Tod. Er tritt nicht auf als einer, der gegen etwas zu Felde zieht und etwas verändern will. Er ist im Einklang. Alles darf zunächst so sein, wie es ist. Aus diesem Im-Einklang-Sein kommt dann häufig wie ein Geschenk eine *Einsicht.* Sie kommt aus der unmittelbaren Situation und aus dem, was hinter dem wirkt, was erscheint. Sie hat mit dem zu tun, worauf es in diesem Augenblick ankommt. Sie ist immer ausgerichtet auf eine Lösung, auf einen weiteren Schritt, der sich dem Begleiteten eröffnet.

Zu der Ausrichtung auf das Gegenwärtige und das Ganze gehört auch der Glaube an die Gegenwart des Herrn. Sie ist die zentrale Komponente des Kraft- und Wirkungsfeldes, in dem der Begleiter sich mit dem Begleiteten bewegt.

Der Begleiter hat selbstverständlich den Wunsch und die Absicht, den Begleiteten auf seinem Weg mit Gott in der Nachfolge Jesu zu unterstützen. Diese Absicht ist wie eine *Grundströmung,* die sich durch das ganze Geschehen der Begleitung zieht. Aber manchmal geht es einfach nicht weiter. Der natürliche Fluss kommt zu einem Stillstand. Dann ist es für den Begleiter wichtig, nicht aus Angst, Stolz, falscher Konsequenz (Sturheit) oder aus dem Bedürfnis heraus, auf jeden Fall eine Lösung für den anderen zu finden, weiterzumachen. Wenn er eine solche *bestimmte* Absicht verfolgt, löst er sich aus dem gegenwärtigen Wirk- oder Kraftfeld.

Wo eine Einsicht, ein nächster Schritt sich von innen heraus zeigt, ist das ein Geschenk. Es hat eine eigene Qualität und Autorität, der sich der Begleiter fügen muss. Wenn er sich so zurücknimmt, dann hat der andere die beste Chance, zu einer weiterführenden Einsicht zu kommen.

Furchtlosigkeit vor dem, was hochkommt, ist ein ganz wichtiger Faktor in der Begleitung. Alle Gedanken, die Angst machen, vernebeln die Wahrnehmung. Das wichtigste bei dieser Arbeit ist, dass man hineingeht und sich führen lässt und dem vertraut, was kommt. Dann spürt man auch, wo mehr und wo weniger Kraft ist. *Der Begleiter kann nur so weit gehen, wie das augenblickliche Kraftfeld trägt.* Das muss er respektieren. Die innere Grundhaltung, immer wieder neu hinzuschauen und offen zu sein für das, was sich im Augenblick zeigt – unabhängig von früheren Erkenntnissen und Erfahrungen –, garantiert, dass etwas im Fluss bleibt. Hier geht es darum, den Wachstumsgesetzen zu lauschen, die variabel sind und die sich nach dem richten, was dem Begleiteten möglich ist – im Moment. Der Begleiter muss im Blick haben, was dem Einzelnen Kraft gibt und was ihm Kraft nimmt. Er braucht den Mut, den eigenen Wahrnehmungen zu folgen und den Mut, immer wieder auf die Rückmeldungen des Begleiteten zu hören und sich zu korrigieren.

Der Begleiter versucht bei allem, was kommt und was abläuft, gesammelt in seiner Mitte zu bleiben, alles auszuhalten, auch wie es abläuft, und achtet darauf, welche Gefühle den anderen schwächen. Jedes Gefühl, das schwächt, verhindert eine neue Einsicht, einen neuen Schritt. Es ist also für das Weitergehen wichtig, dass der Begleitete in seine Kraft kommt. Deshalb orientiert sich der Begleiter ständig an dieser Richtung zu mehr Kraft wie an einem Kompass.

Anregungen zur Wahrnehmung meiner eigenen Vorgehensweise

1. Worauf richte ich in der geistlichen Begleitung primär meine Aufmerksamkeit?
2. Wie reagiere ich, wenn das Gespräch ins Stocken gerät und ich nicht weiter weiß?
3. Wie gehe ich mit mir um, wenn der Begleitete Themen anspricht, vor denen ich Angst habe?
4. Inwieweit kann mir *die phänomenologische Vorgehensweise* in der geistlichen Begleitung anderer eine Orientierung sein?

4. Kapitel

Geistliche Begleitung als Hinführung zu einer Grundform christlichen Betens: Sein Leben *vor* Gott zur Sprache bringen

In der person-zentrierten Gesprächsführung spielt die sog. *Selbstexploration* des Begleiteten eine zentrale Rolle. Rogers versteht darunter „die Erkundung des eigenen inneren Erlebens, der inneren Wahrnehmungen und Reaktionen, wie sie sich in Gefühlen, Haltungen, Einstellungen, Zielen, Wünschen, Hoffnungen, Befürchtungen, vor allem aber auch in Bewertungen manifestieren. In ihnen schlägt sich das Selbstbild und das Welterleben einer Person nieder. Selbstexploration führt oft zu neuen Einsichten. Man entdeckt unbewusste Ängste, verborgene Absichten, längst vollzogene Entscheidungen oder aber auch unbegründete Hemmungen und neue Möglichkeiten."

Wir hatten bereits gesehen, dass die Wahrnehmung und Unterscheidung seelischer Impulse und Bewegungen in der geistlichen Begleitung eine ebenso zentrale Bedeutung haben. Aber auch in der persönlichen Gottesbeziehung des Begleiteten kann die Selbstexploration sehr dazu beitragen, das eigene Leben bewusster wahrzunehmen und geistlich zu entziffern. Deshalb tut ein Begleiter gut daran, die Begleiteten mit einer Grundweise christlichen Betens vertraut zu machen, die ihnen hilft, ihr Leben vor Gott zur Sprache zu bringen.

Als Einleitung ein Text von Dietrich Bonhoeffer:

> „Wer bin ich? Sie sagen mir oft,
> ich träte aus meiner Zelle
> gelassen und heiter und fest
> wie ein Gutsherr aus seinem Schloss.
>
> Wer bin ich? Sie sagen mir oft,
> ich spräche mit meinen Bewachern
> frei und freundlich und klar,
> als hätte ich zu gebieten.
>
> Wer bin ich? Sie sagen mir auch,
> ich trüge die Tage des Unglücks
> gleichmütig, lächelnd und stolz,
> wie einer, der Siegen gewohnt ist.
>
> Bin ich das wirklich,
> was andere von mir sagen?
> Oder bin ich nur das,

was ich selbst von mir weiß?
Unruhig, sehnsüchtig, krank,
wie ein Vogel im Käfig,
ringend nach Lebensatem,
als würgte mir einer die Kehle,
hungernd nach Farben, nach Blumen,
nach Vogelstimmen,
dürstend nach guten Worten,
nach menschlicher Nähe,
zitternd vor Zorn über Willkür
und kleinlichste Kränkung,
umgetrieben vom Warten auf große Dinge,
ohnmächtig bangend um Freunde
in endloser Ferne,
müde und leer zum Beten, zum Denken,
zum Schaffen,
matt und bereit,
von allem Abschied zu nehmen?

Wer bin ich? Der oder jener?
Bin ich denn heute dieser
und morgen ein anderer?
Bin ich beides zugleich?
Vor Menschen ein Heuchler
und vor mir selbst
ein verächtlich wehleidiger Schwächling?
Oder gleicht, was in mir noch ist,
dem geschlagenen Heer,
das in Unordnung weicht vor schon gewonnenem Sieg?

Wer bin ich? Einsames Fragen treibt mit mir Spott.
Wer ich auch bin, Du kennst mich,
Dein bin ich, o Gott!"

Hier bringt sich jemand zur Sprache *vor* dem, den er bei aller Zwiespältigkeit und Unbegreiflichkeit seines eigenen Lebens als tragenden Grund und befreiende Orientierung erfahren hat – *Gott*. Diese Weise zu beten, kann sehr helfen, das eigene Leben im Glauben zu verstehen.

Beten scheitert fast immer, wenn es nicht von einer starken menschlichen Erfahrung gespeist wird. Beten braucht Bodenkontakt, es muss Erdgeruch haben. Wenn unser Leben sich in unserem Beten spiegelt, wenn es darin zur Sprache gebracht wird, dann haben wir gleichsam den Raum gefunden, in dem wir unser Leben geistlich entziffern (lernen).

Eine gute Orientierung und Hilfe dafür, wie man sein Leben vor Gott zur Sprache bringen kann, sind vor allem die Psalmen und andere Gebete des Ersten Testaments. Nirgendwo sonst kommt in der hl. Schrift das Leben vor Gott in solcher Bandbreite zur Sprache wie gerade in den Psalmen: Da wird gelacht und geweint, gejubelt und aus tiefer Not geschrien. Da wird geklagt und gezweifelt, erbarmungslos gesprochen und leidenschaftlich gehadert. Da wird gesprochen von dem Frieden, in den ein Mensch durch Gott hinein gerät, von dem Vertrauen, das er zurück gewinnt, von der Freude und dem Dank, der das Herz zerspringen lassen möchte. Kurz: das gesamte Leben – so wie es ist – kommt hier *vor* Gott zur Sprache. Dafür einige Beispiele:

- *Mit lauter Stimme schreie ich zum Herrn,*
  laut flehe ich zum Herrn um Gnade.
  Ich schütte vor ihm meine Klagen aus,
  bringe vor ihn meine Not (Ps 142,2f.)

- In ähnlicher Weise wird von Hanna, der Mutter Samuels, erzählt, wie sie in ihrer Verzweiflung *vor* den Herrn trat und *vor* ihm ihr Herz ausschüttet: „Einst lebte ein Mann aus Ramatajim, ein Zufiter vom Gebirge Efraim. Er hieß Elkana und ... hatte zwei Frauen. Die eine hieß Hanna, die andere Peninna. Peninna hatte Kinder, Hanna aber hatte keine Kinder. Dieser Mann zog Jahr für Jahr von seiner Stadt nach Schilo hinauf, um den Herrn der Heere anzubeten und ihm zu opfern ... An dem Tag, an dem Elkana das Opfer darbrachte, gab er seiner Frau Peninna und all ihren Söhnen und Töchtern ihre Anteile. Hanna aber gab er einen doppelten Anteil; denn er hatte Hanna lieb, obwohl der Herr ihren Schoß verschlossen hatte. Ihre Rivalin aber kränkte und demütigte sie sehr, weil der Herr ihren Schoß verschlossen hatte. So machte es Elkana Jahr für Jahr. Sooft sie zum Haus des Herrn hinaufzogen, kränkte Peninna sie; und Hanna weinte und aß nichts. Ihr Mann Elkana fragte sie: Hanna, warum weinst du, warum isst du nichts, warum ist dein Herz betrübt? Bin ich dir nicht viel mehr wert als zehn Söhne?

  Nachdem man in Schilo gegessen und getrunken hatte, stand Hanna auf und trat vor den Herrn. Der Priester Eli saß an den Türpfosten des Tempels des Herrn auf seinem Stuhl. Hanna war verzweifelt, betete zum Herrn und weinte sehr. Sie machte ein Gelübde und sagte: Herr der Heere, wenn du das Elend deiner Magd wirklich ansiehst, wenn du an mich denkst und deine Magd nicht vergisst und deiner Magd einen männlichen Nachkommen schenkst, dann will ich ihn für sein ganzes Leben dem Herrn überlassen; kein Schermesser soll an sein Haupt kommen. So betete sie lange vor dem Herrn. Eli beobachtete ihren Mund; denn Hanna redete nur still vor sich hin, ihre Lippen bewegten sich, doch ihre Stimme war nicht zu hören.

Eli hielt sie deshalb für betrunken und sagte zu ihr: Wie lange willst du dich noch wie eine Betrunkene aufführen? Sieh zu, dass du deinen Weinrausch los wirst! Hanna gab zur Antwort: Nein, Herr! Ich bin eine unglückliche Frau. Ich habe weder Wein getrunken noch Bier; *ich habe nur dem Herrn mein Herz ausgeschüttet.* Halte deine Magd nicht für eine nichtsnutzige Frau; denn nur aus großem Kummer und aus Traurigkeit habe ich so lange geredet. Eli erwiderte und sagte: Geh in Frieden! Der Gott Israels wird dir die Bitte erfüllen, die du an ihn gerichtet hast. Sie sagte: Möge deine Magd Gnade finden vor deinen Augen. Dann ging sie weg; sie aß wieder und hatte kein trauriges Gesicht mehr (1 Sam 1,1-18).

- Von König Hiskia hören wir, dass er mit dem Brief des Großkönigs Sanherib von Assur voller Angst und Trauer hinauf in den Tempel ging, das Schreiben *vor* dem Herrn ausbreitete und *vor* dem Herrn betete (2 Kön 19,14-19).
- Diese Gebetstradition greift Lukas im Magnificat (Lk 1,46-55), im Lobgesang des Zacharias (Lk 1,67-79) und im Dankgebet des greisen Simeon (Lk 2,29-32) auf.
- Die Evangelien schildern Jesus als Betenden. Sie berichten davon in einer Weise, die deutlich macht, dass er einerseits in der Gebetstradition seines Volkes steht, andererseits in ihm der Höhepunkt aller menschlichen Gottverbundenheit aufleuchtet.

  Wenngleich die Texte über sein Beten in den Evangelien keinen großen Raum einnehmen, so wird doch deutlich, dass sich Jesu Beten ganz natürlich in seinen Alltag, in seine öffentliche Wirksamkeit einfügt, dass er wie selbstverständlich sein Leben *vor* dem Vater – bis zuletzt – zur Sprache bringt (Lk 10,21f; Mk 14,36; Lk 23,46).

  So ist Jesus für unser Beten eine einzigartige Orientierung. Zugleich dürfen wir uns an ihn selber wenden, der uns längst, wie einst Petrus, in sein Gebet zum Vater hineingenommen hat (Lk 22,31 f).

Diese Grundweise biblischen Betens entspricht ja auch der psychologischen Wirklichkeit: dass eine innere Erfahrung, ein unmittelbares Getroffensein, etwas, das uns innerlich anrührt und beschäftigt, erst dann zu einem lebendigen Teil unserer selbst wird, wenn wir dieser Erfahrung Ausdruck und Gestalt geben, wenn wir z. B. damit beginnen, sie in Worte zu fassen. Das führt zu einer Art von Selbstwahrnehmung, bei der wir erkennen, dass wir nicht immer nur Fragende, sondern auch Befragte sind, die selbst nach Antwort suchen (müssen).

Wer getraut sich denn, in seinem Beten vor Gott einzugestehen, dass er einen Menschen hasst oder ihm nicht zu vergeben bereit ist, dass er einfach noch nicht über die Kraft verfügt, jemandem zu verzeihen und zerbrochenen Frieden wieder herzustellen. Wer kann sich denn eingestehen, dass er sehr verletzlich ist, dass er Wunden trägt, die nicht heilen wollen.

In unserem Beten kann die „ganze Wahrheit" unseres Lebens zur Sprache kommen, so wie sie ist, so wie wir sie empfinden, weniger, wie sie sein soll. Unser Beten braucht diese Aufrichtigkeit.

Die heilige *Teresa von Avila* schreibt in ihrer Autobiografie: „Es setzte in mir eine viel größere Liebe ein, und ich hatte auch größeres Vertrauen zu diesem Herrn (Jesus Christus), da ich ihn sah wie einen, *mit dem ich ständig im Gespräch bin.* Ich sah, dass er, obwohl er Gott war, doch auch Mensch war, der sich nicht über die Schwächen der Menschen entsetzt, sondern unsere armselige Lage versteht". Sie fasst dann später zusammen, *dass man mit ihm über alles sprechen kann,* wenn man einmal die erste Furcht und Scheu vor ihm überwunden hat (Vida 37,6).

Ägid von Broeckhoven, ein belgischer Jesuit, der als junger Arbeiterpriester beim Verladen schwerer Eisenplatten tödlich verunglückte, schreibt einmal in sein Tagebuch: „Es ist nicht umsonst, sich in Besinnung und Gebet zu vergegenwärtigen, was Gott in uns wirkt. Es ist durchaus belangvoll, sich daran zu erinnern, *es in Worte auszudrücken, um es intensiver zu erleben, seine Tiefe auszuloten und seinen Reichtum klarer zu erfassen."*

In der *geistlichen Begleitung* kann es zunächst hilfreich für den Begleiteten sein, wenn dieser lernt, in seinen Gebetszeiten *vor* Gott zu erzählen, was ihn beschäftigt – und sei es in seinen Augen noch so zwiespältig, abwegig oder banal. Es wird vielleicht einige Zeit dauern, bis er seine Scheu überwindet und sich getraut, mit *allem,* was ihn bewegt, *vor* Gott zu kommen. Das innere Erleben, die inneren Wahrnehmungen und Reaktionen, wie sie sich spontan in Gefühlen, Haltungen und Bewertungen, aber auch in somatischen Reaktionen äußern, sollen also vom Beter ins Wort gebracht werden. Nach und nach wird er dann auch entdecken, was ihn tiefer angerührt hat oder wo er ganz getroffen ist, z. B.

- von der Undurchschaubarkeit des eigenen Lebens,
- von der Brüchigkeit menschlicher Beziehungen,
- von der Macht des Bösen im eigenen Herzen,
- von der unabstreitbaren Verantwortung in persönlichen Entscheidungen,
- oder da, wo er sich ausgenutzt und betrogen fühlt,
- wo er spürt, dass er zu kurz gekommen ist,
- wo ihm plötzlich und unberechenbar vergeben wird,
- wo er vor Freude „aus dem Häuschen" ist,
- wo sich aus einer ausweglosen Situation, aus einem verfahrenen Leben unvermutet ein Ausweg ergibt,
- wo er darüber staunt, dass es auf einmal weitergeht ... o. ä.

Diese Weise des Betens kann sehr dazu beitragen, wichtige Lebensvorgänge bewusster wahrzunehmen und dem Begleiteten zu verdeutlichen, welche *Richtung* seine spontanen Reaktionen anzeigen, z. B. mehr Offenheit oder mehr Verschlossenheit, mehr Beziehung oder mehr Kreisen um sich selbst, mehr Erfülltsein oder mehr Stagnation und Leere, mehr Lebendigkeit oder mehr Leblosigkeit o. ä.

Wenn der Beter nach und nach die *Richtung* seiner spontanen Reaktionen erfasst, wird er auch erkennen, inwieweit er sich auf Gott hin oder von ihm weg bewegt. Auf diese Weise wird Gott zu einem *lebendigen* Gegenüber.

In diesem Prozess, innere Vorgänge, Bewegungen, Reaktionen wahrzunehmen und sie *vor* Gott auszusprechen, können für den Begleiteten folgende Fragen hilfreich sein:

- *Hörst Du auf den Herrn, wenn Du betest?*

  Diese Frage soll die Aufmerksamkeit darauf lenken, inwieweit Gott in diesem Gespräch überhaupt relevant ist: *Welche Rolle spielt Gott in Deinem Beten?*

- *Sagst Du ihm, was dieses Hören bei Dir an Reaktionen auslöst?*

  Diese Frage macht deutlich, inwieweit der Betende selbst sich in dieses Gespräch einbringt: *Welche Rolle spielst Du selbst in Deinem Beten?*

Eine solche Weise des Betens, in die die Vielfalt immer neuer Lebenssituationen und Erfahrungen einfließt, wird immer aktuell bleiben. Der Begleitete wird sie immer wieder aufnehmen können, und sie wird sich im oft allzu nüchternen und aufreibenden Stil seines Alltags durchhalten.

Wenn das Gebet trocken wird oder nicht recht in Gang kommt, dann liegt das meist daran, dass der Beter nicht auf Gott hört oder daran, dass er IHM nicht antwortet.

Es kann sein, dass er seine Gefühle nicht *vor* Gott bringt, weil sie ihm belanglos oder nicht akzeptabel erscheinen. Er versucht, sie einfach zu übergehen. Unter der Schicht nicht zugelassener Gefühle lauern oft Ärger und Abneigung gegen bestimmte Leute, Groll gegen Gott, Enttäuschung über sich selbst, ein Gefühl von Minderwertigkeit. Wenn all das vor Gott nicht sein darf, bleibt es ein unüberwindliches Hindernis zwischen dem Beter und Gott.

Die Entscheidung, seine inneren Bewegungen und Reaktionen Gott mitzuteilen, bedeutet, sein affektives Leben in seiner ganzen Bandbreite und Zwiespältigkeit nicht aus der Beziehung mit Gott heraus zu halten.

Die eigenen Gefühle *mitzuteilen,* ist etwas anderes als über die eigenen Gefühle *informieren.* Je mehr der Beter sich daran gewöhnt, im Gebet seine inneren Bewegungen und Reaktionen Gott mitzuteilen, desto mehr kommen seine tieferen Schichten ins Bewusstsein: seine Haltungen und Überzeugungen, seine tiefen Wünsche, seine Ängste, sein Groll, seine Schuld. Wenn der Begleitete fähig wird, seine „ganze Wahrheit" anzuschauen und *vor* Gott zur Sprache zu bringen, kann sein Gebet zu einem Prozess fortschreitender Offenheit gegenüber seinem Leben werden.

„Vom Anfang geistlichen Lebens bis zum Ende wird der Mensch das Wort brauchen, um die Stimme des Herzens dem Schöpfer laut werden zu lassen" (*Carlo Caretto)*. Am Anfang werden es vielleicht viele Worte sein, in denen der Beter sich *vor* Gott ausspricht. Allmählich werden sie weniger und tiefer, bis schließlich einige ganz wenige übrig bleiben, in denen alles enthalten ist: Herzworte.

Es wäre eigentlich verwunderlich, wenn wir uns selbst in einem solchen Gebetsprozess nicht wandeln und damit auch die „Dinge" um uns herum oder wenigstens unsere Sicht von ihnen.

Es kann dann auch geschehen, dass einer in die Erfahrung hinein gerät, von der *Sören Kierkegaard* spricht: „Als mein Gebet immer andächtiger und innerlicher wurde, hatte ich immer weniger und weniger zu sagen. Zuletzt wurde ich ganz still .... Ich wurde ein Hörender." Beten heißt auch: still werden und warten, bis Gott vernehmbar wird.

Die beiden folgenden Orientierungen „Sein Leben vor Gott zur Sprache bringen I und II" sind für die Hand des Begleiteten gedacht. Die zwei anschließenden Fragen können ihm helfen, in der Begleitung vor allem über sein Gebet und seine Gottesbeziehung zu sprechen bzw. seine Erfahrungen, seine Fragen und Probleme in diesem Kontext anzuschauen.

Sein Leben vor Gott zur Sprache bringen I

– Eine Orientierung für mein persönliches Beten, für meine Gottesbeziehung –

In den Gebetszeiten kommt es zunächst darauf an, in eine kontemplative Haltung hineinzuwachsen, d.h.

1 Schritt für Schritt zu lernen, im Gebet meine ganze Aufmerksamkeit auf Gott zu richten und auf die Art, wie Er sich mitteilt, vor allem im eigenen Leben und in der Hl. Schrift. Die ganzheitliche Ausrichtung auf den Herrn wird möglich, wenn meine Sorgen und Probleme, meine Wünsche und Interessen darin Raum haben und *vor* IHM ausgesprochen werden. Erst nach und nach werde ich dazu kommen, mich und alles, was mich bewegt und beschäftigt, loszulassen und IHM anzuvertrauen.

2. Wahrzunehmen, was es in mir auslöst, wenn ich mein Leben *vor* Gott zur Sprache bringen, welche Empfindungen, Gefühle, Hoffnungen und Wünsche, Ängste und Widerstände dabei in mir wachwerden, kurz: wie ich darauf spontan reagiere.

   Das Wahrnehmen dieser Reaktion ist grundlegend für das Wachsen im geistlichen Leben.

3. Auch diese Wahrnehmungen *vor* Gott zur Sprache bringen. Für viele Menschen ist es ganz ungewohnt, ihre tiefen Gefühle und Haltungen wahrzunehmen und *vor* Gott auszusprechen. Das gilt umsomehr, wenn sie ihre gefühlsmäßigen spontanen Reaktionen Gott gegenüber ausdrücken sollen. Es ist, als müssten sie eine neue Sprache lernen und eine emotionale Schwelle überwinden.

Für meine Gottesbeziehung wird es hilfreich sein, *nach* der persönlichen Gebetszeit „in der Stille nach der Stille" auf folgende Momente zurückzukommen:

(1) Was geschah im Gebet?

Was hat mich bewegt?
Was habe ich vor Gott ausgesprochen?

(2) Was hat das in mir ausgelöst?

Wie habe ich gefühlsmäßig darauf reagiert?

Meine spontane Reaktion zeigt die *Richtung* an, z. B.:
mehr Offenheit oder mehr Verschlossenheit,
mehr Beziehung oder mehr Kreisen um mich selbst,
mehr Erfülltsein oder mehr Stagnation und Leere,
mehr Lebendigkeit oder mehr Leblosigkeit o. ä.

(3) Hast Du Gott gegenüber auch Deine spontanen Reaktionen äußern können?

Wenn ich meine spontanen Reaktionen *vor* Gott zur Sprache bringe, kann mir allmählich ihre *Richtung* deutlich werden: ob sie mich eher auf Gott hin bewegen oder von IHM weg.

Auf diese Weise kann Gott im Gebet zu einem *lebendigen* Gegenüber werden und aufhören, weit weg und abstrakt zu sein.

In diesem Prozess, innere Vorgänge, Bewegungen, Reaktionen wahrzunehmen und *vor* Gott auszusprechen, können folgende Fragen hilfreich sein:

- *Hörst Du auf den Herrn, wenn Du betest?*

  Diese Frage soll meine Aufmerksamkeit darauf lenken, in wieweit Gott in diesem Gespräch überhaupt relevant ist: *Welche Rolle spielt Gott in Deinem Beten?*

- *Sagst Du IHM, was dieses Hören bei Dir an Reaktionen auslöst?*

  Diese Frage macht deutlich, inwieweit ich selbst mich in dieses Gespräch einbringe: *Welche Rolle spielst Du selbst in Deinem Beten?*

Wenn das Gebet trocken wird oder nicht recht in Gang kommt, dann liegt das meist daran, dass ich nicht auf Gott höre oder dass ich IHM nicht antworte. Dabei geht es nicht darum, Gott Informationen über meine inneren Vorgänge, Bewegungen, etc. zu geben, sondern darum, mein Leben vor IHM zur Sprache zu bringen und mich so für einen Dialog mit IHM offen und verfügbar zu machen.

Sein Leben vor Gott zur Sprache bringen II

– Eine Orientierung für mein persönliches Beten, für meine Gottesbeziehung –

1. Es kann sein, dass ich meine Gefühle nicht *vor* Gott bringe, weil sie mir belanglos oder nicht akzeptabel erscheinen. Ich versuche, sie einfach zu übergehen. Unter der Schicht nicht zugelassener Gefühle lauern oft Ärger und Abneigung gegen bestimmte Leute, Groll gegen Gott, Enttäuschung über mich selbst, ein Gefühl von Minderwertigkeit. Wenn all das *vor* Gott nicht sein darf, bleibt es ein unüberwindliches Hindernis zwischen mir und Gott.

   Hier kann vielleicht die Unterscheidung von tatsächlichen und *gesollten* Gefühlen weiterhelfen. Wenn ich gewahr werde, wie ich tatsächlich fühle und empfinde und das auch zulasse, dann kann ich z. B. auf die Ursachen meines Grolls und meiner Traurigkeit stoßen. Wenn es mir möglich wird, nicht akzeptierte Gefühle zuzulassen und sie sich dann in ihrer Heftigkeit zeigen, wird es Zeit, sie so *vor* den Herrn zu bringen. Sonst bleibt in mir eine dumpfe Art von Verwirrung und emotionalem Durcheinander bestehen.

2. Die Entscheidung, meine inneren Bewegungen und Reaktionen Gott mitzuteilen, bedeutet, mein affektives Leben nicht aus der Beziehung mit Gott herauszuhalten. Je mehr ich mich daran gewöhne, im Gebet meine inneren Bewegungen und Reaktionen Gott mitzuteilen, desto mehr kommen meine tieferen Schichten ins Bewusstsein: meine Haltungen und Überzeugungen, meine tiefen Wünsche, meine Ängste, mein Groll, meine Schuld.

3. Wenn ich fähig werde, meine „ganze Wahrheit" anzuschauen, und *vor* Gott zur Sprache zu bringen, dann kann mein Gebet zu einem Prozess fortschreitender Offenheit gegenüber meinem Leben werden.

4. Diese Grundweise des Betens wird allmählich in mir eine Haltung der *Ehrfurcht* und des *Staunens* vor dem Geheimnis Gottes und dem Geheimnis meines Lebens hervorbringen.

5. Wenn ich genügend frei geworden bin von Fixierungen im affektiven Bereich, wenn meine eigenen Sorgen und Interessen nicht mehr im Mittelpunkt meines Betens stehen, dann bekomme ich Gottes Heilssorge um sein Volk zu spüren. Das kann ein Anzeichen dafür sein, an der Sendung Jesu teilzunehmen und sein

Schicksal zu teilen. Die Wirklichkeit Gottes wird also von mir jetzt anders erfahren als zuvor.

In einem solchen Gebetsprozess werde ich Antworten auf zentrale Fragen meiner Gottesbeziehung entdecken und von daher mein „Leben ordnen" (Ignatius von Loyola):

- Wer bist Du, Gott, für mich?
  Wer willst Du für mich sein?
- Wer bin ich, Gott, für Dich?
  Was liegt Dir an mir?
- Was bedeutest Du mir?

Sein Leben vor Gott zur Sprache bringen

1. Inwieweit sind diese Orientierungen für mich, für mein Beten, für meine Gottesbeziehung von Bedeutung?
2. Inwieweit spielen diese Orientierungen im Gespräch mit meinem geistlichen Begleiter eine Rolle?
   Worauf richte ich in meiner Begleitung primär meine Aufmerksamkeit?
   Worauf richtet mein Begleiter primär seine Aufmerksamkeit?

5. Kapitel

Geistliche Begleitung als Orientierung, wie Gebet und Alltag miteinander in Einklang gebracht werden können

1. Sehnsucht nach Gott

Wie die großen Beter in der Glaubenstradition seines Volkes, zieht Jesus sich von Zeit zu Zeit aus dem Alltag in die Einsamkeit zurück: „Frühmorgens, als es noch ganz dunkel war, stand Jesus auf, ging hinaus in die Einsamkeit und dort betete er" (Mk 1,35). Oder: „Nach der Speisung der Fünftausend forderte er seine Jünger auf, ins Boot zu steigen und ans andere Ufer nach Bethsaida vorauszufahren. Er selbst wollte inzwischen das Volk wegschicken. Nachdem er sich von den Leuten verabschiedet hatte, ging er auf den Berg, um zu beten" (Mk 6,45 f).

Jesus sucht das Schweigen, jene Stille, die der „Urstoff des Betens" ist. Er sucht jene Einsamkeit und Stille, in der alle äußere Aufmerksamkeit und alle Beschäftigung ruht, und er sich ganz dem Geheimnis des VATERS überlässt. Er sucht das Schweigen, um unter den vielen Stimmen des Alltags das Wort des VATERS zu erkennen.

Jesus hat dieses lebensnotwendige Gesetz aktiver Distanz befolgt, um die Nähe und Gemeinschaft mit dem Vater zu leben. Aus dieser innigen Verbundenheit fand Jesus zu der kraftvollen Klarheit und unabhängigen Entschiedenheit, die sein Leben und Wirken bestimmte.

René Voillaume, der langjährige Prior der „Kleinen Brüder Jesu", sagt in einem Kapitel über „Das Gebet der Armen": „Alle Lebensvorgänge in der Welt ... geschehen in einem bestimmten Rhythmus ... von Ruhe und Arbeit. Die Lebenserfahrung muss es als eine Gefahr betrachten, wenn *eine* Bewegung dieses Rhythmus auf Kosten der anderen übermäßig vollzogen wird. Auch das Leben mit Gott und das Gebet können sich diesem rhythmischen Gesetz und seinen Folgen nicht entziehen. Die Lebensweise unserer Gemeinschaften und die der Armen, die eingespannt sind in den Sorgen des Alltags, enthält ihre eigenen Gefahren .... Die Lahmlegung der Intelligenz wird eine gewisse Schwerfälligkeit des Willens verursachen. Ein Übermaß an körperlicher Anstrengung kann möglicherweise die Selbstbeherrschung eines ausgeglichenen Nervensystems beeinträchtigen. Die ständige Unruhe und der Lärm werden mit der Zeit auch das innere Schweigen des Herzens zerstören. Wir müssen also *unbedingt regelmäßige Zeiten* finden, wo wir über unseren Glauben, über das Evangelium und über uns selbst nachdenken können, wenn wir uns nicht über unseren inneren Zustand täuschen wollen. In unseren Gemeinschaften ... müssen regelmäßig wiederholte Zeitabschnitte der physischen Ruhe, der Stille und des äußeren Schweigens eingelegt werden. *Ein solcher Rhythmus entspricht den natürlichen Gesetzen Eures Menschseins.* Auch Jesus hat für sich selbst von dieser Notwendigkeit gewusst und ihre Ansprüche geachtet. Die ... Jahre seines öffentlichen Wirkens enthalten ... nächtliches oder morgendliches Sich-zurückziehen in die Einsamkeit, wo er in Frieden betete oder sich auch mit den Aposteln zurückzog, um einige Tage auszuruhen."

Voillaume schreibt seinen „Kleinen Brüdern" weiter: „An dieser Stelle möchte ich Euch an das Große Gebot der wöchentlichen Ruhe erinnern, das Gott den Menschen vom Ursprung der Welt an auferlegte: die Ruhe am siebten Tag ist ein so wesentlicher Rhythmus, dass die Schöpfung von Gott seit dem Augenblick ihres Erwachens davon geprägt wurde .... Spüren wir nicht, dass es sich hier um ein besonders ernstes und schwerwiegendes Gebot handelt? Sein Übertreter wurde mit dem Tode bestraft, als habe er gegen ein lebendiges Wesen gefrevelt. Dieser Rhythmus der Ruhe ist heilig, ... so sehr, dass *die Nichtbeobachtung dieses Gesetzes im Menschen eine Entstellung des Gottesbildes nach sich zieht ....*

Sicher werden die Forderungen der Arbeit und der Liebe manchmal dazwischenkommen. Hier bedarf es der Elastizität, das wisst Ihr aus Eurer Erfahrung, aber haltet das Prinzip fest! Es wird Euch manchmal so gehen wie dem Herrn, dass Ihr bis an den Ort Eurer Einkehr verfolgt werdet und den kaum begonnenen Tag der Sammlung opfern müsst. Jesus ließ sich aus der Zurückgezogenheit holen und kam geduldig wieder, um sich erneut zum Gefangenen der Menge machen zu lassen. Aber das hinderte ihn nicht, bei der nächsten Gelegenheit sich wieder abzusetzen."[1]

Ein Leben wird schal ohne diese Zeiten der Stille und des Schweigens, des Innehaltens und Verweilens, wo wir alles loslassen, wo alle Beschäftigung gleichsam zusammensinkt und wo wir uns in gesammelter Aufmerksamkeit dem Wort und Geheimnis Gottes ohne Vorsicht überlassen. In diesen stillen Zeiten können unsere Lebensquellen ihre Klarheit wiedergewinnen. Sie versorgen jene Stunden, in denen unser Glaube, unsere Hoffnung, unsere Liebe sich abnutzen und unsere Sehnsucht nach Gott kraftlos wird.

2. Unsere Möglichkeiten und Zeiten für das Gebet

Wie kann man sich im Alltag den Raum aktiver Distanz, diese Zeiten gesammelter Aufmerksamkeit „vor" Gott reservieren, damit unsere Energiequellen nicht versiegen? Viele haben kaum Zeit dafür und sehen wenig Möglichkeiten.

Madeleine Delbrél, die mehr als drei Jahrzehnte als Christin in einem atheistischen Milieu gelebt hat, sagt einmal: „Gott schenkt uns zu jeder Zeit *unsere Möglichkeit* zu beten, aber diese entspricht nicht immer *unseren Vorstellungen* vom Gebet. Wir haben sicher die *Zeit*, so zu beten, wie Gott will, dass wir beten, vielleicht fehlt sie uns bloß, um nach unserer Vorstellung zu beten." Dann vergleicht sie die Möglichkeiten, wie man in einem beschäftigten, umhergeworfenen städtischen Leben beten kann, mit Ölbohrungen. Sie sagt: „Um ausreichend Brennmaterial zu haben, hat man früher Tausende von Quadratkilometern Wald abgeholzt und in weitläufigen Systemen unterirdischer Stollen Kohle abgebaut. Aber um eine Ölschicht zu erreichen, braucht man wenig Grundfläche. Man bohrt schmale senkrechte Schächte in die Tiefe, bis die Energiequelle erschlossen ist."

So ist heutzutage in manchem städtischen Leben das Gebet nur durch Bohrungen möglich, wobei Intensität die Dauer ersetzt. Solch kraftvolles und absichtloses In-die-Tiefe-Gehen strebt zu Gott in konzentrierten Akten des Glaubens, der Hoffnung und der Liebe. Ihre Beharrlichkeit ist wie eine gebrochene Linie, aber ihr wiederholter Vorstoß erreicht die Tiefe zu der Stunde, die Gott bestimmt, an der Stelle, wo er sich einem erschließt.

Man darf allerdings nicht vergessen, dass Bohrungen nicht improvisiert werden. Sie lassen sich noch weniger als die Ausbeutung eines Waldes oder eines Flözes improvisieren. Ist die Ölschicht einmal festgestellt, sucht man den am leichtesten durchdringbaren Grund, plant die technische Installation und verschafft sich Maschinen, deren Stärke dem erwarteten Widerstand entsprechen.

Um also in unserem Leben zu bohren und darin Gebetsschächte in die Tiefe zu treiben, gilt es, *im voraus* die verfügbaren Räume zu entdecken und die günstigsten Augenblicke wahrzunehmen, um am besten jene Stunden versorgen zu können, in denen Glaube, Hoffnung und Liebe zu versiegen scheinen.

So ist Madeleine Delbrél dazugekommen, *das Unerlässliche und das Mögliche von Gebetszeiten zu entdecken und auszuloten.* Wir brauchen Phantasie und Entschlossenheit, um *unsere* Möglichkeiten und Zeiten zum Gebet wahrzunehmen, in denen unsere Lebensquellen ihre Klarheit wiedergewinnen, sonst wird es uns so gehen wie dem Simon und seinen Gefährten: Sie entdecken plötzlich, dass Jesus sich von ihnen zurückgezogen hat. Erst in der Einsamkeit beim Gebet finden sie ihn wieder.

3. Vorgegebene Übungen

Zu der Entschiedenheit, *unsere* Möglichkeiten und Zeiten für das Gebet wahrzunehmen, gehört auch die ausdrückliche Absicht, Gott an uns handeln zu lassen. Diese Absicht bleibt aber Illusion, solange wir uns nicht mit einer gewissen Kontinuität *vorgegebenen* Übungen unterziehen, d.h. Übungen, die unserer Beliebigkeit entzogen sind und die wir unabhängig von unserer augenblicklichen Gestimmtheit praktizieren.

Pablo Casals schreibt in seinen Lebenserinnerungen: „Die letzten achtzig Jahre habe ich jeden Morgen auf dieselbe Weise begonnen, nicht etwa mechanisch, aus bloßer Routine, sondern weil es wesentlich ist für meinen Alltag: Ich gehe ans Klavier und spiele zwei Präludien und zwei Fugen von Bach. Anders kann ich es mir gar nicht vorstellen. Es ist so etwas wie ein Haussegen, aber es bedeutet mir noch mehr: die immer neue Wiederentdeckung einer Welt, der anzugehören ich mich freue. Durchdrungen von dem Bewusstsein, hier dem Wunder des Lebens selbst zu begegnen, erlebe ich staunend das schier Unglaubliche: ein Mensch zu sein. Diese Musik ist niemals dieselbe für mich, niemals! Jeden Tag ist sie wieder neu, phantastisch, unerhört ..."

Eine solche vorgegebene Übung im Alltag hält uns in der Bewegung des Lebendigen. Welche vorgegebene Gebetsübung wir auch immer wählen, wichtig ist, dass sie einfach und wiederholbar ist und dass wir uns regelmäßig in dieses Übungsgeschehen hineinbegeben. Nur solche Gebetsübungen haben auf Dauer eine verwandelnde Kraft. Es bleibt nicht ohne Folgen, wenn wir das lebensnotwendige Gesetz aktiver Distanz vernachlässigen und den „Raum" der inneren Stille und Wandlung verkommen lassen.

4. Einfache Übungen

Von unserer leib-geistigen Einheit her ist darauf zu achten, dass wir bei allen Gebetsübungen den Leib mit einbeziehen. „Zwischen dem Physischen und dem Psychischen besteht eine so enge Verbindung und Wechselwirkung, dass Unordnung in einem Sektor notwendig auf den anderen übergreift. Geist und Leib sind eins. Beides muss für das Wirken Gottes offen, verfügbar sein. Das ist die Grundlage für den ganzen inneren Kampf. Sein Ziel ist, das Geschöpf in einer dauernden Verbindung mit dem Schöpfer zu halten. Sein einziger Zweck besteht in der Vereinigung der ganzen Person mit Jesus Christus" (R. Schutz). Wie der Leib die Ursprache des Menschen ist, so kann er sich darin auch für Gottes Gegenwart öffnen. Im leibhaften Beten können wir unsere geschöpflichen Grundhaltungen wieder entdecken und zu einer ganzheitlichen Spiritualität finden. Ein Gebet, das den Leib nicht mit einbezieht, ist „wie ein Baum ohne Wurzel" (S. Painadath). Deshalb sollen wir beim Beten in der Leibmitte verwurzelt sein und aus der Leibmitte heraus unsere Gebetsgebärden vollziehen.

Unsere Gebetstradition im Westen war nicht immer so arm an leibbezogenen Formen des Betens, wie das heute oft der Fall ist. Aus verschiedenen Gründen ist der ganze Reichtum an Gebetsgebärden, der einmal gemeinsames Gut der Kirchen des Ostens und des Westens war, „seit der Jahrtausendwende Stück für Stück verloren gegangen" (G. Bunge).

Nach Origines soll zwischen der „besonderen Beschaffenheit" der Seele während des Gebetes und der Haltung des Körpers, die wir dabei einnehmen, eine vollkommene Entsprechung bestehen. Wie die sakramentalen Handlungen müssen auch die Gebetsgebärden „sinnvoll sein, d.h. der Leib muss abbildhaft sichtbar machen, was in der Seele geschieht" (G. Bunge) Nach biblischem Verständnis ist z. B. das Stehen beim Gebet der leibliche Ausdruck für die Ehrfurcht des Geschöpfs vor seinem Schöpfer. So steht Abraham vor Gott, während er mit ihm um das Schicksal der Gerechten von Sodom ringt, im Bewusstsein, dass er nur „Staub und Asche" ist. Äußere Haltung und Gebärden bringen nicht nur zum Ausdruck, was im Innern des Beters vor sich geht, sondern das Äußere wirkt auch unmittelbar auf das Innere zurück. „Es besteht also eine eigentümliche Wechselwirkung zwischen innerer Verfassung und äußerer Haltung. Es ist die „besondere Beschaffenheit" der Seele, die sich in der leiblichen Haltung gleichsam eine ihr gemäße ‚Ikone' schafft." (G. Bunge).

Im Folgenden möchte ich zwei einfache Übungen empfehlen, eine zum Tagesbeginn, eine andere zum Abschluss des Tages.

(1) Übung zum Tagesbeginn mit Gebetsgebärden und -worten

1. *Zur Anwesenheit kommen*

- Ich stelle mich aufrecht hin, die Füße in Hüftbreite voneinander, die Knie nicht durchgedrückt.
- Die Arme hängen locker von den Schultergelenken herunter, Daumen und Zeigefinger berühren sich leicht.
- Ich dehne ein wenig die Halswirbelsäule und achte darauf, dass ich im Scheitel offen bin.
- Ich versuche, mich im ganzen Leib zu spüren von der Verwurzelung im Boden bis zum Scheitelpunkt des Hauptes.
- Der ganze Leib kommt am ehesten in eine gute Spannung, in eine gelöste und gesammelte Haltung, wenn ich im Lot, im Gleichgewicht bin und der Schwerpunkt des Leibes im Bauch-Becken-Raum spürbar wird.
- Ich lasse die Lebensbewegung des Atems mich durchströmen und achte darauf, dass ich im Schulter- und Nackenbereich sowie in der Kieferpartie locker bin. Mit jedem Ausatem lasse ich mich tiefer im Boden verwurzeln, mit jedem Einatem mich aufrichten.

2. *Sich vergegenwärtigen, dass ich in Gottes Gegenwart bin*

- Wenn ich mich so vom Leib her gesammelt und geordnet habe, dann versuche ich mir zu vergegenwärtigen, in wessen Gegenwart ich da bin: „Ich bin der Ich-bin-da" – wie Mose vor dem brennenden Dornbusch, „ein wirkliches Gegenüber von höchster Gegenwärtigkeit" (G. Bunge) oder wie Maria von Magdala, als der Auferstandene sie bei ihrem Namen ruft.
- Ich verweile in seinem Anblick, im Bewusstsein, dass mir von Ihm ein Ansehen und eine Würde zukommt, die mir niemand nehmen kann.

3. Sieben Gebetsgebärden

Erste Gebärde: In Ehrfurcht, im Bewusstsein meiner Geschöpflichkeit und meiner Erlösungsbedürftigkeit verneige ich mich aus der Leibmitte heraus vor dem Geheimnis Gottes.

Zweite Gebärde: Wenn ich mich wieder aufgerichtet habe, führe ich meine Hände zusammen, so dass sich Fingerspitzen und Handwurzeln berühren und halte sie etwa in Höhe des Brustbeins vor dem Herzzentrum. Ich verweile in Dankbarkeit für den neuen Tag.

Mein Schöpfer und mein Erlöser, mein Herr und mein Gott,
mein Ursprung und meine Vollendung, mein Anfang und mein Ziel.

Dritte Gebärde: Dann öffne ich langsam meine Hände zu einer Schale vor mir – in der Bereitschaft, mich zu öffnen für das, was Gott heute für mich bereithält.

Öffne mich für Dein Wirken,
damit ich empfangen und geben kann, was Du mir in die Hände legst.

Vierte Gebärde: Aus dieser Haltung heraus breite ich meine Arme weit aus wie zu einer großen Schale.

Lehre mich Deine Wege und führe mich Deine Pfade.
Lehre mich Dir dienen, wie es Dir entspricht.
Geben, ohne zu zählen.
Kämpfen trotz Angst vor den Wunden.
Arbeiten, ohne darin aufzugehen.
Mich einsetzen, ohne Lohn oder Dank zu erwarten.
Mir genüge das frohe Wissen, Deinen heiligen Willen erfüllt zu haben.

Fünfte Gebärde: Ich lasse die Arme ein wenig sinken, so dass ich wie in Kreuzform stehe. Ich spüre meine Senkrechte von der Verwurzelung im Boden bis zum Scheitelpunkt des Hauptes und darüber hinaus. Ich spüre den Schwerpunkt meines Leibes im Bauch-Becken-Raum, die Weite meiner ausgebreiteten Arme und Hände und darüber hinaus. In Gott verwurzelt und auf ihn ausgerichtet bin ich hineingestellt in diese Welt.

Herr, lass mich die Spannungen dieses Tages aushalten,
die äußeren und die inneren – in Deiner Kraft!

Sechste Gebärde: Ich wende die ausgestreckten Arme nach unten, so dass die Handflächen zum Boden schauen.

Lass mich ein Segen sein!

Siebte Gebärde: Ich lasse die Arme wieder sinken und verneige mich noch einmal aus der Leibmitte heraus vor dem Geheimnis Gottes und dem Geheimnis meines Lebens.

Dann richte ich mich auf und verweile mit geschlossenen Augen bei dem Eindruck, den das leibhafte Beten bei mir hinterlassen hat.

Für dieses Morgengebet kann ich fast immer Zeit aufbringen (*etwa 7 – 10 Minuten*) und je nach Möglichkeit eine Schweigemeditation mit einem kurzen Gebetswort oder -satz anschließen (*etwa 20 Minuten*).

(2) Übung zum Abschluss des Tages: Tagesrückblick oder: Das Gebet der liebenden Aufmerksamkeit

Der Tagesrückblick oder das „Gebet der liebenden Aufmerksamkeit", wie man diese tägliche Gebetsübung auch nennt, umfasst fünf Punkte:

1. Nach den Vorübungen zur Sammlung und des Zur-Ruhe-Kommens Gott bitten, die Wirklichkeit gleichsam mit Seinen Augen sehen zu dürfen. Nur in Seinem Licht schauen wir das Licht (vgl. Ps 36,10).
2. Das Wahrnehmen meiner Wirklichkeit „Stunde für Stunde, Zeit für Zeit" wird am ehesten gelingen, wenn ich möglichst vorurteilsfrei alles vor mich kommen lasse, was sich im Verlauf des Tages ereignet und wie es mich stimmungsmäßig beeinflusst hat, also:
   - Womit habe ich mich beschäftigt?
     Was hat sich ereignet, was ist geschehen?
     Welchen Menschen bin ich begegnet?
   - Was hat mich dabei bewegt?
     In welcher Stimmung haben mich die Beschäftigungen, Ereignisse und Begegnungen zurückgelassen?
   - Was bewegt mich jetzt noch?
     In welche Richtung tendieren meine inneren Bewegungen?

   Aus dieser Rückschau wird dann auch eine geistliche Unterscheidung der verschiedenen seelischen Impulse und Reaktionen möglich.
3. In dem Bemühen, meine Wirklichkeit so wahrzunehmen wie sie ist, geht es vor allem darum, Gott in allen Dingen zu entdecken als den Grund der „empfangenen Wohltaten", und ihm zu danken.
4. Im Licht der „empfangenen Wohltaten" gilt es dann wahrzunehmen, was im Verlauf des Tages „nicht in Ordnung" war, welchen Lebensimpulsen ich mich verweigert habe.

Indem ich mir gläubig in Erinnerung rufe, dass Gott um meinetwillen keine Mühe scheut, damit ich zu dem Bild und Gleichnis unterwegs bleibe, das Er sich von mir gemacht hat, wird es mich dazu drängen, „Gott, unseren Herrn, um Verzeihung zu bitten für die Fehler".

5. Die Entschiedenheit, mit seiner Gnade mich neu auszurichten, orientiert sich an der Grundbotschaft des Evangeliums, dass Er uns zuerst geliebt hat. „Was wir im Auge haben, das prägt uns, dahinein werden wir verwandelt, und wir kommen, wohin wir schauen" (H. Spaemann).

Diese tägliche Übung, die „Räume" unseres Herzens im Geist des Evangeliums betend zu durchleuchten und aufzuräumen, führt zu einer tiefen Sinnerfahrung inmitten der Unwägbarkeiten und Unverträglichkeiten unseres Daseins.

Zusammenfassung der einzelnen Schritte dieser Gebetsübung:

1. Nach den Vorübungen des Zur-Anwesenheit-Kommens Gott bitten, den Tag in Seinem Licht sehen zu dürfen.
2. Die Ereignisse, Begegnungen und Beschäftigungen des Tages „Stunde für Stunde" vor mich kommen lassen, zunächst ohne sie zu werten; die inneren Bewegungen, Impulse, Reaktionen wahrnehmen und zu unterscheiden versuchen, in welche Richtung sie tendieren.
3. Gott danken für die empfangenen Wohltaten.
4. Erkennen und eingestehen, was nicht „in Ordnung" war und Gott um Verzeihung bitten.
5. Mit Entschiedenheit mich der Grundausrichtung meines Lebens auf Gott hin erneut zuwenden.

Das Gebet der liebenden Aufmerksamkeit dauert etwa 10-15 Minuten. Beide Übungen sind einfach und wiederholbar. Den Begleiteten können sie helfen, ihrem Alltag eine geistliche Gestalt zu geben und die Sehnsucht nach Gott lebendig zu halten. Auch der folgende Übungsweg kann dazu eine Möglichkeit sein.

(3) Übungsweg in drei Schritten

Dieser Weg bezieht auch Leib, Seele und Geist in intensiver Weise mit ein. Er umfasst drei Schritte und verlangt tägliche Treue zum eingeschlagenen Weg.

1. Vor dem Schlafengehen liest man in der Hl. Schrift oder in einem Buch mit spiritueller Substanz, z. B. in einer guten Hagiographie. Dabei ist es wichtig, das Gelesene mit dem eigenen Leben in Schwingung zu bringen. Durch die geistliche

Lektüre werden die Gedanken und Gefühle gereinigt und mit Gott in Beziehung gebracht. Was uns vom Tag her beschäftigt, kann abklingen. Neue Ausrichtung und Inspiration können uns geschenkt werden. (*etwa 15-20 Minuten*).

2. Der folgende Morgen beginnt vor dem Frühstück mit Leibübungen (Lösungs- und Wahrnehmungsübungen, die den Kreislauf aktivieren (keine Eutonie unmittelbar nach der Nachtruhe!) oder mit einem Lauf, der in rhythmischen Bewegungen den Leib ganzheitlich lockert und durchlässig macht. Das leibliche Exerzitium führt zu innerer Sammlung. Dabei können Worte und Inhalte aus der abendlichen Lektüre wieder aufsteigen und an Kraft gewinnen. (*etwa 10 - 20 Minuten*).

3. Nach dem Duschen nimmt man eine leibliche Haltung ein, die einerseits körperliche Ruhe und Durchlässigkeit sowie geistige Wachheit und Empfänglichkeit fördert, andererseits Ausdruck der Ehrfurcht und Sammlung vor dem Geheimnis Gottes ist. Dabei wird es eine Hilfe sein, sich nach Art der kontemplativen Gebetstradition mit einem kurzen Gebetswort oder -satz gegenwärtig zu halten. Das Mantra ermöglicht, die eigenen Gedanken, Wünsche und Sorgen leichter hinter sich zu lassen.

   Für diese Gebetszeit empfiehlt es sich, am Abend vorher den Raum atmosphärisch so zu ordnen, dass er zu Stille, Sammlung und Andacht einlädt. (*etwa 20 - 30 Minuten*).

Es ist ratsam, kurz schriftlich festzuhalten, was uns im Verlauf oder im Gefolge dieses Übungsgeschehens aufgegangen ist bzw. was uns bewegt hat. Diese Notizen sollten möglichst prägnant sein. Man kann sich jeden Tag Notizen machen, wenigstens aber innerhalb einer Woche, um der eigenen Erfahrung Ausdruck und Gestalt zu geben und nach und nach die Spur zu entdecken, die wir geführt werden.

Soweit möglich, sollte man die Übungschritte jeweils zur selben Zeit und am selben Ort wie einen Ritus durchführen. Ein solcher täglich praktizierter *ganzheitlicher* Übungsweg wirkt sich auch psychosomatisch heilend aus und stärkt die seelisch-geistigen Kräfte.

Welche Gebetsübung bzw. welche Kombination von Gebetsübungen wir auch immer wählen, wichtig ist, dass sie einfach und wiederholbar sind, und dass wir uns regelmäßig in dieses Übungsgeschehen hineinbegeben. Solche Gebetsübungen können die Ausrichtung auf Gott im Alltag lebendig halten. Sie haben auf Dauer eine verwandelnde Kraft und versorgen jene Zeiten, in denen unser Glaube, unsere Hoffnung, unsere Liebe sich abnutzen und unsere Sehnsucht nach Gott kraftlos wird.

Nicht zuletzt sei daran erinnert, dass angesichts der Eigendynamik sozialer und kirchlicher Entwicklungen und Veränderungen eine spirituell verstandene Lebenskultur immer wieder der Vergewisserung und Ermutigung durch Andere bedarf, die auf einem ähnlichen Glaubensweg sind.

6. Kapitel

Gottes-„bilder" in der geistlichen Begleitung

Ein gesundes geistliches Leben kann sich nicht unabhängig von unserer menschlichen Entwicklung und Reifung entfalten. Es braucht bestimmte anthropologische Voraussetzungen, damit ein gesundes Gottes-„bild" sich herausbilden, eine tragende und lebendige Gottesbeziehung sich entfalten kann. Dieser Prozess verläuft nicht willkürlich. Es gibt darin Entwicklungslinien, die aufgezeigt werden können und mit denen man in der geistlichen Begleitung vertraut sein sollte. Im Folgenden wird die Entwicklung des Gottes-„bildes" sowie der entsprechenden religiösen Grundhaltungen und Verhaltensweisen auf der Basis des Entwicklungsmodells von Erik H. Erikson skizziert. Wir versuchen also die Phasen gesunder menschlicher Entwicklung, die er beschreibt, auf das geistliche Leben zu übertragen. Dabei ist zu berücksichtigen, dass wir immer im Spannungsfeld zweier Pole stehen, die durch unsere jeweilige Lebenseinstellung bzw. Gottesbeziehung bestimmt sind. Diese Spannungsfelder kann man in vielen biblischen Texten wiederentdecken. Sie stimmen häufig mit den von Erikson beschriebenen Polaritäten überein.

Es versteht sich von selbst, dass ein Modell nur einen schematischen Überblick geben und Menschen nicht in ihrer endlosen Verschiedenheit von Existenzweisen und gelebter Spiritualität „einfangen" kann. Auch darf man dieses Modell nicht als normatives Stufenmodell missverstehen, wonach wir von Stufe zu Stufe zu einer jeweils gelungeneren Identität „aufsteigen". Wir treffen heute zunehmend auf Menschen mit einem „Pachtwork" unterschiedlicher Identitätszustände, d.h. ihre Teilidentitäten, z. B. in Bezug auf Beruf, Herkunftsmilieu und Familie, persönliche Weltanschauung und Freizeitverhalten sind in einem z. T. sehr unterschiedlichen Entwicklungsstadium. Die genannten Polaritäten holen uns vielmehr im Verlauf unseres Lebens wie Spiralbewegungen immer wieder ein und begegnen oder konfrontieren uns als *Lebensthemen.* So verstanden, kann das Modell eine gute Orientierung für die geistliche Begleitung sein.

1. Jede religiöse Überzeugung beginnt mit **Vertrauen.** Es ist die Grundlage aller Beziehungsfähigkeit und Wertorientierung. Aus dem Vertrauen ins Leben entsteht beim Menschen die Zuversicht, in diese Welt zu gehören und einen eigenen Weg zu gehen. Für gläubige Menschen hat diese Art von Vertrauen und Zuversicht etwas zu tun mit dem Göttlichen, das ihnen als eine Macht erscheint, bei der sie sich in guten Händen wissen. Gott ist wohlwollend und menschenfreundlich. Seine Zuneigung schafft Lebensraum. Für das gesunde Wachsen der Glaubensgestalt und das Gelingen einer persönlichen Gottesbeziehung haben mütterliche Züge im Gottesbild große Bedeutung (vgl. u. a. Hos 11,1-11; Jes 49,15).

Entsteht dieses Grundvertrauen im Leben nicht, bekommt das Göttliche das Gesicht einer ungreifbaren und willkürlichen Macht. Subjektiv drückt sich das in dem Gefühl von **Verlassenheit** und **Misstrauen** aus, etwas, das im geistlichen Leben vieler Menschen anzutreffen ist. Vertrauen oder Verlassenheit und Misstrauen haben ihre Wurzeln in den ersten Begegnungen, die das Kind in seinem Leben macht und in der Art, wie das Göttliche in diesen Begegnungen dem Kind nahe gebracht wird. Das Bewusstsein, bei Gott in guten Händen oder von ihm verlassen zu sein, spielt für die weitere Entwicklung eine entscheidende Rolle.

In der *geistlichen Begleitung* zeigen sich die tiefen Spuren dieser ersten Lebens- und Gottesbegegnungen. Auch hier treten Vertrauen oder Verlassenheit und Misstrauen, eine abhängige oder eine mehr eigenständige Lebenshaltung zutage.

2. Auf dem Grundvertrauen ins Leben entsteht eine erste Form von **Autonomie.** Das Kind lernt schon, dass es eigene Rechte hat und diese auch verteidigen darf. Das Göttliche drückt sich in einer Macht aus, die diese Rechte anerkennt und die selbst auch Rechte hat. Gott wird als Beistand und Widersacher erfahren. Man kann mit ihm verschiedener Meinung sein, die eigenen Rechte geltend machen und verhandeln. Wenn die Autonomie harmonisch wächst, wird vor allem das Verhandeln innerhalb der von beiden Seiten akzeptierten „Rechtsordnung" zu einem charakteristischen Kennzeichen der Gottesbeziehung. Es besteht eine gewisse Gleichwertigkeit, die auch Freimütigkeit im Kontakt ermöglicht. Diese Haltung findet man auch bei biblischen Gestalten wie Abraham und Mose, die mit Gott über seine Pläne verhandeln und Absprachen treffen. (vgl. u. a. Gen 18,17-33; Ex 32,9-14)

   Kann sich diese Überzeugung nicht entwickeln, beginnt ein gewisser **Legalismus** im Verhältnis zum Göttlichen. Die göttliche Macht wird alles bestimmend.

   Das Entstehen dieser religiösen Haltungen hat seine Wurzeln in menschlichen Begegnungen mit Eltern, Geistlichen und anderen Repräsentanten religiös geprägter Institutionen.

   In der *geistlichen Begleitung* treten diese Phänomene und alle damit verbundenen Beziehungsmuster wieder auf. Auch in der Weise, wie der Begleitete mit den Hinweisen des geistlichen Begleiters umgeht bzw. wie der Begleiter sich einbringt, zeigen sich diese Muster aufs Neue.

3. Auf der Basis von Vertrauen und Autonomie meldet sich die eigene **Initiative.** Sie bringt Menschen dazu, ihren Weg allmählich selbst in die Hand zu nehmen und zu verantworten. Diese Bewegung ist verbunden mit dem Entstehen einer

inneren Zielgerichtetheit. Bei dieser Lebenseinstellung ist Gott einer, der mit dem Menschen geht. Mit ihm „überspringe ich Mauern" (Ps 18). Er lockt die religiöse Unternehmungslust hervor. Gott ist nicht nur für den Menschen da (Vertrauen), er nimmt ihn nicht nur ernst (Autonomie), sondern provoziert ihn auch im Suchen nach einer eigenen religiösen Überzeugung und Lebensform. In den großen biblischen Gestalten, wie z. B. den Propheten, finden wir dies wieder. Sehr wesentlich für diese Lebenshaltung ist das *dramatische* Element. Gottesbegegnungen in der Bibel sind durchweg dramatisch. Der Mensch wird in das Leben verwickelt, seine Initiativen haben positive und negative Folgen, die oft nicht mehr auseinanderzuhalten sind. Schuld ist ein unvermeidlicher Bestandteil religiöser Existenz. (vgl. u. a. Gen 28,15; Ex 33,14; Lk 16,1-7; Lk 19,11-26).

Überwiegen aber in der religiösen Überzeugung Verlassenheit, Misstrauen und Legalismus, entsteht eine Haltung von **Unsicherheit** und **Unbestimmtheit**, von **Abwarten** und vor allem das niederdrückende Gefühl, es nicht recht machen zu können und immer wieder **schuldig zu werden.** Gott wird zum Gläubiger, der das religiöse Streben nicht unterstützt, sondern kritisch und drohend verfolgt. Er sieht vor allem die Fehler und das, was nicht gelingt. Deshalb überlassen solche Menschen ihre Entscheidungen am liebsten Gott oder dessen Repräsentanten.

In der *geistlichen Begleitung* müssen wir auf solche Lebenseinstellungen gefasst sein. Wenn der Begleiter selbst von dieser negativen Haltung bestimmt wird und der Begleitete eher eine initiative Lebenseinstellung hat, sind große Spannungen zu erwarten. Stehen beide eher am negativen Pol, werden diese Begegnungen kaum zur inneren Freiheit des Begleiteten führen. Sind aber beide dem Pol der Initiative näher, so wird daraus eine freisetzende, raumgebende und kreative Begegnung resultieren.

4. Der nächste Schritt auf dem Weg wird mit **Kompetenz** und **Arbeitslust** (Freude am Schaffen, Kreativität) bezeichnet. Beide zusammen meinen ein spontanes Lebensgefühl, den eigenen Weg gehen zu können und dabei auch Freude zu haben. Eine Freude, die sich auch darauf bezieht, die Ergebnisse des eigenen Schaffens anderen zeigen zu können, Freude darüber, dass Gott am und durch den Menschen handelt.

   Ein solches Lebensgefühl zeigt sich in einer Haltung, die von der Überzeugung getragen ist, als Mitarbeiter Gottes einen eigenen Beitrag zu leisten. Gott wird erfahren als jemand, der sich selbst in die Abhängigkeit von Menschen bringt. Er will ihn nötig haben, um sein Heilswerk an den Menschen zu vollbringen. Er wird nicht Mensch ohne den Menschen. (vgl. u. a. Jes 6,8; Jona 1-4; 1 Kor 3,5-9)

   Bei einer negativen Entwicklung entstehen Gefühle von **Minderwertigkeit** und **Überflüssigsein** und ein **Mangel an Vertrauen in den Wert des eigenen Bei-**

trags. Gott wird als absoluter Herr gesehen, der den Menschen nicht braucht. Dieser hat von sich aus nichts beizutragen.

Beide Formen, die positive wie auch die negative, sind in der *geistlichen Begleitung* oft anzutreffen, und zwar nicht nur in der Art und Weise, wie jemand sich beurteilt, sondern auch wie er sich in der Begegnung gibt.

5. Im folgenden Stadium leben alle bisher entwickelten Grundhaltungen von neuem auf und wachsen zu einer **Synthese** zusammen. Der Glaube gewinnt eine eigene Gestalt, die nun die ganze Person erfasst und auch als solche erkennbar wird. Dieser äußeren Erkennbarkeit entspricht das Lebensgefühl, dass Gott damit einverstanden ist. Diese Übereinstimmung bezeichen wir als **religiöse Identität**, die Treue und Loyalität miteinschließt. Es ist eine reife, „erwachsene" Beziehung entstanden. Gott respektiert die Glaubensgestalt des Menschen und dieser nimmt seinen Gott an, so wie er sich in seinem Leben gezeigt hat. Religiöses Vertrauen, Autonomie, Initiative und Kompetenz sind also in diesem Lebensgefühl eingeschlossen.

   Wenn diese Synthese nicht gelingt, entsteht ein **diffuses Verhältnis zu Gott,** wenn nicht sogar eine **Beziehungslosigkeit.** Der Mensch hat, religiös gesehen, kein Profil.

   In der *geistlichen Begleitung* wird eine mehr oder weniger geglückte Identität daran deutlich, wie jemand sich auf dem geistlichen Weg und in den geistlichen Begegnungen verhält. Bei einer starken Identität trägt dieses Verhalten deutlich den Stempel der Person. Es gibt einen eigenen Stil und eine persönliche Art des Umgangs mit den angebotenen Hinweisen des Begleiters.

6. Erst wenn Identität entstanden ist, kann es zu einer **Balance zwischen Nähe und Distanz** in menschlichen Beziehungen kommen. Auf religiösem Gebiet zeigt sich das darin, dass Menschen in ihrer Gottesbeziehung zu einer wirklichen Vertrautheit (familiaritas) kommen können, die einen wahrhaft persönlichen, intimen Ausdruck findet. Gleichzeitig sind sie fähig, die notwendige Distanz zu wahren, die für jeden echten vertraulichen Kontakt unerlässlich ist. Die Ehrfurcht vor dem Geheimnis Gottes bleibt. In der Ehrfurcht wird das Personale in seiner Eigenheit ernst genommen (Nähe) und in seinem Wert stehen gelassen (Distanz). Der eigene Weg wird einerseits zur Disposition gestellt, andererseits respektiert. Die Beziehung zwischen Jesus und seinem „Abba" ist für die rechte Balance zwischen Nähe und Distanz das Vorbild (vgl. u. a. Ex 33,11; Joh 15,15).

   Dem Begleiteten ist es nun möglich, sehr persönliche Erfahrungen auszusprechen. Er zeigt Ehrfurcht und Empfänglichkeit gegenüber seinen seelischen Bewegungen und Impulsen.

Findet ein Mensch nicht zu dieser Balance zwischen Nähe und Distanz, ist **„Isolierung"** die Folge. Sie hat zwei Ausdrucksformen: übertriebene Distanz und zu große Nähe. Übertriebene Distanz entsteht, wenn Gott als Konkurrent des Menschen erfahren wird. Sie hinterlässt ein tiefes Gefühl von Verlassenheit.

In der *geistlichen Begleitung* kommt es dann zu keinem echten Kontakt, da der Begleiter unbewusst als Repräsentant des Konkurrenten Gott angesehen wird. Der Begleitete spricht nur „über" die Dinge.

Diese Form von Verlassenheit muss aber gut unterschieden werden von dem Verlassenheitsgefühl, in dem das nicht erfüllte Verlangen nach Gott zum Ausdruck kommt. Letzteres ist ein wesentliches Element geistlicher Reife. Der Mensch wird allmählich von seinem religiösen Narzissmus befreit. Auch hier ist „Unterscheidung der Geister" notwendig, da in dieser Art von Verlassenheit Folgen von Entwicklungsstörungen auf einer elementaren menschlichen Ebene sichtbar werden können.

Die andere Form ist genau entgegengesetzt: nämlich eine so große Nähe, dass die Eigenständigkeit der Beteiligten verloren geht. Es entsteht eine „Symbiose", in der ein echtes Gegenüber nicht möglich ist. Auch in der Beziehung zu Gott ist eine Art Symbiose möglich. Kennzeichen dieser „Symbiose" ist das Einklagen der göttlichen Anwesenheit, wenn diese „vom Gefühl" her fehlt, und ein tiefer, manchmal aggressiv gefärbter Missmut.

7. Mit dem nächsten Schritt gerät jemand in ein Lebensgefühl, bei dem die Verwirklichung des Reiches Gottes in der Welt zum Lebensthema wird. Menschen dieser Art setzen sich für das ein, was sie geistlich geworden sind. Ihre Lebenshaltung ist gekennzeichnet durch die **authentische Sorge**, geistliche Werte in Kirche und Gesellschaft weiterzugeben. Solche Menschen leben aus einer tiefen Überzeugung an die Werte, die durch den Glauben repräsentiert werden.

   Die religiöse Erfahrung ist durch das Gefühl der **Mitverantwortung mit Gott** gekennzeichnet. Gott und Mensch sind für die Heilsgeschichte gemeinsam verantwortlich; der Mensch ist wirklich Gottes Mitarbeiter. In der vorangegangenen Phase galt das Wort Jesu: „Ich nenne euch nicht mehr Knechte, denn der Knecht weiß nicht, was sein Herr tut. Vielmehr habe ich euch Freunde genannt, denn ich habe euch alles mitgeteilt, was ich von meinem Vater gehört habe" (Joh 15,15). Jetzt gilt, unter Beibehaltung des Vorangegangenen, das Folgende: „... ich habe euch erwählt und dazu bestimmt, dass ihr geht und Frucht bringt, eine Frucht, die bleibt ..." (Joh 15,16).

   Findet ein Mensch nicht zu dieser Lebenshaltung, entsteht auf der Linie der beschriebenen Entwicklung eine **religiöse Besorgnis um sich selbst.** Dem eigenen Heil wird die ganze Aufmerksamkeit gewidmet. Menschen werden so zu „geistlichen Selbstversorgern". Ihr Verantwortungsgefühl ist primär von der Sorge bestimmt, ihre eigene „Sache" gut zu machen. Je mehr einer auf seine eigene Sicherheit bedacht ist, desto größer wird die Angst vor dem Wagnis, sich auf die Unkalkulierbarkeit menschlicher Beziehungen oder auf ein Engagement für „evangelische" Werte in Kirche und Gesellschaft einzulassen.

Das gilt auch für Begleiter. Sie können sich vor dem Wagnis des Glaubens abschirmen, das der Begleitete einzugehen bereit ist, und lieber den sicheren Weg wählen. Sie können aber auch mit dem Begleiteten das Risiko seines Glaubens teilen.

8. Bei der letzten Phase des beschriebenen Modells finden Menschen zu einer Lebenshaltung, in der sich ein tiefes, religiös motiviertes Einverständnis mit dem Leben, so wie es bisher verlaufen ist, vollzieht. Dieses Einverständnis ist mehr als bloße Akzeptanz. Es ist das Bewusstsein, dass das Leben nicht anders sein sollte. Diese Lebenshaltung ist zugleich eine religiös tief verwurzelte und hoch entfaltete Identität, die mit **Integrität** bezeichnet wird. Gott wird als „Grund meines Grundes" (Tauler) erfahren. Weisheit, und zwar eine engagierte und praktische, in der immer die Sorge um andere mitschwingt, ist der Ausdruck solcher Integrität. Sie schließt Nähe ein, die es ermöglicht, zu teilen, was zum eigenen religiösen Erfahrungsschatz gehört und zugleich Distanz, die davon abhält, die eigene Lebenserfahrung und Weisheit anderen aufzudrängen.

   Der weise Mensch weiß: „Auch ich bin ein sterblicher Mensch" (Weish 7,1). Seine Weisheit wurzelt in Gott: „Denn er gab mir sichere Erkenntnis" (Weish 7,17); „Denn es gibt außer dir keinen Gott, der für alle sorgte" (Weish 12,13). Die Weisheit zeigt sich auch im Humor.

   Findet ein Mensch nicht zu dieser Integrität, wird eine Lebenshaltung deutlich, in der es keine Hoffnung gibt. Die Zukunft ist verschlossen und damit auch das Heute und Gestern. Es fehlt die „Kraftlinie" ins Heute und Morgen. Die religiöse Erfahrung stirbt ab. Es meldet sich eine **Unzufriedenheit mit dem Leben,** die durchzogen ist von **Widerwillen, Sinnlosigkeit und Verzweiflung.**

   Die skizzierten Gottes-„bilder" zeigen sich in den entsprechenden religiösen Grundhaltungen und Verhaltensweisen und werden so auch in der geistlichen Begleitung erkennbar.

   Die folgende Zusammenfassung will einen Überblick geben über die Phasen gesunder menschlicher Entwicklung nach dem Modell von Erik H. Eriksson, über die Entwicklung der Gottes-„bilder" bzw. über die Entwicklung des Grundvertrauens in seiner „typisch" religiösen Variante und schließlich die Phänomene beschreiben, mit denen der Begleiter zu rechnen hat.

Phasen gesunder menschlicher Entwicklung – Leben als Weg in Polaritäten nach E. H. Erikson
– eine Übersicht

	Grundhaltungen *Grundgefühl* (basic sense), seelischer Zustand, Lebenseinstellung, Existenzweise (können unbewusst sein!) positiv ←→ negativ		*Lebensthemen* Aufgaben ↔ Fehlformen *Soziale Verhaltensweisen*
	1. Säuglingsalter *Urvertrauen / Grundvertrauen* Geborgenheit in guten Händen sein	*Misstrauen* Enttäuschung *Verlassenheit* Bedrohung	oral empfangen, nehmen im Sinne von: gegeben bekommen und annehmen ↔ geben Rückzug in sich selbst
Kindheit	2. Kleinkindalter *Autonomie* Selbständigkeit, Unabhängigkeit, Selbstsicherheit, verstanden als Selbstkontrolle ohne Verlust des Eigenwertes	*Beschämung,* beschämt sein über sich selbst: so darf ich nicht sein, *Zweifel* an sich selbst, Unsicherheit, Befangenheit Unselbständigkeit, Abhängigkeit, Legalismus, verstanden als Kontrolle durch andere mit Verlust des Eigenwertes	anal festhalten ↔ loslassen Erstes Vermögen zu echtem Zusammenwirken mit anderen ↔ Legalismus, Formalismus
Kindheit	3. Spielalter *Initiative,* Unternehmungslust Spüren der eigenen schöpferischen Kräfte und Möglichkeiten Freude am Wettbewerb Risikofreude trotz der Möglichkeit, schuldig zu werden Entstehen einer *inneren Zielgerichtetheit*	*Schuld,* es nicht „recht" machen zu können Angst, persönlich schuldig zu werden Zögern Risikoscheu Gefühl, nicht vollwertig zu sein	genital eigene Initiative entwickeln Dynamik nach außen sorgen, helfen, etwas geloben, eine Aufgabe übernehmen Grundvermögen für ein zielgerichtetes Leben ↔ bei sich bleiben, kein Recht auf eigene Initiative
Kindheit	4. Schulalter *Kompetenz,* kundig sein, Arbeitsfreude, Tätigkeitsdrang. Ich kann etwas „Richtiges" machen, mit anderen an einer Sache arbeiten, zusammen ein Werk vollbringen. Ich bin nützlich. Ich werde gebraucht. Fähigkeit, das Leben bewältigen zu können	*Unzulänglichkeit, Minderwertigkeit* Ich kann nichts „Richtiges" zustande bringen, fühle mich unfähig zu gemeinschaftlichem Tun. Ich bin unnütz, werde nicht gebraucht. Funktionale Unterordnung, bloßes Ausführungsorgan, Verweigerung von Mitverantwortung, keine persönliche Sorge für etwas übernehmen.	etwas „Richtiges" machen, etwas mit anderen zusammen tun, für etwas Sorge tragen ↔ keine Sorge für etwas tragen keine Verantwortung übernehmen
← Moratorium →	5. Adoleszenz *Ich-Identität* Vertrauen in die eigene Einheitlichkeit und Kontinuität, „ideolog". Perspektive, Werte, Normen. Vertrauen, sich zu einer bestimmten Persönlichkeit zu entwickeln. Überzeugung eine soziale und berufliche Zukunft zu haben. Selbstvertrauen in Bezug auf • Lebensüberzeugung • Lebensvision • Geschlechtlichkeit • eigene Rolle • soziale Gruppe • Beruf	*Identität-Diffusion* Mangel, Verlust an Ich-Identität Zweifel, Unsicherheit - wer man ist - was man werden will - wie die anderen einen sehen	Ringen um persönliche Identität, um meinen Platz in „meiner Welt" ↔ Unfähigkeit zur eigenen Identität vorzustoßen, meinen Platz in „meiner Welt" zu finden

Phasen gesunder menschlicher Entwicklung – Leben als Weg in Polaritäten nach E. H. Erikson – eine Übersicht (Fortsetzung)

Grundhaltungen *Grundgefühl* (basic sense), seelischer Zustand, Lebenseinstellung, Existenzweise (können unbewusst sein!) positiv ←——→ negativ		*Lebensthemen* Aufgaben ↔ Fehlformen *Soziale Verhaltensweisen*
Erwachsenenalter Die 3 Stadien des Erwachsenlebens: 6. frühes Erwachsenalter *Intimität / Balance zwischen Nähe und Distanz* Sich fähig fühlen zu spontanen, herzlichen, den anderen freisetzenden Beziehungen	Auseinanderfallen von Nähe und Distanz *Isolierung* aufgrund von zu starker oder schwacher Identifikation mit anderen Selbstbezogenheit – soziale Abkapselung	sich im anderen verlieren und finden, „lieben und arbeiten" ↔ sich isolieren stereotype und formale zwischenmenschliche Beziehungen
7. mittleres Erwachsenenalter *Generativität* Streben nach schöpferischer Leistung; Lebenzeugen u. an die nächste Generation weitergeben. Authent., uneigennützige Sorge für andere Menschen und Dinge. Übertragung von Grundhaltungen, von geistigen und religiösen Werten auf eine neue Generation, ohne den dafür notwendigen Spielraum einzuschränken.	Stagnation *Selbstabsorption / Selbstversorgung* Aufgehen in eigenen Interessen, ausschließliche Beschäftigung mit sich selbst. Selbstverwöhnung. Gefühl von Stillstand und Verarmung in zwischenmenschlichen Beziehungen	„Leben" weitergeben Verantwortung und Sorge für Menschen und Dinge übernehmen ↔ sich verweigern, Verantwortung und Sorge für andere zu übernehmen
8. reifes Erwachsenenalter *Ich-Integration* Annahme der eigenen Lebensgeschichte u. der Menschen, die sie mitbestimmt haben. Neues Verhältnis zu den Eltern, frei v. d. Wunsch, sie möchten anders gewesen sein, als sie waren. Selbstverantwortung für das eigene Leben. Gefühl v. Verbundenheit mit den Menschen, die menschl. Würde u. Liebe in dieser Welt vermehrt zu haben. Fähigkeit, sich einer Bewegung, Sache als Anhänger anzuschließen, Bereitschaft die Würde der eigenen Lebensform gegen alle Bedrohung zu verteidigen. Fähigkeit, die Verantwortung von Führung zu übernehmen. Weisheit als Fähigkeit, von eigenem Wissen und u. eigene Erfahrung. Abstand zu nehmen, um nur das anzubieten, was andere für ihr Wachstum annehmen. Sie ist tief und breit in der eigenen Identität verwurzelt.	*Verzweiflung, Lebensüberdruß, - ekel* Todesfurcht Sapentialismus: allwissende Besserwisserei Negative Einstellung zum Leben, zur eigenen Lebensgeschichte Selbstverachtung Unfähigkeit, sich für eine Sache voll zu engagieren, Verantwortung, Führung zu übernehmen. „Jedes Stück des Lebenskreislaufes, das eine starke Bedeutung verliert, bringt den Sinn des Lebens und des Todes in Gefahr" (Erikson)	Sein, was man geworden ist wissen, dass man einmal nicht mehr sein wird. Erworbenes in absichtsloser Weise anderen zur Verfügung stellen Discreta caritas (Ignatius von Loyola) ↔ chronisches Verächtlichmachen bestimmter Institutionen und Personen „Show" von Überdruß und Zynismus

„Vision", Lebensperspektive

Entwicklung der Gottes-„bilder" bzw. über die Entwicklung des Grundvertrauens in seiner „typisch" religiösen Variante – eine Übersicht

Gottesbeziehung „Gottesbild" positiv ←	→ negativ	*Religiöse Grundhaltungen und Verhaltensweisen* (Spiritualität) Spirituell motivierte Lebensthemen positiv ←	→ negativ
1. Das „leuchtende" Antlitz Wohlwollen, Huld (hesed), Gute Macht	Anonyme, dunkle Macht ungreifbar und willkürlich.	Ich darf sein! Es ist gut, dass ich da bin! Sinn für das Numinose / Göttliche. Ehrfurcht vor dem Göttlichen. offene Religiosität	Darf ich sein? Unklarheit man weiß nicht! Der Sinn für das Numinose ist gestört, keine Ehrfurcht vor dem Göttlichen, schicksalhafte (zwanghafte) Abhängigkeit, Religiosität (Idolismus)
2. Gott als Rechts-Partner Bundesgott Positive Autorität	Gott als Gesetzgeber, Richter Der Herr, der „Gesetz und Ordnung" (ein)fordert Er ist alles-bestimmend	Wir beide sind: Gott und Mensch Gott nimmt den Menschen ernst Der Mensch nimmt Gott ernst Beide haben ihre Rechte und halten sich an ihre „Rechtsordnung", Bundestreue, Selbstvertrauen und Vertrauen in Gott, Freimütigkeit	Im Grunde habe ich kein Recht Ich weiß nicht, ob ich bei Gott gut aufgehoben bin Mangelndes Selbstvertrauen Knechtsmentalität Buchstabentreue gegenüber „Gesetz und Ordnung" Legalismus
3. Gott als Gefährte Pilgergott Der Gott, der Initiativen freisetzt; der im Drama meines Lebens „mitspielt" Er provoziert die religiöse Unternehmungslust	Gott erkennt die menschliche Eigenheit ebenso wenig an wie das dramatische Element, das mit der Beziehung Gott – Mensch gegeben ist. Er verfolgt das religiöse Streben kritisch und drohend. Gott hat alle Rechte und alle Macht. Er sieht vor allem die Fehler; der große Schuldenforderer.	Ich gehe hinaus im Vertrauen, dass Gott mit mir geht (Exodus) Suchen nach einer eigenen religiösen Überzeugung und Lebensform, nach einem eigenen Weg im Glauben, ohne zu wissen, wie das ausgeht: „Drama" (Ps 18,30)	Ich bleibe bei mir, Gott bleibt bei sich Ich habe nur eine Rolle, die vom „Gesetz" festgelegt ist. In „Beziehungen" funktionieren
4. Gott will den Menschen als Mitarbeiter. Er braucht ihn, um sein Werk, das Heil aller Menschen, zu vollbringen (Gott kann nicht Mensch werden ohne den Menschen). Wechselseitige Abhängigkeit. Gott bringt sich in die Abhängigkeit des Menschen.	Gott ist der absolute Herr. Der Mensch hängt völlig von ihm ab. Er hat von sich aus nichts einzubringen. Sklave – Ausbeutung Gott hat den Menschen nicht nötig. Er braucht ihn nicht.	Gott braucht mich. Ich engagiere mich und übernehme Verantwortung für das „Werk", das ich in dieser Welt zu vollbringen habe „zur Verherrlichung Gottes". personale Abhängigkeit	Ich habe keine Beziehung zu dem, was mir aufgegeben ist Unterordnung unter das Formale Ich übernehme keine Verantwortung für das Religiöse Das Religiöse ist Selbstzweck, Rollenverhalten, gesetzliches Denken, Idolismus werden bestärkt; entfremdete Abhängigkeit

Die Entwicklung des Grundvertrauens in seiner „typisch" religiösen Variante – eine Übersicht (Fortsetzung)

Gottesbeziehung „Gottesbild" positiv ←	→ negativ	*Religiöse Grundhaltungen und Verhaltensweisen* (Spiritualität) Spirituell motivierte Lebensthemen positiv ←	→ negativ
5. Gottes Partnerschaft und Gefährtenschaft mit dem Menschen bekommt markantere Züge Gott respektiert die Lebensüberzeugung und Lebensentscheidung des Menschen, seine Glaubensgestalt und geht mit ihm	Gott als ideologische Macht	Reife, „erwachsene" Beziehung; religiöse Identität, die Treue und Loyalität einschließt Ich nehme meinen Gott an, so wie er sich in meinem Leben gezeigt hat	Gott wird entweder verlassen, oder es entsteht eine definitiv entfremdete Abhängigkeit, die oft zu Fanatismus führt
6. Gott als Partner, der die menschliche Intimität nicht antastet / verletzt, sondern an ihr teilhaben will, „Freund" (Joh 15,15) Vertrautheit (in Nähe und Distanz) mit Gott, „familiaritas cum Deo". Vorbild: Beziehung Jesu zu seinem Abba	Gott ist Konkurrent des Menschen (übertriebene Distanz) Er vereinnahmt ihn für sich und isoliert ihn. Eine Art „Symbiose" mit Gott als Ausdruck zu großer Nähe. Sie zeigt sich im Einklagen der göttlichen Anwesenheit, wenn diese „vom Gefühl her" fehlt, aggressiver Missmut.	Gott wird in die Intimität der menschlichen Beziehung mit aufgenommen Gemeinsame Überlegungen über die Angelegenheiten der Menschen und der Gottes. – Kein Verhandeln, fruchtbarer Respekt gegenseitiger Freiheit → Distanz, die zu jeder Freiheit gehört, → macht den Menschen frei für eine offene Beziehung mit dem göttlichen „Lieben und Arbeiten"	Der Mensch wird von Gott für seine „Sache" vereinnahmt und gerät dadurch in Isolation Der Mensch vereinnahmt Gott für sich und gerät dadurch in Isolation
7. Gott als leidenschaftlicher Partner für das Heil der Menschen: „Ich habe Euch erwählt, dass ihr hingeht und Frucht bringt, eine Frucht, die bleibt" (Joh 15,16) Jes 5, 1–7 Das Lied vom Weinberg	Gott als Selbstversorger, der sich ausschließlich mit seinen eigenen Angelegenheiten beschäftigt, sich nicht um das Los der Menschen kümmert. Autorität, die alles weiß und alles zu sagen hat.	vollwertige Teilnahme an Gottes Vorsehung und an seinem Wirken mit Mensch und Welt, gemeinsame und geteilte Verantwortung für das Menschliche und das Göttliche in dieser Welt im Blick auf „Zukunft und Heil"	Der Mensch wird zum religiösen Selbstversorger, religiöse Besorgnis ausschließlich um sich selbst Stagnation in der geistlichen Entwicklung, man hat für eine neue Generation nichts Wirkliches zu bieten
8. Gott als „Grund meines Grundes" (Tauler) Suscipe (Ignatius von Loyola)	Gott ist unerreichbar Gott beherrscht den Menschen mit seinen Einsichten und nur zu seinem Besten	tiefes, religiös motiviertes Einverständnis mit dem Leben (Versöhnung) Weisheit Demut Lebensgehorsam discreta caritas	Die eigene Erfahrung und das eigene Wissen überschatten das Göttliche Gott gerät außer Sicht Die religiöse Erfahrung stirbt ab

Phänomene beim Begleiten entsprechend dem skizzierten Modell – eine Übersicht

Positiv ←——→	**Negativ**
1. Der Begleitete hat Vertrauen zum geistlichen Begleiter, ist wohlwollend ihm gegenüber. Er hat das Gefühl, in guten Händen zu sein, sich auf ihn verlassen zu können. Er zeigt eine mehr eigenständige Lebenseinstellung.	Der Begleitete hat eher Misstrauen, Reserve gegenüber dem geistlichen Begleiter – aus vorangegangenen Erfahrungen von Verlassenheit, Enttäuschung, Bedrohung. Er zeigt eine mehr schicksalhafte Abhängigkeit.
2. Der geistliche Begleiter wird als Partner, als positive Autorität gesehen. Der Begleitete bringt sich eigenständig ins Gespräch, geht selbständig mit den Richtlinien und Hinweisen des geistlichen Begleiters um.	Der geistliche Begleiter wird eher als fremde Autorität gesehen, die über dem Begleiteten steht. Der Begleitete bringt sich kaum eigenständig ein, hält sich buchstabengetreu an die Richtlinien und Hinweise des geistlichen Begleiters.
3. Vom geistlichen Begleiter wird erwartet, dass er - den geistlichen Prozess auch in seinen dramatischen Phasen aushält und getreu mitgeht, - den Begleiteten in seinem Suchen nach einer eigenen religiösen Überzeugung und Lebensform unterstützt, - seine religiöse Unternehmungslust provoziert und - ihm keine Entscheidungen abnimmt.	Der geistliche Begleiter wird eher wie ein ‚Gläubiger' gesehen, der das Verhalten und den Prozess des Begleiteten eher kritisch verfolgt und vor allem auf die Fehler des Begleiteten achtet. Der Begleitete überlässt seine Entscheidungen deshalb am liebsten Gott oder dem geistlichen Begleiter.
4. Der Begleitete versteht sich als Mitarbeiter Gottes, der einen eigenen Beitrag/Anteil zum Heil des Menschen zu leisten vermag. Er hat die Erfahrung von Sendung.	Der Begleitete erfährt sich als überflüssig. Er hat kein Vertrauen in den Wert seines eigenen Beitrags.
5. Beim Begleiteten zeigt sich ein eigener Stil und ein eigenes spirituelles Profil.	Beim Begleiteten zeigt sich eine religiös-spirituelle Profil-losigkeit.
6. Vertraulicher Kontakt mit dem geistlichen Begleiter, der eine tiefe und wahrhaft persönliche Aussprache ermöglicht. Beim Begleiteten zeigen sich Ehrfurcht und wahre Empfänglichkeit gegenüber den Impulsen aus seinem Innern. Der eigene Weg wird einerseits zur Disposition gestellt, andererseits respektiert.	Es kommt zu keinem echten Kontakt mit dem geistlichen Begleiter, der als der Repräsentant des Konkurrenten Gott angesehen wird. Es wird nur „über" die Dinge geredet. Andererseits kann es beim Begleiteten zu einer vorwurfsvollen, von aggressivem Missmut gefärbten Klage über den geistlichen Begleiter kommen, da er sich von ihm vernachlässigt fühlt.
7. Der Begleitete spürt Gottes Leidenschaft für die Menschen und wird davon ergriffen.	Der Begleitete widmet dem eigenen Heil seine ganze Aufmerksamkeit. Er hat eine große Angst vor dem Risiko uneigennütziger Sorge, vor Verbindlichkeit für andere, ist sehr auf seine eigene Sicherheit bedacht.
8. Der Begleitete findet zu einem spirituell fundierten Einverständnis und zur Versöhnung mit seinem bisherigen Leben. Gott wird als tiefer und tragender Grund seines Lebens erfahren. Er kann selbstlos von seinen geistlichen Erfahrungen mitteilen.	Die zur Sprache gekommenen geistlichen Inhalte vermögen die Grundstimmung von Hoffnungs-losigkeit und Überdruss am eigenen Leben nicht zu verändern. Ein tiefgehender Umkehrprozess ist notwendig.

Abschließend sei noch darauf hingewiesen, dass der Begleiter mit Resten aus vorangegangenen Entwicklungsphasen sowie mit Anzeichen rechnen muss, die einen nächsten Entwicklungsschritt andeuten. Auch muss er auf Phänomene wie „Progression" und „Regression" gefasst sein. Im ersten Fall nimmt der Begleitete eine Haltung ein, die erst zu einer folgenden Phase seiner religiösen Entwicklung passt. Aufgrund seiner Entwicklung steht er aber noch auf einer früheren Stufe. So kann sich jemand in seiner Gottesbeziehung „autonomer" verhalten, als er in Wirklichkeit ist oder eine „Sorge" zeigen, die seiner inneren Struktur noch nicht entspricht. Bei der Regression geschieht genau das Entgegengesetzte: Jemand zeigt eine Seite seines Gottesbildes, die er eigentlich schon hinter sich gelassen hat. Auf beide Einstellungen und Verhaltensweisen sollte der Begleiter konstruktiv reagieren.

Persönlichkeitsstruktur und Gottes-„bilder" in der geistlichen Begleitung

Fritz Riemann stellt in seiner tiefenpsychologischen Studie „Grundformen der Angst" vier Persönlichkeitsstrukturen vor, die wir alle – in lebensgeschichtlich unterschiedlicher Weise entwickelt – mehr oder weniger in uns tragen. Er „hat die menschlichen Handlungen und Haltungen, die Grundstimmung und das Gefühlserleben auf dem Hintergrund von vier Grundimpulsen betrachtet, von denen jeweils zwei polare Gegensätze sind. Das eine Gegensatzpaar lässt sich beschreiben als Streben nach Dauer und, entgegengesetzt, als Streben nach Wandlung. Das andere Gegensatzpaar beinhaltet Selbstbehauptung und Selbsthingabe.

Diese vier Strebungen sollte der Mensch als polare Impulse leben. So gehören der Zauber des Neuen, der Reiz des Unbekannten und die Freude am Wagnis ebenso zu unserem Leben, wie der Wunsch nach Dauer und verlässlicher Wiederkehr des Gewohnten und Vertrauten. Menschen möchten sowohl ihren persönlichen Interessen leben dürfen als auch in partnerschaftlicher Verbundenheit und bezogen auf mitmenschliche Kontakte ihr Leben gestalten.

Ist die Persönlichkeitsentwicklung Störungen unterworfen, kann es zur Verabsolutierung eines dieser Grundimpulse kommen, z. B. als ausgeprägtes Unabhängigkeitsstreben bei gleichzeitiger Vermeidung der entgegengesetzten Strebung, z. B. aus Angst vor Selbsthingabe. Dieses überdeutliche Ausleben eines dieser Grundimpulse unter der Vermeidung des angstbesetzten Gegenimpulses lässt bestimmte Lebensbewältigungsstrategien entstehen, die als Charaktertypologien beschrieben werden. Menschen, die sich ganz auf die eigene Person zurückziehen und nach Autarkie streben, entwickeln schizoide Strukturanteile. Die weitgehende Selbstaufgabe gehört zum depressiv strukturierten Menschen. Derjenige, der das Unveränderliche anstrebt, wird als zwanghaft geprägt bezeichnet und derjenige schließlich, der in beständigem Wechsel begriffen ist und sich nicht festlegen möchte, als hysterisch strukturierte Persönlichkeit" (A. Hugo-Becker/ H. Becker). Riemann hatte in seiner Praxis die krankhaften Seiten dieser Strukturen kennengelernt. Deshalb spricht er vor allem von **Ängsten**, die mit diesen Persönlichkeitsstrukturen zusammenhängen. Ins Positive gewendet entsprechen sie aber den **Grundstrebungen** (Urwünschen, kollektiven Grundhoffnungen) oder emotionalen Grundbedürfnissen des Menschen.

Bei vielen Menschen hat sich *eine* Struktur deutlicher herausgebildet. Sie bestimmt mehr als die anderen das Denken, Fühlen und Handeln, die zwischenmenschlichen Begegnungen und die Beziehung zu Gott. Keine dieser vier Persönlichkeitsstrukturen ist besser oder schlechter als die andere. Jede Struktur hat ihre Vorteile und Nachteile für bestimmte Lebensaufgaben und jede ist für das Leben in Gemeinschaft und in der Kirche wichtig.

1. Der Angst des Menschen vor zu viel Nähe und Abhängigkeit entspricht seinem **Verlangen nach Individualität und Einmaligkeit.**

Menschen, bei denen diese Tendenz stärker ausgebildet ist, die also eher zur Distanz neigen, können unabhängig und autark, auf niemanden angewiesen und niemandem verpflichtet sein. Sie lösen ihre Probleme selbst und kommen mit sich allein zurecht. Sie haben feste Überzeugungen, können sich gut abgrenzen und „Nein" sagen. In großen Gruppen verhalten sie sich eher anonym und stellen sich selbst kaum in den Mittelpunkt. Sie entwickeln ihre Wahrnehmung und schulen ihren Intellekt. Sie haben einen Blick für das Wesentliche und sind unabhängig im Urteil. Meist sind sie gute Theoretiker und exakte Arbeiter und neigen zur Sachlichkeit und Objektivität.

In ihrer Klarheit und Geradlinigkeit werden sie als verlässliche Partner geschätzt. Wenn man sie in Ruhe lässt, können sie angenehme Nachbarn sein. Sie sind fähig, ein eigenständiges Ich zu werden und kennen in aktuellen Konfliktsituationen ihre Wünsche sehr genau. An Menschen dieser Art wendet man sich am ehesten, wenn man einen fachlichen Rat braucht.

Auf der anderen Seite haben Menschen mit dieser Tendenz Angst vor der Nähe zu anderen. Sie fürchten, im nahen Kontakt ihre Individualität und ihre Unabhängigkeit zu verlieren. Um es nicht so weit kommen zu lassen, wirken solche Menschen oft kühl, distanziert, unpersönlich, kalt, abweisend, zuweilen auch unverständlich, befremdend oder unerklärlich aggressiv. Ist ihr Kontaktmaß einmal gefüllt, können sie andere Menschen abrupt zurückstoßen und sind nicht mehr erreichbar. Das macht sie eher zu Einzelgängern. Nur wenige Menschen haben Zugang zu ihrem Herzen und zu ihren Gefühlen, die sie meist ganz zu verbergen suchen. Im Laufe ihres Lebens kann so eine größer werdende Lücke in der Erfahrung mit anderen entstehen, die sie unsicher macht im Kontakt. Durch die emotionale Distanz zu anderen sind sie immer mehr auf Vermutungen angewiesen und können oft nicht unterscheiden, ob ihre Wahrnehmung Projektion, Einbildung oder Wirklichkeit ist. Diese Entwicklung kann sich von Selbstbezogenheit über Misstrauen bis hin zu Verfolgungsängsten und wahnhaften Einbildungen steigern. Im Extremfall neigen sie zu Arroganz, beißender Ironie, Zynismus und Sadismus. Sie können dazu tendieren, den Partner als schlecht und böse hinzustellen.

Die Eigenarten dieser Persönlichkeitsstruktur haben natürlich Auswirkungen auf das Glaubensleben und sind in der *geistlichen Begleitung* aufmerksam zu beachten.

Der Begleitete spricht wenig gefühlsbezogen und will eher über den Verstand erreicht werden. Er ist geradlinig und konsequent und möchte für das Reich Gottes etwas *tun*. Es ist nicht leicht, ihn von etwas zu überzeugen. Der Begleiter muss darauf achten, sich von ihm nicht zu einer Diskussion verleiten zu lassen und die Wahrnehmung des Begleiteten behutsam auf das für ihn unsichere Feld der inneren Impulse zu lenken.

2. Der Angst des Menschen vor Einsamkeit, Ablehnung und Isolation entspricht seinem **Verlangen nach Nähe, Geliebtwerden, Gemeinschaft, Heimat.**

Menschen, bei denen diese Tendenz stärker ausgeprägt ist, sind rücksichtsvoll im Umgang und bringen viel Verständnis für andere auf. Sie sind bestrebt, eine angenehme Atmosphäre zu schaffen und für ein gutes Klima zu sorgen. Ihr Einfühlungsvermögen und ihre Kontaktfähigkeit, ihre Hilfsbereitschaft und ihre Anpassungsfähigkeit tragen dazu bei, dass andere sich in ihrer Nähe wohl fühlen. Eigene Wünsche und Bedürfnisse stellen sie hinter denen anderer zurück. Zu ihren Stärken gehört die Bereitschaft, sich zur Verfügung zu stellen, wenn Not am Mann oder an der Frau ist, und die Fähigkeit, mit anderen Schweres durchzustehen. In Freundschaft, Liebe und Ehe suchen sie dauerhafte Beziehungen und haben für oberflächliche Begegnungen nicht viel übrig. Sie wollen den geliebten Menschen glücklich machen, identifizieren sich mit ihm, lesen ihm seine Wünsche von den Augen ab und können sich in dem beglückenden Austausch des Nehmens und Gebens völlig vergessen und mit dem anderen verschmelzen. Sie sind fähig, bedingungslos zu lieben und sich hinzugeben.

Sie fallen nicht gern auf und können bescheiden, verzichtbereit, selbstlos und friedfertig sein. Sie neigen dazu, andere Menschen zu idealisieren, ihre Fehler zu verharmlosen, ihre Schwächen zu entschuldigen und ihre Schattenseiten zu übersehen. Ihre Fähigkeit zur Identifikation kann sich auch auf den Arbeitsbereich beziehen, z. B. auf das Unternehmen oder auf ihren Aufgabensektor. Sie arbeiten zuverlässig und lassen Mitarbeiter und Vorgesetzte nicht im Stich. An Menschen dieser Art wendet man sich am ehesten, wenn man Verständnis sucht und Trost braucht.

Menschen mit dieser Persönlichkeitsstruktur sind auf tragende Beziehungen angewiesen. In ihnen suchen sie Nähe, Sicherheit und Geborgenheit. Sie stellen andere gern in den Mittelpunkt und laufen Gefahr, sie überzubewerten, da von ihrer Anwesenheit und Nähe ihr Wohlbefinden abhängt und ohne sie das eigene Überleben kaum möglich scheint. Sie scheuen keine Belastungen, um eine Atmosphäre von Harmonie und Frieden zu ermöglichen. Aus Angst vor Beziehungsverlust suchen sie Spannungen und Konflikte zu vermeiden und Auseinandersetzungen aus dem Weg zu gehen. Ihre Angst vor Ablehnung oder Trennung, vor Einsamkeit und Isolation kann sie so in Beschlag nehmen, dass sie ihre Wünsche und Bedürfnisse nicht äußern und Kritik und Vorwürfe herunterspielen. Da sie immer „lieb" sein wollen und nicht „Nein" sagen können, werden sie leicht ausgenutzt. Sie neigen dazu, sich durch aufopfernden Einsatz zu verausgaben und in ihrer Mitleidensfähigkeit zu erschöpfen. Wenn ihr Verlangen nach Aufmerksamkeit und Anerkennung, nach Zuwendung und Zärtlichkeit erfüllt wird, blühen sie auf. Wenn man aber ihre aufopfernde Tätigkeit nicht honoriert, geraten sie aus dem Lot. Niemand versteht es so gekonnt, anderen Schuldgefühle zu machen. Ihre Aggressionen äußern sich in leidend-anklagendem Gesicht, in Jammern und Klagen. Sie fühlen sich moralisch überlegen und hegen Märtyrerphantasien. Ihr geringes Selbstwertgefühl, ihre passive Erwartungshaltung, ihre Unfähigkeit, eigene Wünsche und Bedürfnisse klar zu formulieren, ihre Dulderrolle gepaart mit moralischen Überlegenheitsgefühlen und der Tendenz, Aggressionen zu schlucken und zu somatisieren, machen ein Zusammenleben manchmal sehr schwer.

Menschen mit dieser charakterlichen Ausprägung neigen dazu, sich auch im Geistlichen zu überfordern und in ihrem Idealismus ihre eigenen Bedürfnisse und Grenzen nicht wahrzunehmen oder nicht ernstzunehmen. Sie wollen Christus radikal nachfolgen und ihm allein gehorchen. Schuldgefühle erwachsen häufig aus dem Eindruck, sich für die „Sache Jesu" nicht genug eingesetzt zu haben.

In der *geistlichen Begleitung* muss man auf der Hut sein, dass keine neue Abhängigkeit entsteht und der Begleitete fraglos gehorcht, weil er alles recht machen will. Behutsam muss der Begleiter ihn seinen Selbstwert vor Gott entdecken lassen und ihm keine Verantwortung für seinen Weg mit Gott abnehmen. Dazu gehört auch, dass der Begleitete seine eigenen Bedürfnisse wahrnimmt und sie lebt. Der Begleiter darf ihm die damit verbundenen inneren Auseinandersetzungen mit seiner Wirklichkeit nicht ersparen und sich nicht scheuen, den mühsamen Weg in eine spirituelle Autonomie mit ihm zu gehen. Dabei darf er sich nicht von Enttäuschungen und Aggressionen von Seiten des Begleiteten gegen ihn irritieren lassen.

3. Der Angst des Menschen vor Chaos, Unsicherheit, Prinzipienlosigkeit und Ungerechtigkeit entspricht seinem **Verlangen nach Gerechtigkeit und Ordnung, Prinzipien, Normen und verläßlichen Strukturen.**

Menschen, bei denen sich diese Tendenz stärker herausgebildet hat, sind verläßlich, man kann ihnen vertrauen. Sparsamkeit, Pünktlichkeit und Pflichtbewusstsein gehören zu ihren Eigenschaften. Sie können zielbewußt auf lange Sicht hin planen und haben die Neigung, sich für andere Menschen so einzusetzen, daß sie ihnen etwas ermöglichen, was diese aus eigenem Antrieb kaum fertiggebracht hätten. Sie halten gern an anerkannten Werten und liebgewordenen Gewohnheiten fest. Sie haben einen Hang zum Sammeln und Reserven anzulegen. Sie neigen dazu, sich für das „Richtige" einzusetzen und ihre Meinung öffentlich zu vertreten. Sie lieben verlässliche Strukturen, Ordnung und Sicherheit, die sie auch anderen Menschen gewähren. Ihre Beziehungen sind von großer Tragfähigkeit, Belastbarkeit und Dauer. In gegenseitiger Achtung und Zuneigung können sie viel Verantwortung für die Gemeinschaft übernehmen. Sie halten sich an Prinzipien, Vorschriften und Regeln und sind gewillt, ihren Platz in einer Hierarchie zum Besten des Ganzen auszufüllen. Sie lieben Aufgaben, bei denen es um sauberes und präzises Arbeiten geht.

Zu ihrer Kehrseite gehört die Angst vor Unvorhergesehenem und vor Veränderung. Sie wollen nichts riskieren, keine Experimente machen und am liebsten alles so lassen wie es ist. Sie suchen Beständigkeit und kämpfen gegen Neuerungen. Von daher begegnen Menschen mit dieser Tendenz Unbekanntem mit Vorurteilen. Sie neigen zum Konservativen, zu Dogmatismus, zur Prinzipienreiterei und zu Fanatismus. Damit niemand ihre Vorstellungen durcheinanderbringt, wollen sie andere beherrschen und ihnen vorschreiben, was sie tun sollen, und das auch kontrollieren. Ihre Gefahr ist, dass sie vor lauter Absicherung und Planung nicht zum Leben kommen. Vor Entscheidungen zögern und zaudern sie. Im Extremfall werden ihnen die ganze Ordnung und Absicherung ihres Lebens zum Zwang. Wenn sie Macht haben, können sie zum Tyrannen werden. In Kleinigkeiten können sie pedantisch sein, starr auf Zeit, Geld und Pflichten schauen und gegen Freude, Genuss und Lust kämpfen. Sie predigen häufig Selbstbeherrschung und Selbstzucht. Sie verlangen gern Sanktionen und üben Disziplin im Namen von Ordnung, Gesetz und Autorität. Sie sind meist keine Führerpersönlichkeiten, können aber gut „Zweite" sein.

In der *geistlichen Begleitung* wird es einige Mühe kosten, den Begleiteten die Tür zur Weite des Glaubens zu öffnen und ihn auf den Geschmack der Lebensfreude zu bringen, die das Evangelium für ihn bereithält. Dabei muss der Begleiter mit allen Ängsten und Schuldgefühlen rechnen, die in einem solchen Prozess beim Begleiteten von neuem aufleben und gemeinsam durchzustehen sind.

4. Der Angst des Menschen vor Unfreiheit, Bewegungslosigkeit und Erstarrung entspricht seinem **Verlangen nach Freiheit und Beweglichkeit, Weiterentwicklung und Prozesshaftigkeit.**

Menschen, bei denen sich diese Tendenz stärker ausgeprägt hat, sind für ihre Umgebung meist eine Bereicherung. Sie bringen Farbe in den Alltag, sind lebendig und aufgeschlossen, anpassungs- und wandlungsfähig. Sie reagieren spontan, sind kontaktfreudig und begeisterungsfähig. Sie zeigen eine optimistische Lebenseinstellung und sind meist gut gelaunt. Mit ihrer Art können sie andere aufmuntern und die Atmosphäre auflockern.

Sie sind großzügig und lassen sich und andere leben. Sie denken und handeln unkonventionell und unkompliziert. Sie können ihre Ziele verfolgen und schnelle Entscheidungen treffen, Neues schnell aufnehmen und umsetzen. Sie verstehen es, sich gut und effektiv zu verkaufen. Zur Lösung von Problemen haben sie oft neue Ideen parat und können auch kritische Situationen mit Charme bewältigen. Sie lieben das Risiko und probieren gern Neues aus. Sie haben grandiose Ideen und streben in das weite Feld künftiger Möglichkeiten. Dabei haben sie mehr das Ganze im Blick als die Fülle der Details.

In ihrer Umgebung ist es nie langweilig, sie vermitteln den anderen das Gefühl, wichtig und liebenswert zu sein. Sie verstehen es meisterhaft, Aufmerksamkeit, Bewunderung und Zustimmung zu produzieren. Sie wirken anziehend und stehen häufig im Mittelpunkt. Sie sehen sich als Leitfigur und können andere überzeugen und mitreißen.

Zu ihrer Schattenseite gehört, dass sie letztlich Angst vor allem Dauerhaften und Endgültigen, Unausweichlichen und Notwendigen und vor jeder Einschränkung haben. Jede Art von Festlegung erleben sie als Zwang. So weichen sie Verträgen, Verpflichtungen, Verantwortungen, Konventionen, Spielregeln, Vorschriften und Gesetzen weitgehend aus. Da sie auch Angst haben, durch die Entscheidung für einen bestimmten Menschen andere Möglichkeiten zu versäumen, beginnen sie häufig schon, sich für jemand anderes zu interessieren, wenn die „laufende" Beziehung verbindlicher zu werden scheint.

Dem Alter und dem Tod wollen sie gleichfalls entfliehen. Sie sind für jede Ablenkung dankbar und daher leicht verführbar, besonders durch die eigenen Wünsche oder die unwiederbringlichen Möglichkeiten des Jetzt. Wenn es um die Konsequenzen geht, finden sie irgendein Hintertürchen und setzen sich ab. Sie haben wenig Ich-Kontinuität und neigen zu Narzissmus, Hysterie und Illusionen. Stehen sie mal nicht im Mittelpunkt und bleibt die Bestätigung aus, sind sie verstimmt und werden launenhaft. Ihre Suche nach Bestätigung kann sie im Extremfall zu Hochstapelei und Selbstglorifizierung treiben.

In der *geistlichen Begleitung* wird es bei Menschen mit dieser Persönlichkeitsstruktur darauf ankommen, sie mit der „ganzen" Wahrheit ihres Lebens in Kontakt zu bringen, auch mit der Verantwortung für die Konsequenzen des eigenen Handelns. Das kann aber wohl nur gelingen, wenn die Begleiteten ein hohes Maß an Wertschätzung und Respekt erfahren und sie in der Begleitung „Raum" haben, in dem sie ihre Verantwortung spüren und wahrnehmen können.

Diese vier Tendenzen tragen wir, wie gesagt, in unterschiedlich starker Ausprägung mit uns herum. Sie färben unsere Mentalität, damit auch unsere Glaubensvorstellungen, und prägen unseren Lebensstil. Bedenklich ist, dass wir dazu neigen, unsere eigenen Tendenzen zum Maßstab zu erheben und die anderen als Abweichung davon zu erleben. Das Schaubild zeigt, dass sie in Spannung zueinander stehen und in unserem Leben immer neu in Balance gebracht werden müssen.

Für die *geistliche Begleitung ist es auch wichtig zu sehen,* dass diesen vier unterschiedlichen Persönlichkeitsstrukturen bestimmte Gottesbilder entsprechen:

- Menschen, bei denen die Tendenz (das Grundstreben) nach **Distanz** stärker ausgebildet ist bzw. überwiegend *schizoid* strukturierte gläubige Menschen tragen signifikant das Bild eines transzendenten, allmächtigen Gottes in sich. Sie glauben an seine absolute Einmaligkeit und Einzigartigkeit. Sie haben Angst vor einem zu nahen Gott und betonen immer wieder die absolute Jenseitigkeit Gottes. Ihr Gott ist groß und allmächtig. Sie haben Angst, Gott würde zu klein „gedacht".
- Menschen, bei denen die Tendenz nach **Nähe** stärker ausgebildet ist bzw. überwiegend *depressiv* strukturierte gläubige Menschen suchen dagegen die Nähe Gottes, seine Gemeinschaft und sein Mitsein (vgl. Dtn 4,7). Der Immanuel (Gott-ist-mit-uns) ist ihr Gottesbild. Sie haben Angst vor einem Gott, den sie aus der Tiefe nicht erreichen können, der sie kleinmacht und der sich in unendliche Ferne zurückzieht. Ihr Gott ist „heruntergekommen" und barmherzig mit den Armen (Ps 34,19).
- Menschen, bei denen die Tendenz nach **Stabilität** (Dauerhaftigkeit) stärker ausgebildet bzw. überwiegend *zwanghaft* strukturierte gläubige Menschen sind der Meinung, dass Gott ein gerechter, unbestechlicher Richter ist, der die Guten belohnt und die Bösen bestraft (vgl. Ps 75,8). Einen Gott, der es regnen läßt über Gute und Böse (vgl. Mt 5,45) halten sie für ungerecht. Sie haben Angst vor einem Gott, der – in ihren Augen – unberechenbar und „entwicklungsfähig" ist. Ein Gott des Weges, der sich auf einen Prozess mit den Menschen einlässt oder gar selbst Entwicklung erlebt, machen sie eher unsicher. Sie suchen klare Prinzipien, für die ihr Gott Garant sein muss.
- Menschen, bei denen die Tendenz nach **Veränderung und Risiko** stärker ausgebildet bzw. überwiegend *hysterisch* strukturierte gläubige Menschen suchen

> dagegen diesen Weg-Gott, der in die Freiheit, in den Exodus führt, der mit den Menschen „in Zelten" wohnt und nicht in Tempeln. Er zeigt sich im Symbol der Wolke (vgl. Ex 13,21). Diese Menschen haben Angst vor einem Richter-Gott, der „ohne Ansehen der Person" seine Urteile fällt und nach „sachlichen" Gesichtspunkten diese Welt beurteilt.

Wie die unterschiedlichen Persönlichkeitsstrukturen sich vom jeweiligen Gegenpol angezogen fühlen, so gibt es auch die Anziehungskraft des komplementären Gottesbildes.

Biographisch bildet sich erst im Laufe unseres Lebens – bedingt durch Veranlagung, Erziehung, Erfahrung – die eine oder andere Struktur, das eine oder andere Gottesbild (wie auch Menschenbild) heraus. Wir durchwandern wahrscheinlich mehrmals im Leben diese Strukturen, wie sich auch unsere Grundstrebungen und Ängste schwerpunktmäßig melden. Im Laufe unseres Lebens zeigt sich dann unser Profil, zu dem wir stehen können, weil es unsere ureigene Persönlichkeit spiegelt. Die Tatsache, daß sich alle Gottesbilder auf entsprechende Texte im Ersten und Zweiten Testament berufen können und es auch tun, zeigt schon, daß sie alle eine Berechtigung haben. Sie haben sie solange, wie sie in Beziehung zueinander bleiben. Ihre jeweiligen Stärken und auch Schwächen konnten nur angedeutet werden. In fruchtbarer, oft paradoxaler Spannung zueinander machen sie die Lebendigkeit des Glaubens aus und eröffnen ihm den Lebensraum. Dabei hat kein Gottesbild von vornherein schon einen Vorzug. Auch in der Bibel stehen sie in einem spannenden Ergänzungsverhältnis: kein Gottesbild – weder ein absolut-transzendentes noch ein prozesshaft-immanentes – hat grundsätzlich einen „Mehrwert". Alle Gottesbilder der Bibel bleiben unsere Bilder, ob wir nun diese oder jene in uns tragen.

Für die Selbst- und Fremdwahrnehmung eines geistlichen Begleiters ist es notwendig, mit Beobachtungen dieser Art sich vertraut zu machen, um bei aller Subjektivität doch so viel Abstand zum eigenen Denken und Verhalten zu bekommen, dass nicht ständig „Übertragungen" geschehen und die Abarbeitung eigener Probleme mit den Begleiteten hoffentlich nicht stattfindet.

Darüber hinaus kann es in der *geistlichen Begleitung* hilfreich sein, mit biblischen Texten an Gottes-„bilder" heranzuführen, die in Spannung zu dem Gottes-„bild" stehen, das jemand bevorzugt, z. B. einem auf Stabilität ausgerichteten Menschen mit seinem Verlangen nach Gerechtigkeit und Ordnung, nach klaren Prinzipien, festen Normen und verlässlichen Strukturen mit dem Gott des *Jona* (Jona 1-4) zu konfrontieren oder mit dem Gott *Jakobs*, der sich ihm trotz des Vergehens an Vater und Bruder auf der Flucht vor Esau offenbart (Gen 28,15).

Selbsterkenntnis und Erkenntnis des anderen spielen in der *geistlichen Begleitung* eine wichtige Rolle, deshalb seien hier einige Fragen zur Selbstprüfung angeboten:

1. In welcher der vier genannten Persönlichkeitsstrukturen finde ich mich am ehesten wieder?
2. An welchem Gottes-„bild" orientiert sich mein Leben? Wie sieht das konkret aus?
3. Sehe ich einen Zusammenhang zwischen meiner Persönlichkeitsstruktur und meinem Gottes-„bild"?
4. Welche Chancen und welche Gefahren sehe ich in meiner Persönlichkeitsstruktur und meinem Gottes-„bild" für die geistliche Begleitung anderer?

Die Grafik auf der nächsten Seite kann als Zusammenfassung und Verdeutlichung des Kapitels dienen.

Gottesbild:
- *Verlangen* nach transzendentem, allmächtigen Gott
- *Angst* vor zu viel Nähe Gottes,
  Angst, Gott werde zu klein "gedacht"

Christus: Kyrios

Distanz
d. h. *positiv:* Selbstwerdung, Selbstbehauptung
negativ: Gefahr der Isolierung

Persönlichkeitsstruktur:
- Verlangen nach Individualität und Einmaligkeit, Freiheit, Unabhängigkeit und Selbständigkeit
- Angst vor Nähe und Hingabe, vor Abhängigkeit

Dauer(haftigkeit)
d. h. *positiv.* Stabilität
negativ: Gefahr der Leblosigkeit, des Dogmatismus, der Tyrannei

Persönlichkeitsstruktur:
- Verlangen nach Gerechtigkeit und Ordnung, nach klaren Ordnungen, festen Normen und Gewohnheiten, nach verläßlichen Strukturen
- Angst vor Veränderung und Unvorhergesehenem, vor Unsicherheit und Chaos, vor Prinzipien- und Disziplinlosigkeit, vor Ungerechtigkeit

Gottesbild:
- ***Verlangen*** nach unbestechlichem Richtergott
- *Angst* vor unberechenbarem, "entwicklungsfähigen" Gott

Angst vor einem Weg-Gott, der sich auf einen Prozeß mit den Menschen einläßt

Christus: Weltenrichter

Wechsel/Veränderung
d. h. *positiv:* Beweglichkeit
negativ: Gefahr der Auflösung

Persönlichkeitsstruktur:
- Verlangen nach Freiheit u. Lebendigkeit, Prozeßhaftigkeit, Weiterentwicklung
- Angst vor Unfreiheit und Bewegungslosigkeit, vor Konsequenzen, Unausweichlichem und Endgültigem

Gottesbild:
- *Verlangen* nach Befreier-Exodus-Gott
- *Angst* vor Richter-Gott

Christus: Prophet

Nähe
d. h. *positiv:* Selbsthingabe
negativ: Gefahr der Selbstauflösung

Persönlichkeitsstruktur:
- Verlangen nach Nähe, Zärtlichkeit, Hingabe, unverdiente Anerkennung und Geliebtwerden, Beheimatung und Geborgenheit
- Angst vor Einsamkeit, Ablehnung, Isolation

Gottesbild:
- *Verlangen* nach Immanuel (Gott-mit-uns)
- *Angst* vor zu fernem Gott, der aus der Tiefe nicht erreichbar ist

Christus: Bruder

7. Kapitel

Geistliche Begleitung im Blick auf die Phasen eines geistlichen Entwicklungsprozesses – ein Überblick

Bei der Betrachtung dieser Phasen, die eine geistliche Begleitung mit ermöglichen kann, sind auf Seiten des Begleiteten zunächst einige Voraussetzungen zu beachten:

1. Die **Sehnsucht nach Heil**, nach Ganzheit, nach Sinn und Erfüllung, nach gelingendem Leben, nach einer religiösen Sinngebung seines Lebens, nach dem lebendigen Gott, nach einem ganzheitlichen und ausdrücklichen Gottesglauben.

   Die Sehnsucht zeigt sich in einer (leidenschaftlichen) Suchbewegung, in der Bereitschaft, sich mit seiner Sehnsucht auf den Weg zu machen, ihr in *geistlichen Übungen* (tägliche Gebetspraxis) eine konkrete Gestalt zu geben.
2. Eine gewisse Fähigkeit, innere Vorgänge wahrzunehmen und auszudrücken.
3. Die Bereitschaft, in der Begleitung Hilfe anzunehmen, damit sich die Beziehung zu Gott entfalten kann und er im eigenen Leben mehr Bedeutung gewinnt.
4. Darüber hinaus sind gute Voraussetzungen gegeben, wenn jemand dem Leben mit einem gewissen Grundvertrauen begegnet, wenn er sein Leben mit seinen Chancen und Risiken lebt, mit der Fähigkeit, persönliche Beziehungen und Freundschaft zu knüpfen, auch mit der Möglichkeit, darin zu scheitern; der nicht zurückschreckt vor den Freuden und Schmerzen, die das Leben bereit hält, und der so Verantwortung für sein Leben übernommen hat.

Dann gilt es, zwei Momente in den Blick zu nehmen und zu fördern:

1. **Aufmerksamkeit**, Achtsamkeit, Wachheit des Herzens **für Gottes Suchbewegung nach ihm**, für seine Lebens-/Heilsabsichten mit ihm, für seine Lebenszeichen.

   Aufmerksamkeit, Achtsamkeit, Wachheit des Herzens **für seine Widerstände gegen Gottes Lebensabsichten mit ihm:**

- ungeordnete Anhänglichkeiten: Das können bestimmte Neigungen, Wünsche, Bedürfnisse, Gewohnheiten, Abhängigkeiten, Leidenschaften sein. Dazu gehören vor allem Bindungen an bestimmte Dinge und Personen.

- unverarbeitete schmerzhafte, konfliktträchtige oder traumatische Erfahrungen, die unfrei machen
- eigene Werte und Werthierarchie, Ideologien und Vorurteile und damit zusammenhängende emotionale Fixierungen

Trauer ist die Folge unbewusster und unfrei machender Bindungen und Fixierungen.

2. Eine Bewegung auf das Schweigen des Herzens hin ⇨ Kontemplation

Die *geistlichen Übungen* (tägliche Gebetspraxis)

- sind der Beliebigkeit entzogen und werden unabhängig von der augenblicklichen Stimmungslage praktiziert.
- Sie geben der Sehnsucht und Suchbewegung eine konkrete Gestalt,
- fördern die Aufmerksamkeit, Achtsamkeit, Wachheit
- und das Schweigen des Herzens, damit Gott „Raum" gewinnt im Herzen des Menschen.

Durch die täglichen geistlichen Übungen wird ein geistlicher Individuationsprozess ausgelöst, der folgende Entwicklungsphasen haben kann: *Phasenmodell*

⇨ Vertrauen in Gottes Lebensabsichten mit ihm

⇨ Wahrnehmen, was den Lebensabsichten Gottes mit ihm und was seiner Heilssuche im Wege steht

⇨ Umkehr bis in die Tiefenschichten, d.h.

1. *Stufe der Umkehr:* die Bereitschaft, die „ganze Wahrheit" seines Lebens möglichst realistisch und ohne Wertung zur Kenntnis zu nehmen
2. *Stufe der Umkehr:* sich der „ganzen Wahrheit" seines Lebens zu stellen: sich von der Unordnung des eigenen Lebens persönlich treffen zu lassen mit dem Ziel, sich von den „ungeordneten Anhänglichkeiten" zu lösen
3. *Stufe der Umkehr:* Neuorientierung, neues Selbstverständnis, neue Grundausrichtung seines Lebens: Aus dem Erbarmen Gottes leben und sich als Sünder in die Nachfolge Jesu gerufen wissen

⇨ Ziel der Neuorientierung: die innere Erkenntnis Jesu Christi, ein Hineinwachsen in das, was der Gesinnung Jesu entspricht (Phil 2,5)

„Mittel" für diese Neuorientierung ist der betende Umgang mit den Evangelien als den Geheimnissen des Lebens Jesu". Im betenden Umgang mit diesen „Geheimnissen des Lebens Jesu den persönlichen Willen Gottes für sich erkennen und ihm eine konkrete Gestalt geben, d.h. sich auf einen Unterscheidungsprozess einlassen und im Auf und Ab von Trost und Trostlosigkeit sein Leben ordnen. Fällige Entscheidungen müssen in den Gesamtzusammenhang der Grundausrichtung seines Lebens passen.

⇨ Die konkrete Ausrichtung seines Lebens im betenden Umgang mit den Geheimnissen von *Passion, Tod und Auferstehung Jesu* in den Tiefenschichten seiner gläubigen Existenz verankern.

⇨ Mehr und mehr in eine kontemplative Lebenseinstellung hineinwachsen: *„Gott finden in allen Dingen"*

Bei diesem *Phasenmodell* ist wiederum zu beachten, dass die genannten Phasen beim Einzelnen unterschiedlich verlaufen. Sie lösen einander oft ab, existieren auch nebeneinander und treten nicht immer in derselben dargestellten Reihenfolge auf.

8. Kapitel

Übertragung/Gegenübertragung in der geistlichen Begleitung[2]

ist ein Phänomen, das sich unbewusst zwischen Begleiteten und Begleiter abspielt. Unbewusste oder halbbewusste Phantasien, Gefühle, Bedürfnisse, Gedanken, Erwartungen, Verhaltensweisen regen sich und beginnen, die Beziehung zu verklären oder zu belasten. Oft bleiben diese Regungen weitgehend im Hintergrund, so dass sie weder vom Begleiter noch vom Begleiteten wahrgenommen werden. Aber trotzdem beeinflussen sie auf subtile Weise das zwischenmenschliche Klima. Bei zunehmender Intensität können sie in der Begleitung zu Verhaltensweisen führen, die aus der aktuellen Situation nicht erklärbar sind, sondern eher als Wiederholungen früherer Beziehungsweisen zu verstehen sind. Gefühlsmäßige Einstellungen und Verhaltensmuster zu einer früheren irgendwie bedeutsamen Person werden also in der Begegnung wiederholt.

Aber nicht alles, was an Übertragung/Gegenübertragung in der geistlichen Begleitung geschieht, hat mit früheren Erfahrungen und Konflikten zu tun. Es kann auch sein, dass hinter den Inhalten, Formen und Emotionen der Prozess der Individuation, der (heilenden) Selbstwerdung am Werk ist.

Damit wird aber auch der Umgang mit dem Phänomen Übertragung/Gegenübertragung vielschichtiger. In der Praxis treten der Wiederholungsaspekt und die Zielgerichtetheit oft vermischt auf. Deshalb gibt es keine unumstößlichen Verhaltensregeln und Deutungstechniken. Der Begleiter ist weitgehend auf sein Gespür, seine Intuition angewiesen, um sich situations- und persönlichkeitsgerecht zu verhalten.

Zunächst ist davon auszugehen, dass Übertragung/Gegenübertragung ganz natürliche Vorgänge sind, die man überall in menschlichen Beziehungen und nicht zuletzt in der geistlichen Begleitung antreffen kann.

Das Jung'sche Modell für die verschiedenen Übertragungs-/Gegenübertragungskonstellationen ist auch für die geistliche Begleitung hilfreich. Es gilt für nahe Beziehungen ganz allgemein. Denn die bewusste Beziehung zwischen zwei Menschen mit relativ abgegrenztem Bewusstsein des Ich wird zunehmend von Gefühlen durchsetzt, die die Tendenz haben, diese Grenzen zu verwischen. Je stärker sich ein Mensch an einen anderen gebunden oder mit ihm verbunden fühlt, desto mehr kommen die Kräfte ins Spiel, die aus der Verbundenheit im Unbewussten stammen. So wird der andere mehr und mehr als ein Stück Eigenwelt erlebt. Das kann auch auf Gegenseitigkeit beruhen.

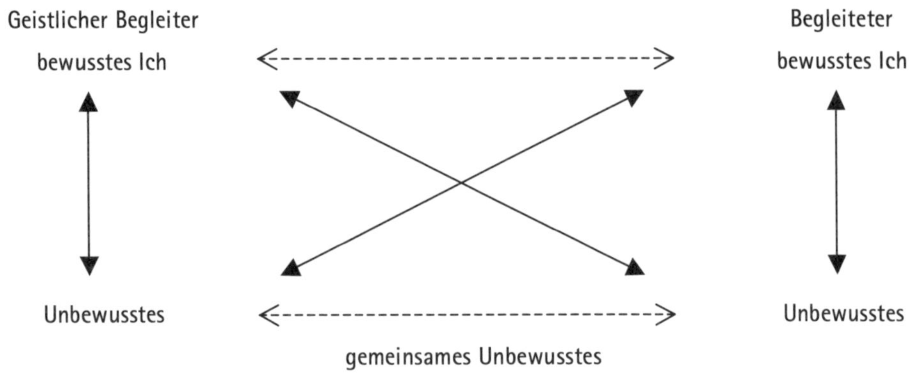

Geistliche Begleitung unterscheidet sich von anderen nahen Beziehungen insofern, als sie ein bestimmtes Ziel im Auge hat. Sie ist nicht eine Beziehung um ihrer selbst willen. Ihr Ziel ist, die Beziehung zwischen dem Begleiteten und Gott zu fördern, d.h. ihm zu helfen, Gottes Wirken im eigenen Leben wahrzunehmen und ihm darauf zu antworten. Dabei kommt es vor allem darauf an, dem Begleiteten *konkrete* Hilfen zu geben, wie er Gottes Wirken im eigenen Leben entdecken und wie er mit ihm in einen Dialog kommen kann über alltägliche und bedeutsame Erfahrungen seines Lebens und über zentrale Fragen seiner Gottesbeziehung.

Zu den Voraussetzungen auf Seiten des geistlichen Begleiters gehört der Glaube, dass Gott in jedem Menschen wirkt, damit sein Leben gelingt. Das Vertrauen des geistlichen Begleiters in Gottes Gegenwart und Wirken im Begleiteten und die Sensibilität für diese Wirklichkeit sind unerlässlich. In der geistlichen Begleitung geht es nicht zuletzt immer um den *ganzen* Menschen – mit Leib, Seele und Geist. Deshalb sollte der Begleiter auch mit dem Phänomen Übertragung/Gegenübertragung und dem Umgang damit vertraut sein.

1. Nähere Beschreibung des Phänomens „Übertragung/Gegenübertragung"

Derjenige, der geistliche Begleitung sucht, kommt zum Begleiter, weil er in sich das Verlangen spürt, dass Gott in seinem Leben mehr an Bedeutung gewinnt. Er ist entschlossen, mehr von Gott her leben zu wollen und dafür Zeit und Energie zu investieren. Er ist bereit, vom Begleiter Hilfe anzunehmen, damit sich seine Beziehung zu Gott, sein Gebetsleben entfalten kann. Wenn die ersten Begegnungen gelingen, treffen Begleiter und Suchender eine Vereinbarung. Dieser Kontrakt wird also von beiden Seiten *aus bewusster Einsicht* geschlossen.

Beide haben aber auch *ihre unbewussten Seiten*, und somit werden also vom *Unbewussten* her Reaktionen erfolgen:

- Im *Begleiteten* tauchen gewisse Gefühle gegenüber der begleitenden Person auf: Sie ist z. B. begeistert von seiner Art. Sie fühlt sich bei ihm geborgen und in allem verstanden. Oder es steigen Angstgefühle in ihr auf, der Begleiter würde sie durchschauen und ablehnen oder sie könnte sich in ihn verlieben.

  Jedenfalls wird der Begleiter mit Emotionen, Ängsten und Phantasien ausgestattet, die kaum zu ihm gehören, sondern der Erlebniswelt der begleiteten Person entsprechen.

- Selbstverständlich ist auch der *Begleiter* von seiner unbewussten Psyche durchwirkt. Auch in ihm finden aufgrund der Begegnung mit dem Begleiteten Gefühlsreaktionen statt. So erlebt z. B. der Begleiter die begleitete Person als einen sympathischen und sehr wertvollen Menschen und verspürt den Impuls ihr auf jeden Fall zu helfen. Oder sie kommt ihm langweilig, unentschlossen und antriebsschwach vor. Vielleicht ist er auch, wenn er ehrlich ist, gegenüber körperlichen Attraktionen nicht unempfindlich. Oder er ist enttäuscht, wenn der Begleitete keine Fortschritte macht, was sich ihm gegenüber in einem unterschwellig gereizten Ton bemerkbar machen kann. Wenn der Begleiter das Wörtchen „sollte" zu oft im Munde führt, ist Vorsicht geboten vor der eigenen Vorstellung, vor dem eigenen Bild, dem der Begleitete entsprechen „sollte".

Der Begleiter muss darum wissen, dass er in Gefahr ist, am Begleiteten etwas wahrzunehmen und zu erwarten, was seiner eigenen Lebenswelt entspricht. Vor allem ist es unerlässlich, dass er Einblick in seine eigenen *unbewussten* Konflikte und Komplexe gewinnt und seine eigenen Wunden zu spüren bekommt, damit er nicht seine eigenen unbearbeiteten oder unversöhnten Anteile am Begleiteten abarbeitet. Um sich einfühlen zu können, muss er bis zu einem gewissen Grad erlebt haben, wie schmerzlich menschliche und geistliche Wachstumsprozesse sein können. Er sollte aber auch erfahren haben, dass Bewusstwerdung und angemessener Umgang mit eigenen Schwachstellen zu positiven Entwicklungen führen können.

Es ist also wesentlich, dass der Begleiter seine emotionalen Reaktionen aufmerksam und wahrheitsgetreu registriert und sich mit seinen Träumen auseinandersetzt.

Persönliche Bekenntnisse des Begleiters, die nicht strikt mit der Wirklichkeit des Begleiteten zusammenhängen, stammen meist aus unbewussten Übertragungsgefühlen, z. B. aus dem Bedürfnis, dem Begleiteten gegenüber in einem besonderen Licht zu erscheinen. Sie können aber auch ganz einfach vom unbewussten Bedürfnis des Begleiters nach Entlastung von seelischen Spannungen motiviert sein. Das ist zwar menschlich, aber in der Regel für den Begleiteten nicht hilfreich.

- Für den Begleiter ist es wichtig, um den Bereich des *gemeinsamen Unbewussten* zu wissen. Hier sind archetypische Phänomene am Wirken, die das Übertragungs-Gegenübertragungsgeschehen gewissermaßen strukturieren. Es kommt z.B. durchaus vor, dass in der geistlichen Begleitung der Archetypus des Starez, des spirituellen Meisters konstelliert wird, denn der Begleiter wird selbstverständlich davon affiziert, dass der Begleitete geistliche Vertiefung oder Neuorientierung sucht. Ein unbewusstes Ausagieren dieses Archetypus kann sich z.B. darin äußern, dass der Begleiter mehr tut als für den inneren Prozess des Begleiteten gut ist. Der Begleiter muss sehr darauf achten, was dabei vor allem der Befriedigung seines eigenen Helferwillens dient.

  Wenn der Begleitete von all der angebotenen Hilfe keinen Gebrauch macht, kann es z.B. sein, dass er eine negative Vaterübertragung auf ihn entwickelt hat.

  Im Bereich des *gemeinsamen Unbewussten* finden alle Arten gegenseitiger Beeinflussung statt, und es ist oft schwer, auszumachen, wer wie auf wen einwirkt. In der Begleitsituation sind eben zwei Menschen mit ihrer Gesamtpersönlichkeit involviert, mit ihrer Gegenwart und Vergangenheit, mit ihrer Wirklichkeit und Phantasiewelt, mit ihren heilen und unerlösten Anteilen. In ihnen zeigt sich sowohl der Erwachsene als auch das Kind, und so kann jeder den anderen als Elternfigur und als Kind erleben.

  Wenn der Begleiter in verschiedenen Momenten der Begleitung wahrnimmt, welche Phantasien in ihm auftauchen, so hat das oft mit der seelischen Wirklichkeit des Begleiteten zu tun, selbst wenn es – allem Anschein nach – gar keinen Bezug zum aktuellen Gespräch hat. Im Begleiter kommen also gleichsam Saiten in stimmiger und verstimmter Weise zum Klingen, die durch unbewusste Einwirkungen des Begleiteten in Schwingung versetzt werden. Es sind die Saiten im Innern des Begleiters, auf denen der Begleitete unbewusst spielt. So kann es z.B. sein, dass etwas im Begleiteten den Begleiter ärgern möchte. Wenn nun der Begleiter bei sich Ärger spürt, kann das ein Hinweis auf ein Stück unbewusster Dynamik sein, die sich zwischen ihm und dem Begleiteten abspielt.

- Aus dem Umstand, dass Begleiter und Begleiteter im Bannkreis unbewusster gegenseitiger Beeinflussung stehen, ergibt sich für den Begleiter also auch die Möglichkeit, tiefere Vorgänge im Begleiteten durch seine eigenen Phantasien oder emotionalen Regungen wahrzunehmen. Wie sich der Begleiter fühlt und erlebt, wann bei ihm Ängste, Spannungen oder gewisse Phantasien auftauchen, all das kann auch mit der unbewussten Befindlichkeit des Begleiteten zu tun haben.

2. Übertragungsphänomene sind oft gegeben

- bei verzerrten oder unangemessenen Reaktionen, die aus der aktuellen Begleitsituation nicht verständlich sind,
- bei übermäßig intensiven oder viel zu schwachen Gefühlsreaktionen,
- bei indirekter Erwähnung von Gefühlen, Wünschen, Sichtweisen, die auf dritte Personen gesagt werden, aber ebenso auf den Begleiter zutreffen können (Übertragungsanspielung nach dem Prinzip der Verschiebung),
- bei indirekter Erwähnung von Gefühlen, Wünschen oder Sichtweisen, die der Begleitete von sich selbst erwähnt, aber ebenso auf den Begleiter zutreffen können (Übertragungsanspielung nach dem Prinzip der Identifikation).

3. Bei den Übertragungsphänomenen lassen sich drei Typen unterscheiden

- *positive Übertragungsphänomene*: Dem Begleiter werden positive Eigenschaften, Intentionen, Sichtweisen etc. zugeschrieben, z. B. Verlässlichkeit, Einfühlsamkeit, Transparenz, Fürsorglichkeit. Der Begleitete ist *ohne nähere Kenntnis* des Begleiters von solchen Erwartungen und Überzeugungen durchdrungen.

  Positive Übertragungsphänomene sind für die Begleiteten hilfreich, wenigstens für die Anfangszeit.

  Bei positiven Übertragungsphänomenen sollte der Begleiter die idealisierte Rolle so lange wie nötig übernehmen, ohne sich selbst mit dem Archetyp des großen Meisters zu identifizieren und sich einzubilden, er sei in Wirklichkeit die großartige Figur, zu der ihn der Begleitete durch seine Übertragung hochstilisiert. Erst allmählich, durch sukzessive Enttäuschungen auf Seiten des Begleiteten über die menschliche Begrenztheit seines Begleiters, kann die Projektion langsam zurückgenommen werden.

- *negative Übertragungsphänomene*: Dem Begleiter werden negative Eigenschaften, Intentionen, Sichtweisen, etc. zugeschrieben, z. B. nicht ernst nehmen, nicht transparent, nicht einfühlsam und nicht verständnisvoll sein. Der Begleitete ist auch hier *ohne nähere Kenntnis* des Begleiters von solchen negativen Emotionen und Überzeugungen beherrscht.

  Negative Übertragungsphänomene sind für die Begleitbeziehung hinderlich, können aber – trotz aller damit verbundenen Mühe – in der Begleitung fruchtbar sein.

  Misstrauen, sowie Ängste vor Zurückweisung, moralischer Bewertung, Trennung o.ä. zeigen sich oft in Widerständen des Begleiteten. Wenn aber die in der Begleitbeziehung aktualisierten Übertragungen einfühlend angenommen, verständnisvoll bearbeitet und so dem Begleiteten ein neues Erleben ermöglicht wird, ist die Begleitung eine große Chance zur Heilung und kann so weitere Entwicklungsschritte ermöglichen.

- *erotische bzw. sexualisierte Übertragungsphänomene*: Hier sind vielfältige Formen möglich, z. B.: ist die begleitete Person der Überzeugung, der Begleiter fühle sich von ihr erotisch angezogen oder sie werde von ihm sexuell begehrt.

  Wenn in der Begleitung erotische oder sexuelle Träume auftauchen, ist das eher als ein Indiz für eine intensive und vertrauensvolle Begleitbeziehung zu deuten. So gibt es also in den Träumen des Begleiteten nicht nur Botschaften an ihn selbst, sondern auch an den Begleiter.

  Erotische bzw. sexualisierte Übertragungsphänomene führen zu beharrlichen Widerständen. Die begleitete Person erwartet die Erwiderung ihrer Liebesgefühle. Daher wird meist nur die „attraktive Seite" gezeigt. Sie möchte gefallen, in einem günstigen Licht erscheinen und spricht schwierige Themenbereiche nicht (mehr) an. Wenn der Begleiter kompetent genug ist, kann ein emphatisches Durcharbeiten neue Entwicklungsschritte ermöglichen.

  Die Übertragungsliebe ist die emotional intensivste Form aller Übertragungs- und Gegenübertragungsgefühle. Auch ein geistlicher Begleiter ist nicht gegen Liebesgefühle gefeit, die innerhalb einer seelisch so nahen Beziehung entstehen können. Deshalb ist zunächst entscheidend, dass der Begleiter ggf. sich seiner Liebesgefühle bewusst wird und sich nichts vormacht. Die Wahrnehmung seiner Gegenübertragungsgefühle kann ihn manchmal mit noch unbekannten Aspekten seiner Persönlichkeit in Kontakt bringen. Sie kann ihm aber auch dazu verhelfen, unbewusste Vorgänge im Begleiteten wahrzunehmen.

  In der Begleitung muss der Begleiter also immer mit eigenen interaktionellen Anteilen rechnen und sich zugleich bemühen, eine innerlich distanzierte Wahrnehmungsposition einzunehmen, um zwischen beiden Beziehungen zu unterscheiden.

4. *Einige Orientierungen für den Umgang mit Übertragungsphänomenen in der geistlichen Begleitung*

- Wenn der Begleiter wahrnimmt, dass Übertragungen im Hier-und-Jetzt das Ziel der geistlichen Begleitung beeinträchtigen, dass also z. B. der Begleitete mehr mit der Beziehung zum Begleiter als mit seiner Gottesbeziehung beschäftigt ist, kann es angeraten sein, die Gedanken, Gefühle, Affekte etc. zuzulassen und eine Hypothese zu formulieren, warum der Begleitete jetzt so reagiert, dabei ihm aber die Freiheit lassen, die Hypothese abzulehnen.

Er kann ihn auch motivieren, nach möglichen Übertragungsauslösern in der Begleitbeziehung zu suchen und Parallelen zum aktuellen Erleben und Verhalten im Umgang mit Menschen in seinem personalen Umfeld nachzugehen, um Klarheit über sein gegenwärtiges Empfinden und Verhalten zu gewinnen.

- Wenn es Anzeichen einer erotisierten Übertragung im Hier-und-Jetzt gibt, ist es wichtig, dass der Begleiter versucht, zu überprüfen, ob er sich geschmeichelt oder bedrängt fühlt, ängstliche oder ärgerliche Gefühle in ihm aufsteigen, m.a.W.: er muss überprüfen, ob eine Gegenübertragung im Gange ist. Wenn er es für sinnvoll hält, die Übertragung anzusprechen, ist anzuraten, es eindeutig und taktvoll mit klaren Worten vorsichtig fragend zu tun.

  Hinter dem erotisierten Übertragungsphänomen steckt oft ein tief verwurzeltes Bedürfnis nach uneingeschränkter Zuwendung durch eine liebende Bezugsperson. Der Begleiter muss also die Gefühle der Sehnsucht, Scham und Verletzlichkeit auf Seiten der begleiteten Person nachempfinden und bei seiner Deutung mit einkalkulieren.

  Die Begleitung sollte abgebrochen werden, wenn die erotischen Wünsche von der begleiteten Person nicht aufgegeben werden können.

5. Gegenübertragung

ist die Gesamtheit aller emotionalen Reaktionen, die im Kontakt mit der begleiteten Person entstehen, unabhängig davon, ob sie ihren Ursprung im Begleiteten oder im Begleiter haben.

Gegenübertragungsphänomene können

- eine Reaktion auf das (Übertragungs-) Verhalten der begleiteten Person sein
- Ausdruck ungelöster Probleme des Begleiters sein
- sich momentan und punktuell oder auch als durchgängige Reaktion zeigen
- sich schnell oder erst mit der Zeit herausbilden
- unterschiedlich bewusst sein

Um die eigene Gegenübertragung für die Begleitung nutzen zu können, ist es wichtig, dass der Begleiter die jeweiligen Übertragungsreaktionen auf ihre *subjektive Bedeutung* und auf ihren *affektiven Gehalt* hin anschaut, z. B.

- *er vergisst fast den vereinbarten Termin*

⇨ Gibt es Gründe für ihn, auf Distanz zu gehen?

⇨ Wurde er gekränkt oder zu stark herausgefordert?

⇨ Ist ihm die zuletzt angesprochene Thematik unangenehm?

⇨ Kommt er sich hilflos vor?

⇨ Hat er den Eindruck, die begleitete Person stehle ihm nur die Zeit?

▸ *er kann nur schwer zuhören*

⇨ Ist der Begleitete ihm zu langweilig und antriebsschwach?

⇨ Hat der Begleitete ihn verärgert?

⇨ Vertritt der Begleitete Ansichten, die meilenweit von denen des Begleiters entfernt sind?

▸ *er überzieht von sich aus die vereinbarte Begleitzeit*

⇨ Hat er Scheu, die Gesprächszeit zu begrenzen, weil er befürchtet, der Begleitete könne das als unfreundlichen Akt aufnehmen, ihn mit seinen Problemen nicht ernst zu nehmen und die dafür notwendige Besprechungszeit nicht einräumen?

⇨ Fühlt er sich in Gegenwart der begleiteten Person sehr wohl?

▸ *er spricht deutlich mehr als sonst*

⇨ Möchte er irgendetwas wieder gut machen?

⇨ Möchte er, dass der Begleitete spürt, wie ernst er ihn nimmt?

⇨ Übernimmt er zuviel Verantwortung für den Begleiteten?

⇨ Spricht er ohne direkten Zusammenhang mit dem Gesprächsverlauf über Persönliches, um in einem guten Licht zu erscheinen oder sich zu entlasten?

Wenn der Begleiter nach dem Gespräch der begleiteten Person gegenüber lange intensive Gefühle (Ärger, Schuld etc.) hat, ist das auch ein auffälliges Indiz für Gegenübertragung.

Man kann bei der Gegenübertragung zwei Formen unterscheiden:

die komplementäre und die konkordante Übertragung

Für die Begleitung kann es hilfreich sein, eine Hypothese zu entwickeln, welcher Art die Gegenübertragung ist: Der Begleiter versucht, wahrzunehmen, wie er auf die begleitete Person wirkt, um zu erspüren, was das für sie bedeutet.

- *Komplementäre Übertragung:*

  Der Begleiter reagiert
  - wie frühere Bezugspersonen auf sie reagiert haben
  - wie aktuelle Bezugspersonen auf sie reagieren

Gegenübertragungsreaktionen sind also *komplementär*, wenn der Begleiter durch das Verhalten des Begleiteten unbewusst dazu verleitet wird, wie eine wichtige Person seiner Vergangenheit zu reagieren. M.a.W.: Der Begleitete identifiziert unbewusst den Begleiter mit einer Figur der Vergangenheit, die in ihr als innerer Komplex weiter ihre Wirksamkeit entfaltet. Ähnliches kann auch mit aktuellen Bezugspersonen geschehen.

- *konkordante Übertragung:*

  Der Begleiter reagiert
  - *wie der Begleitete* auf frühere Bezugspersonen reagiert hat
  - *wie der Begleitete* auf aktuelle Bezugspersonen reagiert

Der Begleiteter erlebt die *konkordante* Form seiner Gegenübertragung, wenn er zu spüren glaubt, auf welche Weise ihn der Begleitete – seinen spirituellen und therapeutischen Bedürfnissen entsprechend – benötigt und wenn er dies auf angemessene Weise ausdrücken kann (verbal oder nonverbal).

Die *konkordante* Gegenübertragung bezeichnet also die Fähigkeit des Begleiters, den Begleiteten bis zu einem gewissen Grad in seinem Innern zu spüren und dadurch tiefen Einblick in dessen seelisch-geistige Verfassung zu gewinnen. Zugleich tritt er mit dem Begleiteten auch auf tieferer Ebene in Kontakt, bezieht sich darauf, wie der Begleitete sich selbst und seine Welt erlebt und wie er an seinen Schwierigkeiten leidet oder seinen Fortschritt erlebt und damit umgeht.

Im Zustand von Gegenübertragung, die auf *konkordanter* Identifizierung beruht, ist es immer wieder erstaunlich, wie Gefühle, Emotionen, Gedanken oder Intuitionen aufsteigen können, die zur selben Zeit den Begleiteten beschäftigen, von denen er im selben Moment zu sprechen beginnt.

In der Gegenübertragung liegt also auch die Möglichkeit, unbewusste Vorgänge bei der begleiteten Person besser wahrnehmen zu können. Aber es braucht auf Seiten des Begleiters auch Begabung und solide Ausbildung, bewusste Verantwortlichkeit und realistische Selbstkritik, um ihn für die Wahrnehmung jener Zwischentöne zu sensibilisieren, aus denen der emotionale Hintergrund und die verschiedenen Nuancen im Gefühlsbereich eines Begleitgeschehens erschlossen werden. Vor allem aber ist ein entschiedenes und konsequentes geistliches Leben Voraussetzung, um Gottes Wirken im anderen wahrzunehmen, die „Unterscheidung der Geister" zu praktizieren und den Zeitpunkt nicht zu verpassen, den Begleiteten in seine eigene Verantwortung mit Gott zu entlassen.

6. *Einige Kriterien für die Auswahl von längerfristigen Begleitungen*

- Will jemand auf seinem Weg mit Gott wirklich weiterkommen und ist er/sie bereit, dafür Zeit und Energie zu investieren? „Si *vere* Deum quaerit et si *verum* Deum quaerit" – „ ob er *in Wahrheit* Gott sucht und ob er den *wahren* Gott sucht" (Benedikt)
- Wer ist für mich eine Herausforderung, vielleicht auch unter der Rücksicht, mich auf seelische Welten einzulassen, die mir fremd oder wenig bekannt sind?
- Ist die innere Freiheit des Raumgebens und -nehmens gegeben, in dem sich die Belange der begleiteten Person möglichst spontan ausdrücken können?
- Ist finanzielle Unabhängigkeit gewährleistet? Nach Möglichkeit kein Honorar!
- Der Begleiter sollte sich fragen: wo werden wohl die größten Schwierigkeiten auftreten? In welcher Art wird sich Übertragung manifestieren?
- Wenn während der ersten zwei oder drei Gespräche Gefühle von Antipathie auftauchen, die sich nicht überwinden lassen, wenn sich also diese Gefühle spontan nicht verändern, so ist das ein deutliches Indiz dafür, keine längerfristige Begleitung zu beginnen. Denn es ist für die Begleitung unerlässlich, dass jede Form von Zuwendung echt ist und gefühlsmäßig stimmt. Ein Vergleich aus der Chemie kann das noch verdeutlichen: Bekanntlich gehen einige chemische Substanzen sofort eine Verbindung miteinander ein, während andere sich wie der Teufel das Weihwasser meiden und auseinander streben.

Anregungen zur Wahrnehmung von Übertragung und Gegenübertragung

1. Welche Übertragungsphänomene habe ich in meiner Begleitpraxis entdeckt?
2. Welche Übertragungsphänomene machen mir zu schaffen?
3. Bei welchen Phänomenen in der (geistlichen) Begleitung tappe ich im Dunkeln? Handelt es sich dabei möglicherweise um Gegenübertragung?
4. Nach welchen Kriterien entscheide ich mich für eine längerfristige geistliche Begleitung?

9. Kapitel

Widerstände in der geistlichen Begleitung

- resultieren meist aus dem Beziehungs- und Interaktionsgeschehen zwischen Begleiter und begleiteter Person. Sie können also ihre Ursache einmal im Verhalten des *Begleiters* haben, wenn dieser z.B.

- ein bestimmtes Verhalten des Begleiteten in einer unsensiblen Weise deutet,
- Widerstände nicht anspricht,
- sich seines Verhaltens aufgrund von Gegenübertragungen nicht bewusst ist,
- die begleitete Person über- oder unterfordert.

Widerstände können aber ihre Ursache auch in der *begleiteten Person* haben, wenn diese z.B.

- Angst hat, gefühlsmäßige Einstellungen und liebgewonnene Überzeugungen, vertraute Gewohnheiten und Verhaltensweisen aufzugeben,
- davor zurückscheut, sich gefährlicher Triebregungen bewusst zu werden, weil das ihrem Selbstbild bzw. ihrem Selbtwertgefühl widerspricht,
- aus Angst, schuldig zu werden, bestimmte Entwicklungs- und Reifungsschritte vermeidet.

- Diese wenigen Beispiele zeigen schon, dass Widerstände in der geistlichen Begleitung auf beiden Seiten *bewusste und unbewusste Ursachen* haben können und es auf Seiten des Begleiters viel Präsenz und Einfühlungsvermögen braucht, um herauszufinden, mit welchen Widerständen er es im Augenblick zu tun hat und wie er angemessen darauf reagieren kann. Wenn sich z. B. zeigt, dass die begleitete Person aus einem unbewussten Schutzbedürfnis Widerstand leistet, so ist das zu respektieren. Der Begleiter darf diesen Schutzmechanismus nicht aufbrechen.

  Wenn aber deutlich wird, dass der Widerstand die begleitete Person daran hindert, menschlich und geistlich zu wachsen, dann braucht der Begleiter viel Geduld und Sensibilität, um in konstruktiver Weise am Widerstand entlang zu arbeiten und mit dem Begleiteten den nächsten Schritt auf seinem geistlichen Weg ausfindig zu machen.

- Anzeichen, Signale von *unbewussten* Widerständen auf Seiten der *begleiteten Person* gegen eine anstehende Veränderung in der Beziehung zu Gott, zu bestimmten Menschen und in der Einstellung zu bestimmten Lebenssituationen können z.B. sein:

- Gefühle von Entmutigung, Niedergeschlagenheit, Langeweile und Überdruss,
- Blindheit gegenüber bestimmten Aspekten des Lebens und der offenkundigen Bedeutung von Schrifttexten,
- konstante Wiederholung von Reaktionsmustern, z.B. ausweichen, wenn es um Verbindlichkeit geht oder unangenehme und bedrohliche Affekte berührt werden,
- nüchtern-sachliches Sprechen über etwas, das normalerweise mit einem starken Gefühlsausdruck verbunden ist,
- Nebeneinander-Stehenlassen von inhaltlichen und emotionalen Widersprüchen,
- Vergessen und Vermeiden von Gebetszeiten und Vereinbarungen, die mit dem Begleiter getroffen wurden.

- Anzeichen, Signale von *unbewussten* Widerständen auf Seiten des *Begleiters* gegenüber Einstellungen und Verhaltensweisen der begleiteten Person können z.B. sein:

- Enttäuschung, Ärger, Irritation,
- abnehmendes Interesse, mangelnde Aufmerksamkeit/Konzentration: schwer zuhören können
- Vergessen von Absprachen und vereinbarten Terminen.

- Umgang mit unbewussten Widerständen

  Wenn der Begleiter Anzeichen, Signale von *unbewussten* Widerständen entdeckt, ist es zunächst wichtig, seinen Sinn für Humor zu behalten und sorgfältig darauf zu achten, dass er mögliche Gegenübertragungen nicht ausagiert. Widerstand ist ja zunächst kein spirituelles Verbrechen, sondern meist eine notwendige Begleiterscheinung in einem Wachstumsprozess, auch ein notwendiger Teil des Beziehungsgeschehens mit Gott. Als „Mitarbeiter der göttlichen Gnade" verbietet sich jede Form von Gewalttätigkeit und sei sie noch so subtil.

Voraussetzung für den konstruktiven Umgang mit dem unbewussten Widerstand ist eine „vertrauensvolle Arbeitsbeziehung" zwischen Begleiter und begleiteter Person. Wenn sich eine solche Beziehung noch nicht entwickelt hat, kann eine zu frühe Begegnung (Konfrontation) mit dem Widerstand diesen noch verstärken, weil die begleitete Person das vielleicht als einen Angriff auf ihr Selbstwertgefühl oder als demütigend empfindet.

Es ist meist angemessener, den Widerstand sich so weit entwickeln zu lassen, dass der Begleiter an einigen Beispielen das Widerstandsmuster aufzeigen kann. Dabei ist die Art, wie der Begleiter auf den Widerstand aufmerksam macht, entscheidend. Er klagt nicht an, macht auch keine Vorwürfe, sondern lädt die begleitete Person ein, sich das anzuschauen, was sich gezeigt hat, um dann mit ihr darüber zu reflektieren.

Zeigt die begleitete Person eine *stabile Abwehrstruktur*, dann scheint es angebracht, unbeirrbar entschieden, verbindlich und zugleich freilassend (auch mit der Würze des Humors, wenn es bekömmlich ist) zu konfrontieren, so dass sie deutlich die Folgen ihres Widerstandes und ihre Verantwortung dafür zur Kenntnis nimmt.

Bei eher *schwacher Abwehrstruktur* empfiehlt es sich, die begleitete Person vorsichtig, einfühlend und stützend mit ihrem Widerstand in Kontakt zu bringen.

- Bei der Konfrontation bleibt der Begleiter immer im Referenzrahmen der begleiteten Person, d.h. er bewegt sich in *ihrer* „Welt", im Rahmen *ihrer* Möglichkeiten und Grenzen und ist in Kontakt mit dem „Strom" *ihres* inneren Erlebens, auch wenn er den Fokus der Aufmerksamkeit woanders hinlenkt als sie.

Für die Konfrontation braucht der Begleiter Intuition, keine Analyse, keine Diagnose, d.h. aus dem inneren Kontakt mit dem sich ständig bewegenden Fluss des inneren Erlebens beim Begleiteten spürt er einen inneren Antrieb, sich zu riskieren und die Konfrontation zu verantworten, also mit dem umgehen zu können, was dann passiert.

Wenn die Angst, den anderen zu konfrontieren, größer ist als der Antrieb, und wenn das Verlangen, den anderen zu konfrontieren, allein vorherrscht, dann kann man davon ausgehen, dass keine Intuition vorliegt und die Konfrontation nicht zu verantworten ist.

Eine Konfrontation setzt immer einen tiefen Respekt vor der Personwürde der begleiteten Person, vor ihrer Souveränität, vor ihren Möglichkeiten und nicht zuletzt vor ihrem Weg mit Gott voraus.

Anregungen zur Wahrnehmung von Widerständen in der geistlichen Begleitung

1. Wie zeigen sie sich? An welchen Phänomenen, an welchen Reaktionen und Signalen erkenne ich sie?
2. Was lösen sie in mir als Begleiter aus?
3. Welche Bedeutung messe ich ihnen bei?
4. Wie gehe ich mit solchen Widerständen um? Wie verhalte ich mich?

10. Kapitel

Geistliche Begleitung im Blick auf zwei einflussreiche innere Instanzen: Richter und Spiegelung

In der Praxis der geistlichen Begleitung, vor allem wenn Überzeugungen (Werte, Ziele, Prinzipien) und Grundhaltungen (Lebenseinstellung) berührt werden, treten diese beiden Komponenten sowohl beim Begleiter wie beim Begleiteten in Erscheinung. Sie gehören wesentlich zum Muster des einen wie des anderen und spielen deshalb in der Übertragungssituation der Begleitgespräche eine Rolle. Sie üben eine gewisse, meist nicht bewusste Autorität aus, die sie zu echten Instanzen macht. Sie sind wie die Übertragung und das Muster ganz normale Strukturen, die zu jeder gesunden Psyche gehören.

Wenn sie jedoch eine zu große Rolle spielen, können sie die normale Entwicklung einer Person beeinträchtigen und den Umkehrprozess behindern, wenn nicht gar blockieren. So ist es für die Begleitung unerlässlich, eine gewisse Erfahrung im Umgang mit diesen beiden seelischen Instanzen zu haben, bei sich selbst, wie auch bei anderen. Ich folge hier im Wesentlichen den Ausführungen von André Louf.

Wenn sich uns jemand im Gespräch öffnet, so ist das, als bekämen wir Zugang zu einem Bereich, der für gewöhnlich diesen beiden Instanzen vorbehalten ist und den sie meist ungestört beherrschen. Sie wissen genau, was richtig oder falsch ist, welche Taten gut oder böse sind, was man tun oder lassen soll. Deshalb wehren sie sich gegen das Eindringen eines Dritten, der wohlwollend und unparteilich bleibt, wo sie bereits alles klassifiziert und beurteilt haben.

Beide Instanzen können auch zum Aufbau eines Gottesbildes beigetragen haben, das unser Unbewusstes sich nach dem Bild von Menschen geschaffen hat. Da beide Instanzen sich nicht gern beeinträchtigen lassen, oder besser: da wir, ohne es zu wissen, an ihnen hängen, besteht eine der wesentlichen Aufgaben in der Begleitung darin, sie zu erkennen und nach Möglichkeit zu neutralisieren. Sonst kann eine Umkehr, wie sie in der geistlichen Begleitung angezielt wird, nicht geschehen.

1. Der innere Richter

Im Unbewussten jedes Menschen gibt es den Niederschlag oder Widerhall all der Autoritäten, die auf uns seit frühester Kindheit eingewirkt haben. In der Psychologie nennt man das „Über-Ich". Es ist das Ergebnis eines vielschichtigen Prozesses, denn es sammeln sich darin der Widerhall aller möglichen Stimmen: seien es nun Befehle oder Verbote, die man uns gab; Strafen, die uns auferlegt wurden; Fehler, die man uns vorwarf. Diese innere Instanz steht in besonderer Verbindung mit den unbewussten Erinnerungen, die jemand an jene Person aus seinem Ursprungsmilieu hat, die die ersten wichtigen, persönlichkeitsbildenden Verbote aussprach. Oft war das der Vater oder die Mutter oder eine andere Erziehungsperson. Dieses Phänomen der auch Verbote aussprechenden Autorität ist nicht nur normal, sondern notwendig. Wichtig ist dabei, dass ein Verbot vom Kind in Liebe angenommen und übernommen wird, was ja häufig nicht der Fall ist.

Andere Autoritäten, die dem Kind und Jugendlichen nach und nach begegnet sind, haben die besondere Identität des inneren Richters weiter ausgeprägt. Alles, was in unserem Leben mit gut oder schlecht, mit Wohlverhalten oder Zurechtweisung zu tun hat, steht praktisch unter der unbewussten Kontrolle des inneren Richters. Er verbietet auch heute noch dies oder jenes, beurteilt manches anders als unser spontanes Empfinden. Gelegentlich hindert er uns am Handeln, kann uns zum Scheitern bringen, drohen und Angst machen. Er bestraft sogar, indem er heftige Schuld- und Schamgefühle auslöst.

Unser innerer Richter ist mitgeprägt von der „Über-Ich"-Instanz, die in unserer kulturellen Umwelt diffus präsent ist. Jede Kultur hat ihr eigenes Vollkommenheitsideal. Die Ideale sind heute sehr mobil geworden. Sie ändern sich viel schneller als zu früheren Zeiten. Tatsache ist, dass unser Unbewußtes von dem Modell der Vollkommenheit nachhaltig geprägt ist, das in unserer Kindheit vorherrschend war. Es wird von unserer Psyche aufgenommen und dem eigenen Lebensraum angepasst. So entsteht unser eigener ganz besonderer Richter.

Das Verhältnis, das jemand zu seinem inneren Richter hat, zeigt sich in seiner Wortwahl und seinem Verhalten, also auch in der konkreten Beziehung zum Begleiter: in der Art, wie er ihm begegnet, welche Nähe und Distanz er zu ihm hält. Am deutlichsten offenbart sich die Instanz in bestimmten Redewendungen, z. B. „Ich müsste...", „das hätte ich nicht sagen sollen", „das ist für mich undenkbar", „das kann ich mir nicht verzeihen" usw. In der Begleitung ist auf Formulierungen zu achten, die nicht neutral sind, die Wertungen, Urteile beinhalten. Diese manchmal stereotypen Formeln suchen einen Vorwand, um den inneren Richter nach außen zu bringen. Ich muss als Begleiter damit rechnen, dass im Gegenüber die Gefühle geweckt werden, die er seinem inneren Richter gegenüber empfindet, ja dass ich allmählich die Züge des inneren Richters annehme.

Die Identifikation innerhalb der Begleitbeziehung wird dadurch noch komplizierter, dass der innere Richter auch im Begleiter aktiviert wird. Der Begleiter sollte das merken. Voraussetzung dafür ist, dass er seine innere Instanz einigermaßen kennt und eine gewisse Distanz zu ihr gewonnen hat, um bewusst damit umgehen zu können. Wenn der Begleiter nicht durchschaut, dass die inneren Richter auf beiden Seiten sich nicht aus dem Dialog heraushalten, kann es unbewusst zum Konflikt kommen – oft mit negativen Auswirkungen.

Wenn im Begleiter sich sein innerer Richter meldet, so kann das genügen, um das Klima der bedingungslosen Annahme zu verderben. Der Begleiter merkt es vielleicht gar nicht, aber der Begleitete wird ein Unbehagen spüren. Er wird irgendwie wahrnehmen, dass sein innerer Richter auf die Reaktionen seines „Kollegen" im Begleiter reagiert. Er wird sich vielleicht schämen oder schuldig fühlen oder alles versuchen, sein Wohlwollen wiederzugewinnen. Vielleicht wird er auch innerlich rebellieren und sich jeder weiteren Einmischung entziehen.

Solange der Begleiter das Opfer seines eigenen Richters ist, der den Richter des Begleiteten ablösen will, solange dieser unheilvolle Einfluss des Über-Ichs nicht neutralisiert ist, kann das Leben aus der Tiefe im Begleiteten nicht aufbrechen. Der Begleitete wird so nicht befähigt, sich seiner eigenen Tiefe zu nähern und sich mit dem vielschichtigen, aber nur scheinbar gefährlichen Gewirr seiner Wünsche und Sehnsüchte auseinanderzusetzen.

Es ist für jeden Menschen in psychologischer, aber auch in geistlicher Hinsicht lebenswichtig, in der Lage zu sein, seine Wünsche und Sehnsüchte zu erkennen mit allem, was daran „verkehrt" ist, aber auch mit ihrer ganzen Wahrheit und Vitalität. Erst wenn ich sie als zu mir gehörig anerkenne, wird es mir auch möglich, sie so, wie sie sind, vor Gott zu bringen und sie der heilenden Wirkung seiner Gnade auszusetzen. Gott wartet darauf, uns in unserer äußersten Schwäche, in dem Geflecht ungeläuterter Wünsche und Sehnsüchte zu berühren.

Nur ein allmähliches Sich-Bewusstwerden der eigenen Wünsche und ihrer Verdrehungen und Verkleidungen kann zur Umkehr führen. Wenn der Begleitete nach und nach fähig wird, seine Wünsche in flagranti beim Verdrehen und Verstellen zu ertappen, wächst die Autonomie gegenüber seinem inneren Richter. So findet er allmählich zu seinem inneren Meister, der weder schuldig spricht noch straft.

Der innere Richter will diesen Moment der Wahrheit verhindern und unsere Schwäche nicht ans Licht kommen lassen. Wenn ihm das gelingt, kommt kein Licht in die Wünsche und Sehnsüchte, um sie in Frieden annehmen zu können. Die Folge davon ist, dass alle Anstrengung auf Abwehr und Verdrängung bis zu Abspaltung geht.

Wenn es möglich ist, unter gewissen Bedingungen „in Ordnung" zu sein, wie uns der innere Richter glauben machen will, dann brauchen wir die Gnade nicht.

In der Praxis ist es oft schwierig, mit dem inneren Richter des Begleiteten nicht in Kollision zu geraten. Wenn der Begleiter sensibel auf Formulierungen achtet, die nicht neutral sind, und ihnen weder beipflichtet noch widerspricht, so ist das bereits von Bedeutung. Finden solche Sätze, die für den Begleiteten wichtig sind, kein Echo, können sie sich leichter verlieren.

Wenn der Begleiter sich beharrlich dem Zugriff des inneren Richters seines Gesprächspartners entzieht, dann wächst die Möglichkeit, dass der Begleitete auf die tiefe Sehnsucht in seinem Innern lauscht, auf seine Sehnsucht, die Gott ihm ins Herz gestiftet hat, und die sich mit der Sehnsucht treffen will, die Gott nach ihm hat. Die Sehnsucht, die Gott dem Menschen ins Herz geschrieben hat, wird im Vorbereitungsgebet der geistlichen Übungen nach Ignatius von Loyola (EB 46) immer wieder angesprochen.

In der geistlichen Begleitung darf der Begleiter aber nicht darauf verzichten, im „gegebenen Augenblick" ein Wort zu sagen, das ihm „gegeben" ist. In gewisser Weise hat der Begleiter kein Wort für den anderen. Das Wort, das dem Anderen „zugesagt" wird, liegt im Anderen verborgen. Es braucht Intuition und Sensibilität, um dieses Wort zu „heben", so dass der Andere es als ein Wort für sich, als sein Wort, erkennt. Beim Begleiter steigt dieses Wort aus seiner eigenen Tiefe auf, um dem Anderen in dessen Tiefe zu begegnen. Das Wort kommt spontan, fast unvorhersehbar. Manchmal ist es von tiefer Ergriffenheit begleitet und hat eine Autorität aus sich selbst. Ein solches Wort kann man sich nicht vorher zurechtlegen. Es zeigt sich im rechten Augenblick und neutralisiert den inneren Richter. Ein solches Wortgeschehen zeigt auch die Qualität der Beziehung zwischen Begleiter und Begleiteten an.

2. Der innere Spiegel

Jeder von uns trägt noch eine andere Instanz in sich, die sein Verhalten weitgehend mitbestimmt und die man den inneren Spiegel nennen kann. Er hat mit der Erfahrung zu tun, die jeder macht, wenn er zum ersten Mal sein eigenes Bild im Spiegel erblickt. Von diesem Augenblick an versuchen wir, in unseren zwischenmenschlichen Begegnungen unser eigenes Bild im Blick des anderen wiederzuentdecken. Wir möchten in den Augen des anderen liebenswürdig und wichtig erscheinen; wir möchten geliebt werden. Diese unbewusst selbstbezogene Art der Begegnung meint den anderen noch nicht in seiner Andersartigkeit.

Das Spiegelbild von uns selbst wird verinnerlicht und dort weiter aufgebaut. Es wird verschönert, um in den Augen derer, die wir für uns gewinnen wollen, noch liebenswerter zu erscheinen. Verschönert wird nach den Kriterien der Zustimmung oder der Bestätigung, die wir bei anderen vermuten. So baut sich jeder ein Ich-Ideal, ein idealisiertes Ich auf, betrachtet sich wie in einem Spiegel, in dem er sich von anderen und von sich selbst bestätigt fühlt.

Dieser Spiegel wirkt zunächst auf der Ebene der primären Emotionen, auf Dauer baut er aber ein Lebensideal auf, eine Vorstellung vom idealen Ich, mit dem jeder sich bewundern möchte. Jedes Ideal steht in irgendeiner Verbindung mit dem inneren Spiegel, auch das „Ideal" des Ordenslebens. Es ist wichtig, um diesen subtilen Zusammenhang zu wissen, damit wir in der Begleitung nicht Gefahr laufen, eine Berufung auf diesen selbstgefälligen Spiegel zu reduzieren. Auch unser Gottes-„bild" kann vom inneren Spiegel betroffen sein, insoweit wir unser idealisiertes Ich an die Stelle

Gottes projizieren. Wir tauschen dann Gott aus gegen unseren eigenen zu höchster Vollkommenheit stilisierten Spiegel. Eine wichtige Aufgabe in der geistlichen Begleitung besteht ja gerade darin, von solchen falschen Göttern zu befreien.

Der innere Spiegel entfernt uns wie der innere Richter von unserer tieferen Wirklichkeit, von unseren wahren Wünschen ebenso wie vom Wirken des Geistes in uns. Beide lenken unsere Aufmerksamkeit auf ein Trugbild. Beim Richter ist es das Trugbild einer absoluten Autorität, die uns unterdrückt; beim Spiegel ist es das trügerische Bild eines wundervollen Ideals, das uns blind macht für unseren wahren Zustand. In beiden Fällen dient die Täuschung dazu, Verletzungen zu vermeiden, die das Unbewusste für zu schmerzlich hält, als das man sie zulassen könnte.

Die Funktion des Spiegels besteht also im Verbergen der Schwächen, die uns unerträglich scheinen. Man kann vielleicht sogar sagen, dass jedes Ideal, ob weltlich, humanistisch oder religiös, leicht zweckentfremdet und umgemünzt werden kann, um zu trösten und die Schwächen zu kompensieren. Ein Ideal kann nun mal die fatale Wirkung haben, die Illusion zu nähren, dass man werden könnte, was man nicht ist, und somit abzulenken von dem, was man tatsächlich ist. In allem, was man tut, ist man versucht, sich an dem Bild zu messen, das der Spiegel wiedergibt. Dieser Seitenblick auf den Spiegel, mit dem sich jemand unentwegt mit dem Ideal vergleicht, ist typisch für eine narzistische Haltung. Bei aller positiven Wirkung, die ein Ideal haben kann, besteht seine Gefahr darin, dass es den Menschen von seinen tiefsten Wünschen abtrennt, die es aber auf Dauer nicht dulden, dem narzistischen Spiegel geopfert zu werden.

Wie der innere Richter, so ist im Begleitgespräch auch der innere Spiegel im Begleiter aktiv. Seine Gefahr ist besonders dann gegeben, wenn beide Gesprächspartner derselben geistlichen Ausrichtung angehören und deren Identität nicht in Zweifel ziehen.

In der Praxis ist es auch hier oft schwierig, mit dem inneren Spiegel des Begleiteten angemessen umzugehen. Bei den ersten Kontakten hat der Begleitete den Wunsch, seinen inneren Spiegel zu zeigen, um vom Begleiter Zustimmung dafür zu erhalten, natürlich ohne es ausdrücklich zu sagen und oft ohne es zu merken. Schon beim ersten Gespräch lassen sich die Umrisse des Idealbildes in seinem Spiegel erkennen. Der Begleitete lässt durchblicken, was er daran als positiv betrachtet, aber auch was er als negativ einstuft. Wenn der Begleiter darauf eingeht, verhilft er seinem Gesprächspartner bestenfalls zu einer Verfeinerung seines Ideals, ohne die tiefe Ebene der Wünsche zu berühren, diese einzig wichtige und für das Gespräch förderliche Ebene.

Der innere Weg zum wahren Ich wird nur frei, wenn der innere Spiegel zerbricht. Ein guter Begleiter wird also versuchen, den Spiegel weder aufrechtzuerhalten noch zu fördern, sondern geduldig auf den Augenblick zu warten, in dem der Spiegel zu

Bruch geht. Manch einer wird versucht sein, den Spiegel selbst zu zerbrechen. Ein Wort oder eine Geste könnten den Prozess beschleunigen. Meist aber hat eine solche Intervention ebenso nachteilige Folgen wie ein zur Unzeit gesprochenes Wort beim inneren Richter. Es kann schon mal sein, dass die Situation reif geworden ist und beide Gesprächspartner einer solchen Konfrontation gewachsen sind, auch bereit, die Konsequenzen zu tragen. Normalerweise ist das Leben stark genug, das Zerbrechen des Spiegels und seiner Täuschungen zu verkraften. Aber meist braucht es dafür einen Kairos. Denn das Zerbrechen des Spiegels geht mit einer (tiefen) Erschütterung einher. Dabei braucht der Betroffene einerseits Zeit für die Trauerarbeit mit seinem ersten Spiegel, andererseits muss er neu lernen, wie sein tiefstes Wesen aussieht.

Die Berufung des Paulus, seine tiefe spirituelle und physische Erschütterung, der Verlust seiner unbewussten psychischen Stützpunkte, seine drei Jahre währende Trauerarbeit, die Erfahrung schwindelerregender Schwachheit, die gefährlichen Reaktionen der Umwelt auf seine Veränderung – all das muss dem Begleiter eine Warnung sein, wie sich das Zerspringen des Spiegels auswirken kann.

Für einen Menschen, der sich jahrelang angestrengt hat, sein Leben nach dem auszurichten, was ihm der Spiegel zeigte, ist das ein bis in die Tiefen seines Wesens erschütternder Umsturz, der nicht ohne Angst vor sich geht. Alles wird plötzlich unkenntlich, alle Sicherheiten geben nach. Ein so Betroffener hat das Gefühl, aus den Angeln gehoben zu sein und nichts zu haben, woran er sich festhalten kann.

Eine solche Erschütterung ist nicht ungefährlich. Sie kann die Strukturen einer Persönlichkeit radikal treffen und sie bis an die Grenzen ihres psychischen Gleichgewichts treiben. Aber das Zerspringen des Spiegels nimmt nicht immer einen so dramatischen Verlauf.

Ist der Spiegel erst einmal zu Bruch gegangen, wird der Weg frei zum Kern seines Wesens und seiner wahren Würde. Diese zeigt sich nie im Spiegel, sondern findet sich nur in der Tiefe des Herzens, dort wo Gott darauf wartet, den Menschen in der Krise aufzufangen.

Die Erschütterung, die mit dem Zerspringen des Spiegels einhergeht, ist oft die Voraussetzung für eine echte personale Gottesbeziehung.

In der Erfahrung grenzenloser Barmherzigkeit kann der Begleitete sich mit den Scherben seines Spiegels und den Trümmern seines Vollkommenheitsideals versöhnen. Der Begleiter hat in diesem Kontext eine ganz wichtige Funktion. Manchmal genügt auch hier ein Wort aus der Tiefe, das von der Gegenwart des Herrn zeugt.

Wenn der unheilvolle Einfluss des inneren Richters und des inneren Spiegels ausgeschaltet ist, wird der Weg frei für die wahre Umkehr, dann ist die Unterscheidung möglich zwischen echter Reue und falschen Schuldgefühlen oder falschen Idealen, die im geistlichen Leben oft ihr Unwesen treiben. Die Psychologie kann uns helfen, Ursprung und Sinn der Umkehr von gewissen elementaren psychischen Gegebenheiten und Reaktionen abzugrenzen, die Gewissensbisse und Selbstvorwürfe auslösen und nicht Frucht des Hl. Geistes sind.

Die folgenden Fragen sind als Anregungen für den Begleiter gedacht, seine eigene Praxis zu reflektieren.

Anregungen zur Wahrnehmung des „inneren Richters"

⇨ Geh Deinen Erfahrungen in der Begleitung nach und versuche, Dir die "Dinge" zu vergegenwärtigen, die Du ganz selbstverständlich für richtig oder falsch, gut oder schlecht hältst, wo Du genau weißt, was zu tun oder zu lassen ist.

⇨ Frage Dich nach dem Vollkommenheitsmodell (oder -ideal), das in Deiner Kindheit in Deiner Umwelt vorherrschend war, und versuche, es zu formulieren. Kannst Du einen Zusammenhang zwischen Deinen selbstverständlichen Normen und dem Vollkommenheitsmodell aus dem Umfeld Deiner Kindheit entdecken?

⇨ Erinnere Dich an Formulierungen, die Du in der Begleitung gebrauchst, Formulierungen, die nicht neutral sind, die Wertungen, Urteile beinhalten. Das können manchmal stereotype Formulierungen sein. Notiere sie, wenn Du welche findest.

⇨ Kannst Du Dich an Situationen erinnern, wo Du den "inneren Richter" des Begleiteten ablösen wolltest? Was wolltest Du damit verhindern?

⇨ Kannst Du Dich an Situationen erinnern, wo der Begleitete sich vor Dir geschämt oder schuldig gefühlt und alles versucht hat, Dein Wohlwollen wiederzugewinnen? – oder wo der andere sich Deinem Einfluss innerlich entzogen hat?

⇨ Welche Rolle spielt in Deiner Begleitung das allmähliche Sich-bewusstwerden der eigenen Wünsche und Sehnsüchte des Begleiteten?

Anregungen zur Wahrnehmung des „inneren Spiegels"

⇨ Was für eine Vorstellung hast Du von Deiner Rolle als geistlicher Begleiter? Was für ein Modell oder Ideal, wie Du geistliche Begleitung wahrnehmen möchtest oder solltest, schwebt Dir vor? Versuche, es zu formulieren.

⇨ Hat dieses Modell oder Ideal etwas mit dem Verlangen zu tun, Dich von anderen und von Dir selbst bestätigt zu fühlen, m.a.W.: Hilft es Dir, Dein Lebensideal auf zubauen, mit dem Du Dich bewundern möchtest?

⇨ Hast Du (vielleicht hin und wieder) den Eindruck, dass dieses Ideal Dich blind macht für den wahren Zustand des Begleiteten und ihn von seiner tiefen Wirklichkeit, von seinen wahren Wünschen und ebenso vom Wirken des Geistes entfernt?

⇨ Hast Du in der Begleitung schon mal entdecken können, dass der Weg zum Kern der Person und seiner wahren Würde sich nicht im Ideal findet, sondern in der Tiefe des Herzens, wo Gott darauf wartet, dem Menschen mit seiner „ganzen Wahrheit" zu begegnen und ihn aufzufangen?

⇨ Wie bist Du damit umgegangen, wenn Du spürst, dass der Begleitete Abschied nehmen muss von seinem Ich-Ideal, um die Voraussetzung für eine echte Gottesbeziehung zu ermöglichen?

⇨ Wann ist nach Deiner Erfahrung in der Begleitung der Weg frei für eine echte Umkehr?

11. Kapitel

Geistliche Begleitung im Umgang mit Kernverletzungen

Im Prozess der geistlichen Begleitung muss man damit rechnen, dass der Begleitete mit seiner Kernverletzung in Berührung kommt und er Verhaltensweisen bei sich entdeckt, die sich wiederholen und seine Beziehungen zu anderen ihm wichtigen Personen immer wieder stark beeinträchtigen, machmal sogar blockieren. Unterschwellig kann dabei auch ein tiefer, nicht eingestandener Groll gegenüber Gott mitschwingen. Der Begleiter muss auf starke Gegenübertragungen gefasst sein. Ich folge hier im Wesentlichen einem Manuskript von Pia Gyger mit dem Titel: „Kernverletzung – Kernschatten – Charisma".

Unsere Ursprungsfamilie bzw. unser Ursprungsmilieu nehmen wir mit in neue Lebensmilieus. Damit aktivieren wir unsere alten Bedürfnisse und Verletzungen aus der Ursprungsfamilie.

Unter *Kernverletzung* verstehen wir die größte Verletzung bzw. Mangelerfahrung aus unserer Kindheit. Sie kann sogar bis in vorgeburtliche Zeit zurückreichen. Wir können diese Verwundung auch als „Sprung in unserer (Schall-) Platte" bezeichnen, der sich immer wieder störend bemerkbar macht.

Extreme Formen von Kernverletzung sind traumatische Erfahrungen. Sie bedürfen einer speziellen Begleitung und würden den Rahmen dieser Einführung überfordern.

Der *Kernschatten* ist die Schutzmauer, die wir um unsere tiefste Verletzung aufgebaut haben. In ihm sind explizite und implizite Forderungen an unsere Umwelt versteckt. In unserem Kernschatten, der Schutzmauer um unsere größte Verletzung, ist sehr viel schöpferische Energie gebunden. Diese schöpferische Energie liegt nicht nur brach, sondern manifestiert sich, wenn sie nicht bewusst und transformiert wird, in ständigen Wiederholungen dessen, woran wir gelitten haben, d.h. einmal, dass wir Konstellationen schaffen, in denen wir (zwangsläufig) wieder zum Opfer werden, dann aber auch, dass wir anderen antun, was uns angetan wurde.

Um den Kernschatten zu heilen und die darin festgehaltene, schöpferische Energie freizusetzen, müssen wir unsere Kernverletzung kennenlernen. Es ist wichtig, dass wir möglichst genau um den „Sprung in unserer (Schall-) Platte" wissen. Das ist nicht so einfach, weil die Kernverletzung durch Abspaltung oft nicht erreichbar ist und oft nur wahrnehmbar über Leib- und Atemarbeit, Träume, und vor allem durch heftige explosive Reaktionen, totale Verweigerung oder Blockierung. Wenn ich also unverhältnismäßig stark auf jemanden reagiere, habe ich möglicherweise eine Spur für das Erkennen meiner Kernverletzung. Ich kann mich fragen: Was ist bei mir getroffen?

Zum Kennenlernen der Kernverletzung gehört immer das nochmalige Zulassen der Schmerzen und Aggressionen, die unsere Kernverletzung ausmachen.

Die Heilung und Transformation geschieht aber nur, wenn wir nicht beim Kennenlernen der Kernverletzung, d.h. in der *Opfer*haltung stehen bleiben. Es geht also darum, uns bewusst zu werden, wo wir unbewusst unsere Umgebung für die Verletzungen unserer Kindheit verantwortlich machen und sie daher nicht nur in unzumutbarer Weise überfordern und belasten, sondern wo wir nicht selten unsere Umgebung mit genau den gleichen Reaktionen bestrafen, an denen wir selbst gelitten haben. Die wirkliche Heilung und Transformation des Kernschattens ist nur möglich, wenn wir annehmen, dass wir im unbewussten Ausleben unserer Kernverletzung selber zum *Täter* oder zur *Täterin*, d.h. selber schuldig werden, – wenn auch nicht in einem moralischen Sinn.

Das Annehmen unseres Täterseins, die Bereitschaft, unsere Mitmenschen und Gott für unsere Verweigerungen um Verzeihung zu bitten, ist ein erster Weg zur eigentlichen Transformation. Die Heilung beginnt schon beim Erspüren der Kernverletzung! Die Transformation in etwas Neues beginnt erst mit der bewussten Bejahung, dass wir nicht nur Opfer, sondern auch Täter sind, und dass es zum Erwachsenwerden gehört, auch für unbewusst gelebte, destruktive Akte die Verantwortung zu übernehmen.

Der transformierte Kernschatten ist der Ort, wo unser *Charisma* geboren werden will. Unsere größte Schwäche ist das größte Einfallstor Gottes. Wo immer ein Mensch seine Kernverletzung kennengelernt hat, und es nicht mehr nötig hat, über seine unbewusst aufgebauten Schutzmauern nun andere ebenfalls zu verletzen, kann in ihm eine Liebe zum verletzten Kind in jedem Menschen wachsen. Wo immer jemand bewusst darauf verzichtet, seine Umgebung für seine unbefriedigten Bedürfnisse verantwortlich zu machen und zu bestrafen, wenn diese Bedürfnisse nicht erfüllt werden, wird er kreativ im Suchen und Entdecken von neuen, konstruktiven Wegen der Bedürfnisbefriedigung und des Miteinanders! Er selbst wird für das Fehlende einstehen und kann dann diese konstruktive Weise des Suchens und Findens auch andere Menschen lehren.

Damit wird die Kernverletzung zum Segen und der geheilte Kernschatten zum Charisma. Die Heilung und Verwandlung der Kernverletzung ist jedoch nicht „machbar", sie ist primär ein Werk der Gnade, aber wir können einiges dafür tun.

Für den Begleiteten kann es eine Orientierung sein, sich mit Hilfe der neun Fragen seiner Kernverletzung zu nähern, sein Charisma zu entdecken und sein Gottes„bild" zu weiten.

Kernverletzung und Kernschatten

1. Kenne ich Situationen, in denen ich unverhältnismäßig stark reagiere (z. B. heftige Explosionen, totale Verweigerung, Blockierung), Verhaltensweisen von mir, die sich immer wiederholen und meine Beziehungen zu anderen stark beeinträchtigen?

   Versuche, solche Situationen (wann? wo? mit wem?) zu beschreiben, ebenso Deine Reaktionen.

2. Erinnere ich mich an die „Botschaft" (verbal oder non-verbal) meiner Eltern oder bestimmender Personen aus meiner Kindheit, die mich in meinem Kern verletzte?

   Versuche, diese „Botschaft" zu formulieren. Das können z. B. Abwertungen oder unerfüllte Grundbedürfnisse, Missachtung oder Misshandlungen sein.

3. Wie bin ich damals mit dieser Kernverletzung „fertig" geworden? Welche Überlebensstrategien habe ich entwickelt?

4. Sehe ich einen Zusammenhang zwischen meinen heftigen emotionalen Reaktionen in bestimmten Situationen heute und den Erinnerungen aus meiner Kindheit, wo ich ganz tief verletzt wurde? Könnte es sein, dass heute meine alten Verletzungen aus meiner Ursprungsfamilie bzw. aus meinem Ursprungsmilieu wieder aufleben, wenn ich tief getroffen bin?

5. Aus meiner Kernverletzung und meinen Überlebensstrategien habe ich (unbewusst) meine „Opferrolle" entwickelt. Sie kann mir bewusst werden, wenn ich auf die Gefühle und Verhaltensweisen achte, die durch tiefe Verletzungen bei mir ausgelöst werden, z. B. Selbstbedauern, Selbstmitleid, Selbstblockade.

   Versuche, Deine „Opferrolle" zu beschreiben.

6. Könnte es sein, dass ich unbewusst meine Umgebung für die Verletzungen meiner Kindheit verantwortlich mache und sie damit in unzumutbarer Weise überfordere und belaste, oft sogar mit den gleichen Reaktionen bestrafe, an denen ich selbst gelitten habe?

7. Inwieweit ist es mir einsichtig, dass ich im unbewussten Ausagieren meiner Kernverletzung selbst zum Täter oder zur Täterin werde und Verantwortung auch für unbewusst gelebte, destruktive Akte übernehmen muss?

8. Welche Möglichkeiten sehe ich, den Kernschatten, den ich als Schutzmauer um meine tiefste Verletzung aufgebaut habe, abzubauen und die damit gebundene schöpferische Energie freizusetzen? Inwieweit bin ich bereit, meine „Opferrolle" abzulegen und Verantwortung für unbewusst gelebte, destruktive Handlungen zu übernehmen?

9. Inwieweit gehört es zu meinem Gottes-„bild", dass meine tiefste Verletzung, meine größte Schwachstelle **die** Chance für Sein Wirken ist, so dass meine Kernverletzung zum Segen und der geheilte Kernschatten zum Charisma werden kann?

12. Kapitel

Zum Gebrauch biblischer Texte in der geistlichen Begleitung

Bei den biblischen Texten haben wir es in der Hauptsache mit dem Niederschlag von Erfahrungen zu tun, die andere Menschen zu anderer Zeit mit jener Wirklichkeit gemacht haben, die sie kaum mit Namen zu nennen wagten, – jener Wirklichkeit, die sie in ihrem Leben entdeckt und bekannt haben, und zu der sie doch immer unterwegs blieben, – jener Wirklichkeit, die sie ganz herausforderte, die unbegreiflich ihnen doch näher war als sie sich selbst: – **GOTT.**

Diese Erfahrungen gilt es, für den Begleiteten so zu erschließen, dass sie ihm Lebensorientierung sein können. Martin Buber hat das (für seine Arbeit) einmal so formuliert: „Ich zeuge für Erfahrung und appelliere an Erfahrung. Ich sage zu dem, der mich hört: ‚Es ist deine Erfahrung. Besinne dich auf sie, und worauf du dich nicht besinnen kannst, wage, es als Erfahrung zu erlangen' ... Ich habe keine Lehre. Ich zeige nur etwas. Ich zeige Wirklichkeit, ich zeige etwas an der Wirklichkeit, was nicht oder zu wenig gesehen worden ist. Ich nehme ihn, der mir zuhört, an der Hand und führe ihn zum Fenster. Ich stoße das Fenster auf und zeige hinaus. Ich habe keine Lehre, aber ich führe ein Gespräch" (Werke I, München 1962, 1114).

Bei der Meditation eines biblischen Textes kommt es also vor allem darauf an, dass der Begleitete etwas für sich, für sein Leben Bedeutsames entdeckt, dass er spürt: hier bin ich gemeint; hier bin ich persönlich angesprochen. Von dieser **Neuentdeckung** bekommt der Schrifttext Farbe und Geschmack. Deshalb hängt das „Gelingen" der biblischen Meditation wesentlich davon ab. Ignatius sagt in seinem Exerzitienbuch (EB): Wenn der Übende „die wahre Grundlage der Geschichte dadurch erfasst, dass er sie selbständig überdenkt und auf ihren Grund dringt, und wenn er dabei irgend etwas neu entdeckt, das die Geschichte ein wenig mehr aufhellt oder verkosten lässt ..., so gibt das mehr Geschmack und geistliche Frucht ...." Was der Seele wohltut, ist „das Spüren und Verkosten der Dinge von innen her" (vgl. EB 2).

Darum darf der biblische Text sowohl in der **Auswahl** wie in der **Darbietung** den Begleiteten nur **disponieren** helfen, damit dieser „auf den Geschmack kommt". Die Vermittlung des Textes soll also so angelegt sein, dass sie inneres Angesprochen- und Bewegtwerden, besonders Trost-Erfahrung ermöglicht. Das Heile in der Tiefe des Menschen soll angesprochen werden und zur Entfaltung kommen. Damit das „gelingen" kann, soll man:

1. den **Meditationsstoff „wahrheitsgetreu" auslegen,** d.h. man soll die Glaubenserfahrung bzw. die Botschaft(en) des Schrifttextes unverfälscht wiederzugeben versuchen – ohne **private** Ausmalungen, damit der Schrifttext seine „normative Kraft" als Gegenüber entfalten kann.

2. den **Meditationsstoff kurz und zusammenfassend auslegen**, also keine langen und erschöpfenden Erklärungen geben. Man soll gleichsam auf den Schatz im Acker zeigen, den der Begleitete selbst ausgraben mag.
3. den **Meditationsstoff** der Situation des Begleiteten entsprechend **aktualisieren** helfen. Das gilt besonders, wenn der Begleitete erst damit beginnt, biblische Texte zu meditieren. Die Anstöße zur Aktualisierung sollen ihm helfen, sich immer wieder in den Bann des biblischen Textes ziehen und sich durch ihn ansprechen zu lassen. Die Aktualisierungshilfen sind als **Angebot**, nicht als Festlegung oder Einengung zu verstehen. Sie dürfen also weder den Schrifttext noch den Begleiteten vereinnahmen wollen.
4. den **Meditationsstoff geistlich auslegen.**

   Wer biblische Texte anderen für die Meditation erschließt, muss sich ebenso wie sie bemühen um eine Haltung der Ehrfurcht gegenüber dem eigentlich Handelnden: GOTT. Das persönliche Neuentdecken sowie das „Verspüren und das Verkosten" des Meditationsstoffes von innen her sind ein zutiefst gnadenhaftes Geschenk. In Lk 24 wird daran erinnert, dass erst die von Jesus und seinem Geist geschenkte Auslegung den vollen Sinn der biblischen Schriften erschließt. Es gibt ein Verständnis der Schrift, das aus verborgenem Unglauben resultiert: „O ihr Unverständigen, wie schwer wird es euren Herzen, an alles zu glauben, was die Propheten gesagt haben? Musste nicht der Messias leiden und (so) in seine Herrlichkeit eingehen?" (Lk 24,25 f.) So muss Jesus selbst uns Herz und Verstand öffnen, damit wir von seinem Wort so betroffen werden, dass wir wie die Emmausjünger sagen können: „Brannte nicht unser Herz in uns, als er auf dem Weg zu uns sprach und uns die Schrift erschloss?" (V. 32).

Neben dem Bemühen um das rechte Verständnis der Schrift braucht es also **eine spirituelle Begegnung mit dem biblischen Text.** Erst wenn wir uns vom Wort und Geheimnis Gottes berühren lassen, können wir zu einer geistlichen Auslegung finden. Madeleine Delbrel sagt einmal: „Das Evangelium ist das Buch des Lebens unseres Herrn, und es ist da, das Buch unseres Lebens zu werden. Es ist nicht da, um verstanden, sondern um wie eine Schwelle zum Geheimnis angenähert zu werden. Es ist nicht da, um gelesen, sondern um in uns aufgenommen zu werden ... Die Worte des Evangeliums werden erlitten und ausgehalten ... Die Worte des Evangeliums durchwalken uns, verändern uns, bis sie uns gleichsam in sich einverleiben. Die Worte des Evangeliums sind wundertätig. Sie verwandeln uns nur deshalb nicht, weil wir die Wandlung nicht von ihnen begehren. Aber in jedem Ausdruck Jesu, in jedem seiner Beispiele wohnt eine überwältigende Kraft, die damals heilte, reinigte, auferweckte, falls einer ihm gegenüberstand wie der Gelähmte oder der Hauptmann, bereit, unverzüglich im vollen Gehorsam zu handeln ...

Wenn wir unser Evangelium (hören und) in Händen halten, sollten wir bedenken, dass das Wort darin wohnt, das in uns Fleisch werden will, das uns ergreifen möchte, damit wir ... an einem neuen Ort, zu einer neuen Zeit, in einer neuen menschlichen Umgebung sein Leben auf's Neue beginnen" (Gebet in einem weltlichen Leben, Einsiedeln 1974, 17)

Der folgende Text kann für den Begleiteten eine gute Orientierung sein, einen biblischen Text zu meditieren.

Wie meditiere ich einen biblischen Text?

1. **Sich vorbereiten:** Der Kirchenvater Ephraem der Syrer vergleicht die Vorübungen zum Gebet mit den Vorbereitungen der Perlenfischer. Sie verlassen ihre Hütten und gehen an den Strand. Dort legen sie alles ab, was sie am Tauchen hindert. Dann fetten sie sich ein und suchen sich einen geeigneten, handlichen Stein, mit dem sie abtauchen können, um zu den Perlen zu gelangen ...

   So muss ich auch, wenn ich einen biblischen Text meditiere, alles hinter mir lassen und alles ablegen, was mich daran hindert, mit Leib und Geist ganz „da" zu sein. Dann suche ich mir einen geeigneten Stein", einen bestimmten, mir entsprechenden Übungsweg, der mich in die richtige Tiefe führen kann:

   Neben den Vorübungen zur Sammlung und des Zur-Ruhe-Kommens gehört zunächst die ausdückliche Absicht, sich vom Wort der Schrift ansprechen und verwandeln zu lassen, in das Bemühen jeder Meditation hinein. Das Ziel aller biblischen Meditation ist: hineinzuwachsen in die Gesinnung, die dem Leben in Christus Jesus entspricht (Phil 2,5). Diese Intention formuliere ich in einem **Vorbereitungsgebet.** Dazu mag das folgende Gebet eine Hilfe sein:

   Herr, Du allein weißt,
   wie mein Leben gelingen kann.

   Lehre mich,
   in der Stille Deiner Gegenwart
   das Geheimnis zu verstehen,
   wie in der Begegnung mit Dir,
   wie in Deinem Anblick
   und in Deinem Wort
   Menschen sich erkannt haben
   als Dein Bild und Gleichnis.

   Hilf mir loszulassen,
   was mich daran hindert,
   Dir zu begegnen

und mich von Deinem Wort
ergreifen zu lassen.

Hilf mir zuzulassen,
was in mir Mensch werden will
nach dem Bild und Gleichnis,
das Du Dir von mir gemacht hast.

Nach dem Exerzitienbuch des hl. Ignatius von Loyola ist das Vorbereitungsgebet:

> *„von Gott unserm Herrn die Gnade erbitten dazu hin, dass alle meine Absichten, Handlungen und Beschäftigungen rein im Dienst und in der Verherrlichung Seiner göttlichen Majestät geordnet seien"* (EB 46).

2. **Lesen, bitten.** Dann lese ich den ganzen Schrifttext langsam und wiederholt durch und bitte den Herrn, dass Er mir die biblische Szene erschließt, damit ich entdecke, was Er mir zeigen will.

3. **Suchen, entdecken.** Bei der Meditation eines biblischen Textes kommt es vor allem darauf an, dass ich etwas entdecke, was mich ganzheitlich anspricht und in „Bewegung" bringt. Darum muss ich selbst das Gelesene Wort für Wort und Satz für Satz und/oder Szene für Szene, Person für Person absuchen, so lange, bis ich auf etwas stoße, das mich selber angeht: z.B. ein Wort, das mich stärkt und befreit oder eine plötzliche Einsicht, die mich heilsam schmerzt oder beunruhigt. Jede kleine „Bewegung" in Richtung auf den verborgenen Schatz im Acker des Textes muss zunächst einmal wahrgenommen werden. Sie führt zum Aufhellen und „Verkosten" des Meditationstextes von innen her.

4. **Verweilen.** Ich verweile jeweils bei dem, was mich persönlich anspricht und „bewegt", und zwar so lange, bis es sich „erschöpft" hat. Sonst verliert sich das eben Entdeckte im Gedränge ruheloser Gedanken und flüchtiger Eindrücke. Es kommt nicht zu einem „Spüren und Verkosten von innen her". Erst dann mag ich weiter im Acker des Schrifttextes graben.

5. **Beenden.** Es ist wichtig, dass die Meditation einen ausdrücklichen Abschluss findet. Das kann geschehen

   - mit einem persönlich formulierten Gebet, in dem meine Antwort widerklingt auf das, was mich im Verlauf der Meditation „bewegt" hat (loben, danken, bitten...).
   - mit einer kurzen Gebetsformel, z. B. „Ehre sei dem Vater ..."
   - mit einer (tiefen) Verneigung.

6. **Reflektieren, notieren.** Der vorgelegte biblische Text steckt den Rahmen ab, innerhalb dessen ich auf die Suche gehe. Das ist eine Beschränkung im **Rahmen,** nicht in der **Tiefe.** Einer weitergehenden Vertiefung dient dann die **Reflexion**

unmittelbar nach der Gebetszeit und die **Wiederholungsmeditation(en)** zu einer späteren Zeit:

Nach jeder Meditation empfiehlt es sich, eine Weile (etwa eine Viertelstunde) darüber nachzusinnen, was sich im Verlauf der Meditation so getan oder nicht getan hat. Welches Gefühl, welches Verlangen, welche Einsicht, welcher Gedanke, welches Wort, welche Frage, kurz: welcher Impuls hat mich angesprochen, „bewegt"? Welche Entdeckung habe ich gemacht? Es empfiehlt sich, meine Entdeckung(en) bzw. das, was mich „bewegt" hat, schriftlich festzuhalten. Diese Notizen sollten kurz und, wenn möglich, prägnant sein. Diese Rückschau bereitet die nächste Meditation vor, in der ich auf die Anregungen aus der vorangegangenen Meditation zurückkomme.

7. **Vertiefen.** Im Exerzitienbuch des hl. Ignatius findet sich des öfteren die Anweisung, zu einer **vertiefenden Wiederholung**, „wobei jene Punkte festzuhalten sind und bei ihnen eine Pause zu machen ist, bei denen ich je größeren Trost oder Trostlosigkeit oder je tieferes Verspüren des Geistes empfunden habe", oder an anderer Stelle: „wobei immer einige jener bedeutsameren Teile beachtet werden, bei denen ich eine bestimmte Erkenntnis, Tröstung oder Trostlosigkeit verspürt habe".

   In diesem wiederholenden Übungsgeschehen kann sich ein anfänglicher Impuls, eine erste Entdeckung vertiefen. Wenn ich so am selben Text bleibe, kann er mir „neue Funde" ermöglichen. Diese werden ebenfalls schriftlich festgehalten. Der Vorgang wird solange wiederholt, bis der Schrifttext nichts Neues mehr für mich hergibt.

   Alle Wiederholungsmeditationen beginnen mit der gleichen Vorbereitung und Einstellung wie die vorausgegangene Textmeditation und werden auch in gleicher Weise abgeschlossen. So kann ich mich dafür disponieren, allmählich in die Dynamik des Schrifttextes, in die Tiefe des meditierten Glaubensgeheimnisses hineinverwandeln zu lassen.

- **Begegnen.** Durch diesen **Übungsweg** bereite ich mich für die Begegnung mit DEM, DER sich im Wort der Schrift zu erkennen gibt. Ich spüre, wo ich mit Seinem Weg übereinstimme und wo ich mich IHM verweigere.

- **Mit Ehrfurcht.** Wer einen biblischen Text meditiert, muss sich um eine Haltung der Ehrfurcht bemühen gegenüber dem eigentlich Handelnden: GOTT.

  Das persönliche Neuentdecken sowie das „Verspüren und Verkosten" des Meditationsstoffes von innen her sind ein zutiefst **gnadenhaftes Geschenk.** Erst die von Jesus und seinem Geist geschenkte Auslegung kann den vollen Sinn des biblischen Textes erschließen.

- **Mit Entschiedenheit.** Wer sich um den Acker eines Schrifttextes müht, kann nur „Erfolg" haben, wenn er von vornherein entschlossen ist, auch zu tun, was er erkennen wird. Wer erst im Nachhinein entscheiden möchte, ob er das für sich als „stimmig" Erkannte auch verwirklichen will, verbaut sich von vornherein den Weg für ein tieferes Erfassen und Ergriffenwerden vom Wort Gottes. „Selig, die das Wort Gottes hören, um es zu befolgen" (Lk 11,28; vgl 8,21).

Orientierungen für die Umsetzung biblischer Texte in schriftliche Meditationsimpulse

Wenn ein Begleiteter noch wenig Erfahrung im meditativen Umgang mit biblischen Texten hat, kann es für ihn eine Hilfe sein, wenn der Begleiter ihm zunächst schriftliche Auslegungen an die Hand gibt. Bei der Erstellung solcher Texte sollte der Begleiter nach Möglichkeit folgende Hinweise berücksichtigen:

- Sich bewusst werden, was der biblische Text ihm selbst bedeutet.
- Sich klar werden, wofür möchte er den Begleiteten mit dem biblischen Text und seiner Auslegung helfen. Der Text sollte der Suchbewegung des anderen entsprechen.
- Den Text als Wort *Gottes* verstehbar machen, damit im „Gegenüber" Gottes die Wahrheit des Textes sich von innen erschließt, also keine Nacherzählung und keine Paraphrase.
- Nach Möglichkeit verbale, narrative, anschauliche Sprache gebrauchen mit einfachen Sätzen im Präsens.

  Es ist darauf zu achten, welche „Ebene" beim Begleiteten mit der Auslegung angesprochen wird:

  ⇨ mehr die gedankliche

  ⇨ mehr die oberflächlich-emotionale ("Stimmung machen")

  ⇨ mehr die existenziell-gemüthafte ("Herz")

  Es empfiehlt sich, vor allem die Tiefenschichten gläubiger Existenz anzusprechen. Die wirklich geistliche Rede spricht zum Herzen. Sie weckt Bilder, die trösten und inspirieren, die ordnen und stärken.
- Ganzheitlich, d.h. den ganzen Text, auch in seinem Kontext, im Blick behalten und die Bewegung(en) im Text beachten.
- **Nicht** am Schrifttext vorbei aktualisieren.
- **Nicht** fremd emotionalisieren, d.h. den anderen nicht mit eigenen Emotionen beeinflussen wollen

- **Nicht werten,** nicht moralisieren.
- Die Umsetzung **nicht „abrunden"**, d.h., nicht alle Fragen und Spannungen im Text für den Begleiteten beantworten. Er soll angeregt werden, existenzielle Fragen zuzulassen und selbst nach einer Antwort für sich zu suchen.

Wer also einen biblischen Text „auslegt, darf nicht die ausgeglühten Kohlenreste untersuchen, er muss das Kunststück fertigbringen, unter dem rußigen Staub die Funken zu sammeln, um das gleiche Feuer zu entfachen, aus dem die ‚Asche' stammt; und als Brennstoff dieses neuen Feuers besitzt er nur die eigene Existenz" (Eugen Drewermann).

Abschließend seien zwei schriftliche Auslegungen biblischer Texte für die Meditation als Beispiele aufgeführt. Sie sind unterschiedlich im Stil und kreisen um das Thema Berufung.

Gottesbegegnung am Horeb: Ex 3,1–4,17

1. Mose weidet die Schafe und Ziegen seines Schwiegervaters im Lande Midian. Er ist zum Fremdling geworden – noch immer auf der Flucht vor dem „Ort" seiner Bestimmung.

   Allein in wegloser Wüste, sich selbst ein Fremder, schaut er auf einmal einen Dornbusch, aus dem Flammen hervorschlagen, doch ohne den Busch zu verbrennen.

   Auf symbolischer Ebene spricht einiges dafür, im Dornbusch – wie in der Fabel vom König der Bäume aus dem Buch der Richter (9,8 15) – ein Symbol der Minderwertigkeit zu sehen, vielleicht auch des gefährlichen Machtanspruchs. Aus einem Gefühl von Minderwertigkeit kann sich ein gefährlicher Machtanspruch über andere entwickeln.

   Im Bild des brennenden Dornbuschs begegnet Mose dem Gott seiner Väter und Mütter und zugleich sich selbst. Er schaut seine eigene Unzulänglichkeit und erfährt zugleich, dass dieser Gott ihn in Anspruch nehmen will. Die Geschichte des Weges mit Gott, die mit Abraham und Sara begann, geht weiter: Gott gibt seine Vision vom Menschen nicht auf, ihn in „ein schönes, weites Land" zu führen. Er will, dass diese Vision sich tief im Menschen, in Mose verwurzelt.

2. Wo immer ein Mensch sich von Gott bei seinem Namen rufen lässt und sich auf den Weg macht, andere in die Freiheit mit Gott zu führen, geschieht Menschwerdung.

   Doch es gibt Situationen im Leben eines Menschen, wo er oder sie die ganze Wahrheit seines oder ihres Lebensauftrags vor sich sieht, aber von sich aus daran zweifelt, jemals dafür geeignet zu sein. Mose sehnt die Freiheit Israels herbei, aber seine Selbstzweifel sind so groß, dass er sich weigert, die dafür notwendigen Schritte zu unternehmen.

Und jetzt beginnt der langwierige Prozess, die Vision Gottes vom Menschen durch alle Formen von Verweigerung hindurch in Mose zu verankern. Es ist zugleich ein Prozess der Läuterung von Menschenfurcht zur Gottesfurcht.

Mose hat Angst vor dem Pharao und vor den Israeliten. Er hört: „Ich bin mit dir, ich habe dich gesandt." Wer dieser Gott ist und in welche Freiheit von Menschenfurcht er führt, das erfahre ich erst, wenn ich mit ihm gehe.

Doch Mose weiß nicht, wie er sich als Fremder vor den Israeliten legitimieren soll. Was soll er antworten, wenn sie ihn nach dem Namen Gottes fragen. Nach dem Einwand „Wer bin ich?" kommt nun als zweiter Einwand: „Wer bist du?" Die Antwort ist zunächst rätselhaft: Ich bin der Ich-bin-da!" Die Gegenwart Jahwes umfasst nach hebräischem Verständnis drei spannungsvolle Aspekte: Er ist verlässlich und zugleich unverfügbar mit dem Anspruch der Ausschließlichkeit. Es ist etwas Geheimnisvolles um diesen Namen, aber Jahwes erneute Aufforderung an Mose, zu gehen, wird jetzt konkreter: Er soll die Vision Gottes vom Menschen zu den Israeliten bringen, und erst mit dieser Vision im Herzen sollen sie zum Pharao gehen.

3. Doch Menschenfurcht und Zweifel sitzen tief: „Was aber, wenn sie mir nicht glauben und nicht auf mich hören, sondern sagen: Jahwe ist dir nicht erschienen?" – So der dritte Einwand des Mose. Jahwes Gegenrede und die Verwandlung von Stab und Schlange machen ihm deutlich: Wenn du das, was du in der Hand hast, vor lauter Angst zu Boden wirfst, m.a.W.: wenn du dich deinem Lebensauftrag entziehst, wenn du deine Vision aufgibst, wird deine Angst noch größer werden. Was du ein- für allemal lossein wolltest, wird sich für dich in etwas Gefährliches verwandeln, vor dem du ständig auf der Flucht sein wirst. Packst du aber die Schlange am Schwanz, d.h. nimmst du deinen Lebensauftrag an im Vertrauen auf den Gott deines Lebens, dann wird er dich schützen und stärken. Mose muss wählen zwischen Angst und Vertrauen.

   Im Bild der aussätzigen und wieder gesunden Hand sagt Jahwe dem Mose noch einmal dasselbe: Wenn du deine Hand in deinem Gewandbausch versteckst, d.h. wenn du dich aus Angst mit deinen Fähigkeiten und Möglichkeiten nicht ins Spiel bringst, wirst du wie ein Aussätziger am lebendigen Leib verfaulen und für andere zur Gefahr oder gar zum Unheil werden. Doch wenn du dein Leben im Vertrauen auf Jahwe in die Hand nimmst, wirst du dir und dem unterdrückten Volk zum Segen werden. Menschen ohne Vision ... können andere nicht in die Freiheit führen. Beide Male folgt Mose also der konkreten Anweisung

Jahwes, überwindet seine Angst und seinen Widerwillen und kann so erfahren, wie sich die Bedrohung verliert.

4. Doch selbst diese beiden sehr eindrücklichen Zeichen können ihm nicht das Gefühl der Überforderung nehmen. Lange genug hat er an sich erfahren müssen, „seit gestern und vorgestern", wie wenig wortgewandt, wie schwerfällig er ist. Gottes Antwort auf diese Verweigerung ist von ungeheurer Wucht: „Wer hat dem Menschen den Mund gegeben, und wer macht taub oder stumm, sehend oder blind? Doch wohl ich der Herr!", d.h. Gott will den Menschen so wie er ist, und selbst seine Mängel und Unzulänglichkeiten tragen noch die Abdrücke seiner Schöpferhand. Gott braucht Mose nicht neu zu schaffen. „Wenige Menschen ahnen, was Gott aus ihnen machen würde, wenn sie sich seiner Führung rückhaltlos anvertrauten" (Ignatius von Loyola). Mose soll lernen, sein Unvermögen anzunehmen und aufzuhören, sich selbst und seiner eigentlichen Bestimmung im Wege zu stehen.

5. Jetzt zeigt sich, dass alle bisher vorgebrachten Einwände nur vorgeschoben waren. Mose widersetzt sich mit seiner ganzen Person dem Auftrag Jahwes. Aus dem „Ich kann nicht" ist ein „Ich will nicht" geworden: „Schick doch einen anderen!"

   Doch Jahwe überwindet auch die Angst vor der Isolation, die ihm mit diesem Auftrag droht und gibt ihm in Aaron einen Gefährten. „Und nun geh!" – hören wir zum dritten Mal – „Ich werde in deinem Mund sein und dich lehren, was du sagen sollst."

   Mose wird sein, was er ist und war, und Gott wird sein der Ich-bin-da. Das Wunder der Begegnung offenbart sich darin, dass Gott und Mensch einander berühren, ohne dass Gott den Träger seines „Aufleuchtens" neu schaffen oder gar vernichten müsste, dass Gott also in einem Dornbusch brennen kann, ohne ihn zu verbrennen.

   Es gibt keinen anderen Weg der Berufung eines Menschen zu seiner eigentlichen Bestimmung, zu der Vision, die Gott von ihm hat, als den inneren Reifungsprozess von Anruf und Erschrecken, von Auftrag und Menschenfurcht, Zweifel und Verweigerung, von dem Gefühl der Überforderung und der Angst vor Isolation zu Selbstannahme und Lebensgehorsam in Gottesfurcht. Wer diesen Weg meidet, verfehlt das „schöne, weite Land", verrät seine Vision, kann Menschen nicht freisetzen.

Die Berufung des Levi und das Mahl mit den Zöllnern: Lk 5,27-32

Zusammenhang: Dieser Abschnitt folgt der Heilung eines **Aussätzigen** (5,12-16) und der Heilung eines **Gelähmten** (5,17-26), der sich „vor aller Augen" auf seine Füße stellte und mit seiner Liege heimging „Gott lobend und preisend". Darüber gerieten **alle** außer sich, „auch die Pharisäer und Schriftgelehrten, die aus **allen** Dörfern Galiläas und Judäas und aus Jerusalem gekommen waren" (5,17). Sie priesen Gott und sagten voller Furcht: **Paradoxes** (Unglaubliches) haben wir „heute" gesehen. Damit deutet Lukas schon an, in welcher Perspektive er die Berufung des Levi sieht.

Szene: Jesus ist wieder unterwegs, „be-wegt" von der Kraft zu heilen (vgl. 5,17). Da sieht er einen **Zöllner** namens Levi an der Zollstätte „sitzen".

1. **Jesus sieht** den Zöllner bei seinem ehrlosen und gottlosen Gewerbe. Er weiss, was es für diesen Mann bedeutet, mitsamt seiner Familie gesellschaftlich und religiös geächtet zu sein. Levi gehört zu den „Verlorenen". Die Zollstätte ist wie ein Bild für die Verachtung, Einsamkeit und Freudlosigkeit seines Daseins, aus dem er von sich aus nicht mehr heraus kann. Die Zollschranke ist wie die Grenze, an die er mit sich gekommen ist und sie gleicht dem Schlagbaum, mit dem andere ihn aus ihrem Leben ausgeschlossen haben. Levi sitzt buchstäblich fest .... Jesus sieht, dass seine „Krankheit" schlimmer ist als Aussatz und Lähmung. Dieser Zöllner braucht einen Menschen, der ihn so anschaut, dass das verborgene und geschundene Antlitz Gottes auf dem Grunde seiner Seele von neuem zu leuchten beginnt. Er braucht einen Menschen, der ihn so bei seinem Namen ruft, dass er sich in seiner ursprünglichen Würde und Freiheit wiederentdeckt.

2. **Levi** spürt den Blick Jesu auf sich ruhen, und er erfährt – vielleicht zum ersten Mal in seinem Leben – das Unglaubliche, angesprochen und ganz gemeint zu sein: „Folge mir!" Ein Vertrauen ohne Einschränkung und ohne Vorleistung! Ein Wort, das ihn über seine Grenzen hinausträgt. Levi lässt sich erfassen von der Beweg-ung, die von Jesus ausgeht. Er steht auf, lässt **alles** liegen und folgt ihm. Er trennt sich von **allem**, was die angebotene Gemeinschaft wieder zerstören könnte (vgl. Lk 14,33 und 18,22). Knapper lässt sich das Entscheidende dieser Begegnung nicht charakterisieren. Die Lebensgemeinschaft mit Jesus relativiert mit einem Schlag alle bisherigen Bindungen und Ordnungen.

3. Die Be-weg-ung, die Levi erfasst hat, geht über auf sein „Haus", auf die Menschen, mit denen er verbunden ist: „Und er gab für Jesus in seinem Haus ein großes Festmahl". Wo immer ein Mensch sich von Gott finden lässt (vgl. Lk 15,3-7. 8-10), entsteht eine neue Qualität von Gemeinschaft. Umkehr ist keine Privatsache. Zugleich ist der große Empfang, den Levi gibt, Ausdruck seiner **Nachfolge.**

   Er lädt Menschen in sein „Haus", damit sie in der Gemeinschaft mit Jesus heil werden. Dabei leuchtet etwas von dem endzeitlichen Charakter der Tischgemeinschaft auf, zu der Gott alle Menschen ruft.

4. Doch dass Jesus in diese für jeden Juden engste Form der Gemeinschaft Menschen einbezieht, deren Kontakt rabbinische Regel verbietet, darüber gerät er in Widerspruch zu den Pharisäern und ihren Schriftgelehrten: Sie **murren.** Dieses Wort erinnert an den Widerstand Israels in der Wüste gegen Gott. Murren steht im Gegensatz zum Glauben. Die Gegner Jesu kritisieren an seinem „paradoxen" Handeln Gottes leidenschaftliche Sehnsucht, „zu suchen und zu retten, was verloren ist" (Lk 19,10).

   So geht Jesus – wie im Gleichnis vom barmherzigen Vater – zu ihnen „hinaus". Er weiss, was sich in ihnen wehrt. Er kennt ihre Fragen und Argumente, ihr „Wenn" und „Aber". Er weiss, wieviel Selbstgerechtigkeit und Unglaube sich hinter ihrer Empörung verbirgt. Er will auch die zur Umkehr bewegen, die „draußen" bleiben wollen: „Jetzt müssen wir uns doch freuen und ein Fest feiern. Denn euer Bruder war tot und lebt wieder. Er war verloren und ist wiedergefunden worden" (Lk 15,32). Gottes vorbehaltloses Ja gilt auch ihnen ....

Die Kontemplation eines biblischen Textes nach Ignatius von Loyola

Eine mehr kontemplative Annäherung an einen biblischen Text findet sich im Exerzitienbuch des hl. Ignatius von Loyola. Sie basiert auf der von der patristischen Tradition getragenen mittelalterlichen Exegese. Diese Gebetsweise ist ein Weg, wie sich dem Begleiteten der „geistliche Sinn" einer biblischen Perikope erschließen, ihn treffen und „be-wegen" (afectarse) kann. Wer in der geistlichen Begleitung anderen diesen Zugang zur Hl. Schrift eröffnen will, sollte selbst über eine längere Gebetserfahrung mit dieser kontemplativen Übung verfügen.

Ich versuche zunächst, an meinem Gebetsort ganzheitlich anzukommen, „da" zu sein. Dabei ist es eine Hilfe, soweit möglich, eine *leibliche Haltung* einzunehmen, die einerseits körperliche Ruhe und Gelassenheit sowie geistige Präsenz fördert, andererseits Ausdruck der Ehrfurcht und Demut vor dem Geheimnis Gottes ist. Der Annäherungsprozess an das „Geheimnis" eines biblischen Geschehens hat dann folgende Sequenzen:

1. **Zu Beginn jeder Übung: das Vorbereitungsgebet:**

   „Von Gott Unserem Herrn die Gnade erbitten dazu hin, dass alle meine Absichten, Handlungen und Beschäftigungen rein im Dienst und in der Verherrlichung Seiner Majestät geordnet seien" (EB 46).

   Es braucht Zeit, bis es zum **Vorbereitungsgebet** kommt, bis ich mit der tiefsten Sehnsucht meines Herzenes in Berührung komme und sie auch bejahe. Das Vorbereitungsgebet ist gleichsam das Gefäß, mit dem ich meine ganze Wirklichkeit („Absichten, Handlungen und Beschäftigungen") auf Gott hin sammle und mit dieser Sehnsucht in Verbindung bringe, d.h. mit jener Suchbewegung, die

Gott selbst mir ins Herz geschrieben hat. Im Wiederholen derselben Gebetsworte kann diese Suchbewegung dann mehr und mehr zum bewussten Vollzug der Grundausrichtung meines Lebens auf Gott hin werden.

2. **Drei Dispositionshilfen oder Vorübungen**, d.h. drei vorbereitende Schritte zur Kontemplation des biblischen Geschehens:

   Erster Schritt: Die **Vergegenwärtigung der Geschichte.** Ich lese den ganzen Schrifttext langsam und wiederholt durch. Dabei kann es hilfreich sein, wenn ich den Text laut lese.

   Zweiter Schritt: Eine persönliche Beziehung zur Geschichte aufnehmen – so wie ich etwa zu einem Raum, einem Menschen, einer Gruppe, einer Landschaft eine Beziehung aufnehme. Mit Hilfe der *Imagination* (Vorstellungskraft) versuche ich, den Handlungsraum („Schau-platz") des biblischen Geschehens, die Details, die Atmosphäre, den szenischen Hintergrund der Geschichte wahrzunehmen, zu erspüren und zu erfassen. Das verhilft mir zu einer inneren Einstellung und einem entsprechenden Verhalten gegenüber dem Geschehen, das in der Perikope erzählt wird. Im Alltag geschieht so etwas ganz spontan, wenn ich mich auf eine Situation einstelle, indem ich sie in der Vorstellung vorwegnehme. Wenn ich mich mit der Kraft meines Vorstellungsvermögens auf ein biblisches Geschehen einstelle, dann geht es primär darum, mich ganzheitlich auf die Begegnung mit Gott einzustimmen. Bei der Entstehung des „Schauplatzes" kommt es also nicht darauf an, wie es „wirklich" dort ausgesehen hat. Ich lasse es geschehen, wie der „Ort" vor meinem inneren Auge entsteht.

   Die leibnahe und sinnenhafte Zubereitung des Handlungsraumes erleichtert mir den Zugang zu den biblischen Texten, über die sich oft eine Patina gewusster Deutungen und der Staub des längst Bekannten gelegt hat, so dass ihr Inhalt wieder in seiner dramatischen Qualität für mich wirksam werden kann.

   Mit diesem persönlichen Zugang zu einer Perikope schaffe ich mir gleichzeitig einen *Konzentrationsrahmen,* zu dem ich im Verlauf der Gebetszeit wie zu einem Bild aus einem mittelalterlichen Evangeliar immer wieder zurückkehren kann.

   Dritter Schritt: Die **Bitte, dass sich mir der „geistliche Sinn" des biblischen Geschehens, die „geheimnisvolle Seite", das Mysterium der Perikope erschließen möge, damit ich Gott mehr liebe und mein Leben auf ihn ausrichte.** Näherhin geht es darum, dass ich für die Wirklichkeit empfänglich werde, die Gott durch eine biblische Geschichte mir mitteilen will. Die Vergegenwärtigung des Gewesenen kann so lebendig werden, dass ich mir das Geschehen nicht mehr „vom Leibe halten" kann.

Die drei Dispositionshilfen oder Vorübungen dienen dazu, mich in das Geschehen der Geschichte so hineinnehmen zu lassen, dass sie mich persönlich berührt. Ich soll mich selbst in der Geschichte wiederfinden und das Geschehen innerlich mitvollziehen. Ohne das Mühen um einfühlendes Verstehen, was da vorsichgeht, ohne die Betroffenheit darüber, dass ich hier ganz persönlich mitgemeint bin, bleibt mir die „geheimnisvolle Seite", das *„Mysterium"* in der *„Episode"* der Geschichte verborgen. Doch bei allem Bemühen, ihren „geistlichen Sinn" zu erfassen, ist der „Prozess des Entdeckens" gnadenhaftes Geschehen, und es kommt sehr darauf an, „dass alle meine Absichten, Handlungen und Beschäftigungen rein im Dienst und in der Verherrlichung seiner göttlichen Majestät geordnet sind".

Naturgemäß brauchen die drei Vorübungen Zeit, vermutlich den größten Teil der ersten Übung.

Während die Vorübungen gleichsam bis zur *Schwelle* des Geheimnisses führen, öffnen die folgenden Schritte die *Tür.* Sie wollen mich tiefer in das Geheimnis des biblischen Geschehens hineinziehen – mit dem Ziel, dass sich mir die „geheimnisvolle Seite" der „Geschichte" in ihrer *Aktualität* und ihrer *gegenwärtigen Wirkmöglichkeit* für mich erschließt. Erfahrungsgemäß kommen die Tiefenschichten meiner gläubigen Existenz dadurch „in Schwingung", dass etwas spürbare Bedeutung für mich gewinnt durch Bilder und Szenen, die mich berühren, Personen, in denen ich mich wiederfinde, durch Worte, die mich treffen, und Verhaltensweisen, die mich in Bewegung bringen. Dabei wird die für unsere menschliche Erfahrung so bedeutsame Einbildungskraft (Imagination) mit ins Spiel gebracht. Ich soll die Personen in der Geschichte „sehen", „hören, was sie sprechen" und „schauen, was sie tun" – solange, bis sich in mir ähnliche oder ganz andere Handlungs- und Reaktionsweisen zeigen.

Im „Durchprobieren" verschiedener Handlungs- bzw. Reaktionsmöglichkeiten kann ich in Erfahrung bringen, welche Energien das bei mir freisetzt oder blockiert, wann ich Trost oder Trostlosigkeit spüre. **Das Ziel aller Kontemplation** bleibt die Begegnung mit dem Geheimnis Gottes. Doch das bleibt unverfügbare Gabe.

- SEHEN:
  - ⇨ Bilder und Szenen, die mich berühren,

    z. B. Die Begegnung Hagars mit dem Boten Jahwes an der Wasserquelle in der Wüste (Gen 16,6-13)

    oder die Begegnung zwischen Jesus und Petrus bei der Fußwaschung (Joh 13,1-11)

    oder die Begegnung zwischen Jesus und der Sünderin im Hause des Pharisäers Simon (Lk 7,36-38)

⇨ **Personen, in denen ich mich wiederfinde,**

z. B. Jakob vor seiner Begegnung mit Esau (Gen 32,4-22),

Mose in seiner Verweigerung vor Jahwe (Ex 4,1-13),

der Vater des besessenen Jungen (Mk 9,14-27),

Maria Magdalena (Joh 20,11-18), Zachäus (Lk 19,1-10)

- **HÖREN: Worte, die mich treffen,**

  z. B. „Ich will dich segnen ... und du sollst ein Segen sein" (Gen 12,2),

  „Siehe, ich bin mit dir, ich behüte dich, wohin du auch gehst und bringe dich zurück in dieses Land. Denn ich verlasse dich nicht, bis ich alles ausgeführt, was ich dir zugesagt habe" (Gen 28,15),

  „Wer die Wahrheit tut, kommt ans Licht" (Joh 3,21),

  „Was willst du, dass ich dir tun soll?" (Mk 10,51),

  „Willst du gesund werden?" (Joh 5,6)

- **SCHAUEN, was die Personen tun:**

  Verhaltensweisen, die mich in Bewegung bringen,

  z. B. Aaron und Hur, die Mose während des Kampfes mit Amalek stützen (Ex 17,10-12),

  Josua und Kaleb, die sich den Gerüchten der anderen Kundschafter widersetzen (Num 13,25-14,10),

  Die vier Männer, die einen Gelähmten durch allen Widerstand hindurch bis zu Jesus bringen (Mk 2,1-12)

  oder die liebenswürdige Hartnäckigkeit der Syrophönizierin (Mk 7,25-30)

3. **Vergegenwärtigung des biblischen Handlungs*geschehens***

   Ich gehe in meiner Vorstellung zurück zum biblischen Handlungs*raum* („Schauplatz") – so wie er vor meinem inneren Augen entstanden ist und lasse dann das Geschehen – wie es im Schrifttext steht – in meiner Vorstellung sich entfalten.

   Dabei ist wichtig, dass ich mich in die Akteure der biblischen Geschichte hineinversetze und mitempfinde:

- Was geht in diesen Menschen vor?
- Welche Beziehung haben sie untereinander?
- Welche Gefühle, Wünsche, Hoffnungen, Sorgen, Zweifel, Ängste kommen in ihren Worten und Verhaltensweisen zum Ausdruck?
- Was bedeuten die Worte und Verhaltensweisen für die Betroffenen in der Erzählung?
- Wie zeigen sich Gottes Heilsabsichten mit den Menschen der Geschichte?

  Auch gilt es, die *Atmosphäre* des „Schauplatzes" (Handlungsraumes) und des Handlungsgeschehens wahrzunehmen, zu spüren und zu erfassen.

4. **Übertragung des Handlungs*geschehens* auf mich und meine Situation** („sich auf sich selbst zurückbesinnen"), d.h. wahrnehmen:

- Was löst das Sprechen oder Schweigen der Personen, ihr Verhalten (aktiv oder passiv) in mir aus? z. B. Sympathie, Ablehnung, Identifikation; wenn ich mich nacheinander in die verschiedenen Personen, in ihre Worte und Gesten, in ihr Verhalten hinein versetzt habe, dann kann ich leichter erfassen, wo ich selbst in dieser Geschichte vorkomme.
- Welche Bedeutung hat *das* für mich hier und jetzt, was ich gesehen, gehört und betrachtet habe *und* das, was es in mir ausgelöst hat? So kann sich zeigen, was Gott mir in diesem biblischen Geschehen zeigen will.

5. **Das Gespräch mit Gott,**

   d.h. ich bringe vor Gott zur Sprache, was mich *bewegt* (hat), und höre, was Er mir sagen will.

   Mit dem Gespräch beschließe ich den betenden Umgang mit dem „Geheimnis" der biblischen Geschichte. Es kann der eigentliche Höhepunkt sein, Ausdruck von Nähe und Ehrfurcht (familiaritas).

Alle diese Versuche, sich dem Geheimnis der biblischen Geschichte zu nähern, zielen auf die persönliche Begegnung mit dem, von dem der biblische Text Zeugnis gibt. Ihr tiefster Sinn ist die Befähigung zur Hingabe an das Geheimnis Gottes: Anbetung – als unverfügbare Gabe.

Die folgende Grafik kann den Verlauf und die symbolisch-intentionale Struktur dieses kontemplativen Zugangs zum „Geheimnis" eines biblischen Geschehens noch verdeutlichen.

Symbolisch-intentionale Struktur der Kontemplation eines biblischen Geschehens („Geheimnisses") nach Ignatius von Loyola

1. Intention: Das gewohnte Vorbereitungsgebet (**EB 46**)
alles zum Dienst und zur Verherrlichung Gottes

↓

Symbolische Repräsentation (Vergegenwärtigung) des biblischen Handlungsraumes mit Hilfe der Imagination (Vorstellungskraft).

Das verhilft mir zu einer inneren Einstellung gegenüber dem Geschehen („Geheimnis"), das in der Perikope erzählt wird.

↓

2. Intention: Die Gnade erbitten, nach der ich verlange:
Der *geistliche Sinn* des biblischen Geschehens, die „geheimnisvolle Seite",
das Mysterium der Perikope möge sich mir erschließen,
damit ich Gott mehr liebe und mein Leben auf ihn ausrichte.

Es geht darum, dass ich für die Wirklichkeit empfänglich werde,
die Gott durch die biblische Geschichte mir mitteilen will.

↓

Symbolische Repräsentation (Vergegenwärtigung) des biblischen Handlungsgeschehens der Perikope:

- die Personen sehen
- hören, was sie sagen
- betrachten, was sie tun

Dabei ist wichtig, sich in die Akteure der biblischen Geschichte hineinzuversetzen und mitzuempfinden:

- Was geht in diesen Menschen vor?
- Welche Beziehungen haben sie untereinander?
- Welche Gefühle, Wünsche, Hoffnungen, Sorgen, Zweifel, Ängste, kommen in ihren Worten und Verhaltensweisen zum Ausdruck?
- Was bedeuten die Worte und Verhaltensweisen für die Betroffenen in der Erzählung?

↓

Übertragung des symbolischen Modells auf mich und meine Situation, d. h. mich auf mich selbst besinnen, um einen geistlichen „Gewinn" daraus zu ziehen (vgl. EB 116)

Das Ziel aller Bemühungen bleibt „die innere Erkenntnis des Herrn". Ich soll gleichsam über den Weg der Bilder zu dem Bild gelangen, in dem Gottes Nähe und Antlitz Gestalt bekommen hat. Das bleibt unverfügbare Gabe.

- Wahrnehmen, was das Sprechen oder Schweigen der Personen, ihr Verhalten (aktiv oder passiv) in mir auslöst, z. B. Sympathie, Ablehnung, Identifikation. Ich soll mich also in das Geschehen der Geschichte hineinnehmen lassen, dass ich persönlich davon berührt werde.
- Zu erfassen suchen, welche Bedeutung *das* für mich hier und jetzt hat, was ich gesehen, gehört und betrachtet habe *und* das, was es in mir ausgelöst hat, m. a. W.: Was will Gott mir in diesem biblischen Geschehen zeigen?

↓

3. Intention: Gespräch mit Gott
d.h., vor Gott zur Sprache bringen, was mich *bewegt* (hat) und hören, was Er mir sagen will in Nähe und Ehrfurcht
Alle Versuche, sich dem Geheimnis der Geschichte zu nähern, zielen auf die persönliche Begegnung mit Dem, von dem der biblische Text Zeugnis gibt. Ihr tiefster Sinn ist die Befähigung zur Hingabe an das Geheimnis Gottes: Anbetung – als unverfügbare Gabe.

13. Kapitel

Unterscheidung der „Geister" in der geistlichen Begleitung

1. Im Verlauf der geistlichen Begleitung spielen die spontanen inneren Lebensäußerungen, die *vor* aller bewussten Einflussnahme liegen: Gefühle, Stimmungen, Assoziationen, Träume, etc. also alles, was im Begleiteten sich regt und bewegt, eine wichtige Rolle. Der Begleiter muss dieses innere Geschehen sorgfältig wahrnehmen und prüfen, welche inneren Impulse und Abläufe zur Sinnerfüllung und Lebensganzheit führen oder damit nicht übereinstimmen.

   Die geistliche Unterscheidung der verschiedenen Bewegungen ist ein Charisma (vgl. 1 Kor 12,10), eine Gabe des Hl. Geistes. Sie wird Menschen zuteil, die in einem langjährigen Leben in der Nachfolge Jesu sich mit den Geheimnissen seines Lebens vertraut gemacht haben und von daher intuitiv erfassen, welche Impulse und Abläufe der Gesinnung Jesu mehr entsprechen und welche nicht. Bei der Unterscheidung der „Geister" haben wir es also mit geistlicher Intuition zu tun und nicht mit einer gewöhnlich erlernbaren Methode. Dennoch haben sich in der Tradition der geistlichen Unterscheidung einige Erfahrungswerte herauskristallisiert, Kriterien und Prinzipien, an denen man sich in der konkreten Erfahrung und Begleitung der verschiedenen „Geister" orientieren kann.

2. Die Aufgabe des Begleiters besteht zunächst darin, den Begleiteten dafür zu disponieren

- möglichst unbefangen *wahrzunehmen*, was wirklich in ihm lebt und vorgeht, und zwar *ohne es zu werten (Erfahrungsebene).* Ein frühzeitiges Bewerten verhindert oft die Wahrnehmung bestimmter Gefühlsregungen, Stimmungen und innerer Abläufe. Viele Menschen sind im Laufe ihrer Entwicklung unfähig geworden, bestimmte Vorgänge in ihrem Innern wahrzunehmen. Was der Begleitete nicht wahrnimmt, kann er auch nicht klären.
- zu *erkennen* und zu verstehen, was in ihm vorgeht: zu sehen, *woher* diese inneren Regungen kommen, *in welche Richtung* sie tendieren und welche Auswirkungen das auf ihn hat *(gedankliche Ebene)* und so
- zu *unterscheiden* zwischen
  - Erfahrungsebene
    - Trost
    - Trostlosigkeit
  - gedankliche Ebene
    - Gedanken aus Trost
    - Gedanken aus Trostlosigkeit

- Dabei ist es wichtig, die inneren Regungen *ins Wort zu fassen,* ihnen Ausdruck zu geben und sie damit sich gegenüberzustellen. Der Erkenntnisprozess macht normalerweise Fortschritte, wenn der Begleitete versucht, die wahrgenommenen Regungen zu verbalisieren. Das zu ermöglichen, ist vor allem die Aufgabe des Begleiters.
- zu *urteilen,* ob sie (mehr) zu dem Ziel hinführen, auf das hin er geschaffen ist: Bild und Gleichnis Gottes, oder ob sie davon wegführen; ob sie also hilfreich sind oder nicht;
- zu *entscheiden,* nämlich die guten inneren Regungen aufzunehmen, anzunehmen, die als schlecht erkannten abzuweisen, nicht weiter zu verfolgen.

Wenn der Begleitete mehr und mehr spürig wird für die feinsten Regungen in seinem Innern, wenn er wahrnimmt, *welche* Impulse ihn bewegen, welche gefühlsmäßigen und somatischen Reaktionen sie in ihm auslösen, findet er allmählich die Spur, auf der er den Willen Gottes für sich entdecken kann.

3. Wenn der Begleitete in Kontakt mit seinem spontanen inneren Geschehen kommt, dann können sich Erfahrungen zeigen, die Selbstvertrauen geben; Erinnerungen, die ihn beschämen oder erschüttern; Einsichten, die inspirieren oder schmerzen und lähmen; Erkenntnisse, die bitter sind und doch heilend wirken; Gedanken, die beunruhigen und ängstigen; Worte, die aufrütteln und Hoffnung geben und ähnliches mehr. In der geistlichen Unterscheidung kommt es nun darauf an, die verschiedenen inneren Bewegungen und Stimmungen auf ihre *Ursache* hin zu entziffern, um sich so ein Urteil bilden zu können, ob man ihnen folgen darf oder nicht. Dabei ist von besonderer Bedeutung, wie sich die wahrgenommenen Anregungen oder Impulse zur jeweiligen *Grundstimmung* des Begleiteten verhalten. Der Ursprung einer Bewegung kann nur erkannt werden im Vergleich mit dem stimmungsmäßigen Kontext. Entspricht eine Anregung der Grundstimmung, dann wird sie als Identitätsgefühl erfahren, widerspricht sie der dominierenden Stimmung, wird sie als Störung, als Frustration empfunden.

   Wenn z. B. jemand auf Erfolg und Karriere aus ist und die Tendenz hat, darin seinen Lebenssinn und seine Befriedigung zu finden, dann kann ihn der Gedanke, mit dieser Lebenseinstellung schließlich auch seine letzten freundschaftlichen Beziehungen aufs Spiel zu setzen, empfindlich treffen. Oder wenn jemand im Aushalten einer ausweglos erscheinenden Situation oder im Ertragen eines harten Schicksals aufgeben möchte und innerlich bei diesem Gedanken keine Ruhe findet, so kann das ein Anzeichen dafür sein, mit seiner tiefsten Überzeugung wieder in Kontakt zu kommen und unter der Last zu bleiben. Manche Beziehungen und Lebensformen können uns von unserem inneren Lebensstrom so weit entfernen, dass wir unglücklich werden und uns ein Gefühl von Lähmung und

Traurigkeit überfällt, so als wären die Kräfte und Energien unseres Lebens falsch gebunden. Eine solche Erfahrung kann der uns eingestifteten inneren Zielrichtung wieder zum Durchbruch verhelfen.

Je nachdem, welche Grundausrichtung das Leben des Begleiteten bestimmt, lösen die inneren Impulse unterschiedliche Reaktionen bei ihm aus, z. B. Entmutigung oder Ermutigung, Verwirrung oder Klarheit, Angst oder Zuversicht, Traurigkeit oder Freude, Unruhe oder Gelassenheit, Trost oder Trostlosigkeit. Um also auf die *Ursache* der verschiedenen inneren Bewegungen und Stimmungen zu kommen, muss die *Qualität* der Reaktionen erkannt werden, die von den inneren Impulsen im Begleiteten ausgelöst wurden. In der Tradition der geistlichen Unterscheidung spricht man hier von geistlichem Trost und geistlicher Trostlosigkeit.

4. Jeder echte *geistliche Trost* erhellt die ganze Existenz, erfasst Gedanken, Gefühle, Entscheidungen und Handlungen. In der Erfahrung des geistlichen Trostes, d.h. im Sich-hingezogen-Fühlen auf das Bessere aus Liebe zu Gott, wächst die Bereitschaft zur Entschiedenheit, die sonst nur schwer möglich ist. Trost ist eine Frucht des Hl. Geistes und kann nicht aufgrund eigener Anstrengung und Leistung erreicht werden. Diese Disposition des Herzens ist auch die Voraussetzung, um eine wichtige Entscheidung zu treffen.

   Geistlicher Trost ist also nicht nur ein positives Gefühl, sondern immer eine Bewegung auf Gott hin, die von einer tröstlichen Erfahrung begleitet wird. Dieser Trost ergibt sich aus der Anziehungskraft dessen, was mehr zu dem Ziel hinführt, auf das hin wir geschaffen sind. Die innere Freiheit aber, „die Wahrheit auch zu tun" (vgl. Joh 3,21), wird dem Begleiteten erst möglich, wenn er sich von negativen Festlegungen, vor allem im affektiven Bereich, lösen kann.

   Nach Ignatius von Loyola bringen Impulse, die von Gott kommen, „wahre Fröhlichkeit und geistliche Freude". Gott ruft immer dahin, wo der Mensch in Übereinstimmung mit sich kommt und zur Sinnerfüllung und Ganzheit seines Lebens findet. Deshalb ist eine innere Anregung nicht einfach danach zu beurteilen, ob sie im Augenblick froh stimmt. Vielmehr ist darauf zu achten, ob sie sich in das Lebens-Ganze „trostvoll" einfügt. So sind wichtige Entscheidungen immer im Blick auf das Lebens-Ganze zu treffen und nicht aus einer Stimmung des Augenblicks oder einer schnell wechselnden Situation.

   Radikale Impulse üben oft eine Faszination aus. Doch wenn sie die eigenen Möglichkeiten übersteigen und zu Überforderung und Stress, zu Überdruss und Traurigkeit führen, sind sie vom Bösen. „Alles Übermaß ist von den Dämonen" (Abbas Poimen). Gottes Anregungen, auch die radikalen, überfordern nicht. Sie kommen so, dass der Begleitete ihnen folgen kann, auch wenn es zunächst nur ein kleiner Schritt auf dem langen und geduldigen Weg der Nachfolge ist.

Wenn ein innerer Impuls von seinem *Ursprung* und seinem *Ziel* her, also in seinem ganzen Motivationskontext „rundherum" gut ist, wird er von Gott kommen. Ist der Ursprung nicht klar, so muss der Begleitete das *Ziel* des Impulses zu erkennen versuchen, ob sich der Antrieb z. B. primär darauf richtet, vor anderen etwas Besonderes zu sein, sich selbst zu gefallen und dabei die anderen gering zu schätzen; oder ob aus einem beabsichtigten Tun nur Ärgernis und Polarisierung, Zwietracht und Streit folgen. Normalerweise sind unsere Einstellungen, Absichten und Handlungen von einer tiefer gehenden Ambivalenz durchsetzt, und es braucht manchmal einen lang andauernden Prozess und einen erfahrenen Begleiter, um das Geflecht guter und niederer Motivationsfäden zu entwirren – bis sich eine innere Evidenz einstellt, der der Begleitete mit Herz und Verstand zustimmen kann.

5. Im Zentrum *geistlicher Trost-losigkeit* steht die Erfahrung, als wäre Gott abwesend und der Mensch nicht mehr im Strahlungs-, Anziehungsbereich seiner Nähe und Liebe. Das Gefühl der Trennung von Gott kann so weit gehen, dass der Begleitete von äußerster Sinnlosigkeit, Entmutigung, Traurigkeit (Depression) bis hin zur Verzweiflung heimgesucht wird. Nur insofern ein Mensch ein gottbezogenes Leben führt, wird er das Gefühl der Trennung von Gott als geistliche Trostlosigkeit erfahren. Es ist eine *Glaubens*erfahrung, weil die Trost-losigkeit im Glauben gründet. Die Trostlosigkeit ist geradezu ein Indiz dafür, dass Glaube, Hoffnung, Liebe noch stark sind. „Unter" der Schicht von Dunkelheit, Verwirrung und Unruhe ist die gottbezogene Schicht aktiv.

   Wenn also die Gefühle von Angst, Traurigkeit, Mutlosigkeit und Widerwillen (in Bezug auf das Glaubensleben) in mir das bewusste Leben so dominieren, dass sie die Gefühle von Frieden und Freude etc. (die vom lebendigen Glauben herrühren) unterdrücken oder diese in den destruktiven Gefühlen zu versinken drohen, dann erfährt der Mensch *geistliche Trost-losigkeit.*

6. Geistliche Trost-losigkeit ist also eine Glaubenserfahrung. Als solche muss sie von depressiven und melancholischen Zuständen, die aus anderen Quellen kommen, sorgfältig unterschieden werden. Ignatius geht davon aus, dass die *geistliche* Trost-losigkeit zu einer heilsamen Erfahrung wird, wenn man sich ihr nicht hilflos ausliefert, sondern im Aushalten und Widerstehen sich von narzisstischen Anteilen des eigenen Verlangens, der eigenen Zielsetzung und des eigenen Ideals läutern lässt.

   Trost-losigkeit kann also für den geistlichen Weg ein notwendiges Geschehen sein. Nicht nur weil dadurch das Verlangen gereinigt wird, sondern auch weil es zur Struktur der psychischen und geistlichen Entwicklung gehört. Diese geht – beim Beginn einer neuen Entwicklung – stets mit krisenhaften Zuständen einher. Die Struktur, die bisher entwickelt wurde, wird aufgebrochen, um Platz für eine neue zu machen. Das Neue kann nicht direkt an das bereits Vorhandene anschließen. Unter dem Einfluss neuer Impulse entsteht eine Krise, in der Altes abgestoßen werden muss, während Neues noch auf sich warten lässt. Die Krise bringt bei günstigem Verlauf – unter Mühen und Spannungen – die innere Bereitschaft mit sich, das Frühere loszulassen. Der neue Wein passt nicht mehr in die alten Schläuche. Wie normale Entwicklungskrisen mit Isolierung gepaart sind, mit Scheidung, Abstand, Unsicherheit und Zweifel, so auch hier.

Die Analogie macht noch auf ein anderes, sehr wichtiges Phänomen aufmerksam. In jedem Leben bleiben Dinge liegen, das heißt, dass die Lebensaufgaben, vor die wir gestellt sind, nicht *vollständig* gelöst werden. Manche Aspekte – sowohl innere als äußere – kommen unvollkommen zum Vorschein, sie bleiben unfertig. Man spricht von unaufgearbeiteten Themen. Wenn nun wieder eine Krise folgt, werden sie dabei auch wieder aufgenommen. Sie erschweren die Krise einerseits, andererseits wird sie dadurch auch zu einer Chance, nun doch zu einer guten Lösung zu kommen und sie in die Persönlichkeit zu integrieren. Auf dem geistlichen Weg ist es nicht anders. Ein gutes Unterscheidungsvermögen beim Begleiter ist hier von großer Bedeutung.

7. Im Umgang mit der geistlichen Trostlosigkeit ist es vor allem wichtig, den Gedanken, die aus der Trostlosigkeit aufsteigen, keinen Raum zu geben. Dazu gehören alle Vorurteile über sich selbst und über andere, alle Urteile im Zusammenhang mit Schuldgefühlen, sowie überhaupt alle Abwertung von Gefühlen, Affekten und Wunschimpulsen. Der Begleiter hat sorgfältig auf die *Urteile* zu achten, die der Begleitete im Gespräch äußert, und er wird gut daran tun, sie ihm in einfühlender Weise bewusst zu machen.

   Darüber hinaus kann er ihn ermutigen, zu den Entscheidungen zu stehen, die er vor der Erfahrung von Trostlosigkeit getroffen hat, und ein Zeichen der Treue und das Vertrauens auf Gott hin zu setzen.

8. Wenn der Begleitete starken und *gegensätzlichen Impulsen* ausgesetzt ist, muss der Begleiter ihm helfen, diese Impulse nacheinander zu Ende zu denken – mit allen Implikationen und Konsequenzen. Das gilt vor allem für Impulse, die große Ängste oder Schuldgefühle auslösen oder von einem vitalen Bedürfnis geweckt sind. Es gilt also, sich zunächst mit den Vorstellungen, die ein solcher Impuls aufsteigen lässt, anzufreunden, ihn mit Hilfe der Imagination ganzheitlich zu erfassen und ihn zu Ende zu denken, bis der Begleitete erkennt, was er ihm sagen will. Auf diese Weise können sich manche Angstphantasien als unbegründet und manche Wunschvorstellungen als Illusion herausstellen.

14. Kapitel

Zentrale Orientierungen für die Praxis geistlicher Begleitung als Zusammenfassung

Vorbemerkungen

- Wer andere geistlich begleitet, soll zunächst die Erfahrung aus der Tradition der Wüstenväter und -mütter beherzigen: "Die Altväter der Vorzeit begaben sich in die Wüste und machten nicht nur sich selber gesund, sondern wurden auch noch Ärzte für andere. Wenn aber von uns einer in die Wüste geht, dann will er andere früher heilen als sich selbst. Und unsere Schwäche kehrt zu uns zurück und unsere letzten Dinge werden ärger als die ersten, und daher heißt es für uns: Arzt, heile dich vorher selber!" (Antonius der Große). "Es ist gefahrvoll, wenn einer lehren will, der nicht durch das tätige Leben hindurchgegangen ist. Wie wenn einer, der ein baufälliges Haus hat, Gäste aufnimmt und sie durch den Einsturz des Hauses beschädigt, so richten auch diejenigen, die sich nicht selbst zuerst auferbaut haben, jene zugrunde, die sich ihnen anschließen." (Amma Synkletika).

  Wer um geistliche Begleitung gebeten wird, sollte darum wissen, dass es schwieriger ist, "den Menschen in das spirituelle Leben einzuführen als in wissenschaftliche Disziplinen"[3]. *Von sich aus* kann jemand einem anderen nur so weit helfen, „sein Leben zu ordnen" (EB 21), als er selbst „im hinhörenden Tun" gekommen ist.[4] Der Begleiter sollte um seine Grenzen wissen, damit er niemanden auf seinem Weg behindert oder schadet.

- Jeder von uns ist nach dem Bilde Gottes geschaffen, ihm ähnlich, und er ist gerufen, zu der einmaligen Ganzheit zu wachsen, zu der er von Gott her angelegt ist. Paulus sagt im Römerbrief, dass Gott uns im voraus erkannt und auch dazu vorausbestimmt hat, dem Bilde seines Sohnes gleichgestaltet zu werden (8,29). In Gemeinschaft mit den anderen sollen wir „zur Einheit ... in der Erkenntnis des Sohnes gelangen, damit wir zum vollkommenen Menschen werden und Christus in seiner vollendeten Gestalt darstellen". Wir sollen „in *allem* (in jeder Hinsicht) wachsen, bis wir ihn erreicht haben" (Eph 4,13ff).

  Von daher verstehe ich *geistliche Begleitung als ein intensives Mühen, einem anderen zu helfen, sein Leben von diesem Bild her und auf dieses Bild hin zu „ordnen".*

  Der andere, der Suchende soll sich einüben in jene Aufmerksamkeit und Spürigkeit für die Umrisse seiner verborgenen Gestalt. Er soll neu und tiefer das Geheimnis verstehen lernen, wie Menschen in der Begegnung mit Jesus, wie sie in seinem Blick und unter seinem Wort sich erkannt haben als Bild und Gleichnis ihres Schöpfers. Dabei wird der Suchende lernen, mit den Beunruhigungen aus seiner Persontiefe umzugehen; sie nicht dadurch zu vergrößern, dass er sie verdrängt, sondern anfängt, mit ihnen ins Gespräch zu kommen, damit das Noch-nicht-Gelebte, das Noch-aus-stehende leben und wachsen, das Unerlöste in ihm heilend integriert werden kann.

Geistliche Begleitung ist eine Hilfe zur Einübung „in die Gesinnung, die dem Leben in Christus Jesus entspricht" (Phil 2,5), damit der Suchende aus der Vertrautheit (familiaritas) mit dem Herrn zulässt, was in ihm Mensch werden will nach dem Bild und Gleichnis, das Gott sich von ihm gemacht hat.

- Von daher wird auch verständlich, dass geistliche Begleitung ihr Ziel verfehlt, wenn sie sich auf die private Innerlichkeit des Suchenden beschränkt, denn das widerspricht der Gesinnung Jesu. Niemand darf (heute) übersehen, dass die individuelle "Ordnung" eines Lebens nach dem Evangelium seine Auswirkungen auf die soziale Umwelt hat und darum gesellschaftlich nicht neutral bzw. politisch nicht unschuldig bleiben kann. Zur "Ordnung des Lebens" gehört es also auch, die Welt zu meditieren, damit Christus, der im Elend und in der Sehnsucht der Menschen stirbt und aufersteht, mit seinem Ruf immer neu lebendig wird.
- Für den Beginn einer geistlichen Begleitung ist entscheidend, dass ein Mensch von der Frage bewegt wird: "Was muss ich tun, um das ewige Leben zu gewinnen?" (Lk 18,18) und dass er auch bereit ist, die Wahrheit zu tun (Joh 3,21).

  Viel Zeit wird vertan mit Leuten, die sich nicht ernsthaft auf den Weg machen, um den Sinn ihres Daseins zu empfangen und die sich nicht lösen wollen von dem, was ihrer inneren Berufung, ihrer Mensch-werdung zuwiderläuft. "Der eigentliche Lebenssinn ist etwas Einzigartiges. Er ist so einmalig wie man selber; für ihn gibt es keinen Ersatz. Er entdeckt sich uns, wenn wir den Forderungen in unserem Innern in klarer Einsicht und treuer Beharrlichkeit nachkommen. Er allein kann unserem Einsatz und Wirken den Charakter des Unbedingten, der Einheit und der Fülle geben, trotz aller Gebrechlichkeit, Unvollkommenheit und menschlicher Bedingtheit"[5].

1. Geistliche Begleitung hat es mit dem *ganzen* Menschen zu tun.

Martin Buber sagt in seiner Einleitung zu den „Erzählungen der Chassidim": „Der Mensch bedarf des Rats, des Beistands, der Aufrichtung, der Rettung. Aber all dessen bedarf er ja nicht in den Belangen der Seele allein; sie sind ja alle in irgendeiner Weise mit den kleinen und großen Sorgen, Trübsalen und Verzweiflungen des Lebens selber verknüpft, und wenn man diesem nicht beikommt, wie soll man jene bewältigen? Es bedarf eines Helfers für Leib und Seele zugleich, für Irdisches und Himmlisches in einem. Dieser Helfer wird *Zaddik* genannt. Er ist ein Heiler auf körperlichem und geistigem Gebiet in einem, denn er eben kennt beider Verbindung und vermag von da aus auf beide einzuwirken; er lehrt dich deine Geschäfte so zu verwalten, dass dein Gemüt frei wird, und er lehrt dich dein Gemüt so in sich zu festigen, dass du den Geschicken standhalten kannst. Und immer wieder weiß er dich ... zu führen, bis du dich allein weiter zu wagen vermagst; er tut nichts statt deiner, was du schon selber zu tun erstarkt bist; er nimmt deiner Seele keinen Kampf ab, den sie selber bestehen muss, um ihr besonderes Werk in der Welt zu vollbringen. Dies gilt aber auch für den Umgang der Seele mit Gott ..."[6].

Je ganzheitlicher also geistliche Begleitung ist, desto geistlicher ist sie. Dazu gehört auch die *Einbeziehung der psychischen und somatischen Dimension.* „Das innere Leben muss die ganze Person, Geist, Seele und Leib, durchdringen. Zwischen dem Physischen und dem Psychischen besteht eine so enge Verbindung und Wechselwirkung, dass Unordnung in einem Sektor notwendig auf den anderen übergreift.

Geist und Seele sind eins. Beides muss für das Wirken Gottes offen, verfügbar sein. Das ist die Grundlage für den ganzen inneren Kampf. Sein Ziel ist es, das Geschöpf in einer dauernden Verbindung mit dem Schöpfer zu halten. Sein einziger Zweck in der Vereinigung der ganzen Person mit Christus"[7].

Geistliche Begleitung hilft dem Suchenden, sich mit der ganzen Breite seiner Lebenserfahrung dem Wort und Geheimnis Gottes ohne Vorsicht und ohne Rücksicht zu überlassen.

Geistliche Begleitung muss sich bemühen, Lebenserfahrung auf *Sinn*erfahrung hin abzulauschen. Johannes Tauler sagt einmal: „Viele Menschen würden Gott gerne folgen, wenn es im Gleich-Sein (in der Trost-, Identitätserfahrung) zu geschehen hätte; fällt es aber in das Ungleich-Sein (in der Erfahrung des Überstiegs, der Nicht-Identitäts-Erfahrung), so kehren sie sofort um. Und doch ist das Ungleich-Sein (die Nicht-Identitäts-erfahrung) viel fruchtbarer, nützlicher und besser als das Gleich-Sein (die Trosterfahrung)."

‚Denn die Erfahrung des „Gleich-Seins", der Identität, des Trostes, kann den Menschen verführen, dass er bei dieser Erfahrung stehen bleibt und nicht den Schritt aus ihr hinaus tut zum jenseitigen Gott, jenseits von allem, was wir verstehen und erleben können. Erst von dort her kann unser Leben seinen *Sinn* voll und ganz gewinnen.'[8]

2. Geistliche Begleitung hat es mit *konkreten Verhaltensweisen im Alltag* zu tun

Geistliches Tun ist immer konkret: an einem bestimmten Ort, zu einer bestimmten Zeit, in Beziehung zu ganz bestimmten Menschen. An Jesus selbst, „der im Fleisch gekommen ist", kann man ablesen, „dass Gottes Weg in die Welt hineinführt, in ihre Geschichte, ihre Nöte, ihre Zukunftshoffnungen", ihre Gemeinschaftsformen. So ist Gott in unserer Welt präsent. Darum kann sich geistliche Begleitung nicht auf die Vermittlung von Zielvorstellungen und Regeln des geistlichen Lebens beschränken.[9] Sie darf den Suchenden in seinem Bemühen, die Wahrheit im Alltag zu *tun*, nicht allein lassen. Geistliche Begleitung bleibt nie theoretisch. Sie zielt auf das Leben, die Situation, die Praxis. Sie versucht, bestimmte Lebensumstände in ihrer Bedeutsamkeit für den Suchenden geistlich zu entziffern.

3. Die Fähigkeit zu geistlicher Begleitung wächst aus „hinhörendem Tun".

Wer die Unterscheidung im Geist mit dem anderen zu ertasten sucht, sollte aus einer tiefen betenden Begegnung mit den „Geheimnissen des Lebens Jesu" bemüht sein, die „Lebensweise des Herrn" zu übernehmen. Nur aus einer Vertrautheit (familiaritas) mit dem Herrn, aus dem leidenschaftlichen Verlangen, sein Wort festzuhalten (Joh 14,23), wächst die Unterscheidungsgabe, zu wittern, was von Gott kommt und zu ihm hinführt und was nicht.[10]

Die Vertrautheit mit dem Herrn ist noch entscheidender als große geistige Qualitäten und praktische Urteilsfähigkeit. Sie ist auch nicht zu ersetzen durch eine gute Kenntnis psychologischer und psychosomatischer Zusammenhänge, so unentbehrlich das alles geworden ist. In der geistlichen Begleitung geht es um mehr als das psychologisch Erkennbare und das durch Übung Erlernbare.

4. Geistliche Begleitung ist Einweisung in „hinhörendes Tun".

Damit ein Mensch zur Einheit von Wort und Leben, zur Integration von Glaube und Erfahrung findet, wird geistliche Begleitung in Fragen der persönlichen Lebensgestaltung auf die Hl. Schrift verweisen. Sie wird auch die Glaubenserfahrung derer in Erinnerung bringen, die in der Nachfolge Jesu seine „Lebensweise" übernommen haben.[11]

Zur Sensibilisierung für Gottes Wirken im eigenen Leben gehört, dass einer den *„Spuren Gottes" in seiner Vergangenheit* nachgeht, dass er zu entdecken versucht, aus welchen „Zubereitungen der Vergangenheit" ihm Lebenssinn zugewachsen ist. Dabei ist es wichtig, auf die „Muster" solcher Sinnerfahrungen zu achten. Auf diese Weise kommt allmählich eine religiöse Biographie zutage.

In gleicher Weise gilt es, den *immer wiederkehrenden Impulsen* im eigenen Leben nachzuspüren und zu prüfen, ob sie sich als „Lebenszeichen Gottes" zu erkennen geben, die das eigene Leben als ganzes betreffen und in eine klare Richtung weisen, wie z. B. bei Mt 13,44-46. Geistliche Begleitung wird es an den Tag bringen, ob einer noch mit solchen Impulsen rechnet und darauf vertraut, dass Gott mit ihm Geschichte machen will.

Zum „hinhörenden Tun" gehört auch das Erspüren und Befolgen des *eigenen Lebensrhythmus.* Ohne diesen inneren Gehorsam fällt ein Mensch aus der Beziehung zu sich selbst und seiner Geschichte. Er verliert seine Beziehung zu anderen Menschen und zu den Dingen. Er ist nicht „in" seinen Worten, nicht „in" seinen Gesten, nicht „in" dem, was er gerade tut. Thomas Merton sagt einmal: „Wer sich erlaubt, von einer Menge unvereinbarer Belange hinweggetragen zu werden, wer sich zu vielen Anforderungen unterwirft, sich mit zu vielen Aufgaben beschäftigt und jedem in allem helfen will, der erliegt der Gewalttätigkeit. Der Wahnsinn des Aktivisten neutralisiert sein Werk ... Er zerstört die Frucht seines eigenen Wirkens, weil er die Wurzel der inneren Weisheit abschneidet, die sein Werk erst fruchtbar macht."[12]

Die Absicht, zu der einmaligen Ganzheit zu wachsen, auf die hin ein Mensch von Gott her angelegt ist, wird aber vergeblich sein, wenn der Suchende sich nicht *kontinuierlich vorgegebenen Übungen* unterzieht, d.h. Übungen, die seiner Beliebigkeit entzogen sind und unabhängig von seiner augenblicklichen Stimmungslage. Der Weg zur Christ-werdung eines Menschen geht auch über das Einfügen in eine äußere Ordnung. Geistliche Begleitung wird auf dieses freisetzende Element nicht verzichten können. Eine vernünftige äußere Ordnung ermöglicht oft erst den Freiraum eigenen Suchens und eigenen Erfahrens.[13]

Es liegt am Suchenden selbst, sich in das „hörende Tun" hineinzubewegen, seiner Sehnsucht nach Einheit und Erfüllung eine konkrete Gestalt zu geben. Gottes Geist schenkt sich nur in dem Maß, als der Suchende mit dem Herzen hörend die Wahrheit tut.

5. **Geistliche Begleitung ist von einer tiefen Ehrfurcht vor dem Person-Geheimnis und der individuellen Berufung des einzelnen getragen und von dem Glauben an „seine Fähigkeit zum Unmöglichen".**

„Dem Evangelium nach heißt ‚Man-selber-sein' so lange zu graben, bis man auf die unersetzliche Gabe stößt, die in jedem Menschen verborgen ist. Durch diese einzigartige Gabe hindurch, die in nichts der eines anderen gleicht, verwirklicht sich der Mensch in Gott" (Roger Schutz).

Der geistliche Begleiter wird sich zurücknehmen, sobald er wahrnimmt, dass Gott selbst die Initiative übernimmt und sich dem Suchenden erschließt. Das eigentliche Geschehen, die Umformung in Christus, spielt sich im anderen ab, in dessen eigener Mitte. In diesem Innenraum zwischen Gott und Mensch darf der Begleiter mit seinen eigenen Vorstellungen nicht sprechen.

Aus dieser Ehrfurcht vor dem anderen und aus diesem Glauben an den anderen wird ein Begleiter auch spüren, wann es an der Zeit ist, sich vom anderen wieder zu trennen und ihn in seinen eigenen Lebensgehorsam zu entlassen.

6. Geistliche Begleitung braucht unendlich viel Geduld.

Im geistlichen Leben gibt es keine Abkürzungen. Geistliche Begleitung geht davon aus, dass man auf dem Weg zur Menschwerdung immer wieder am Anfang steht und von neuem aufbrechen muss. Jeder noch so leidenschaftlich Suchende und im „hinhörenden Tun" Geübte wird immer neu erfahren, dass er Sünder ist. Selbsttäuschungen bleiben nicht aus. Zudem „gibt es auf spiritueller Ebene kein festes Kapital, das von selbst arbeitet. Jeden Tag verfügt man nur über das Manna, das man an diesem Tag aufgesammelt hat; am nächsten Tag ist es bereits vertrocknet"[14].

So wird der Glaube an die „Fähigkeit zum Unmöglichen" im andern oft auf eine harte Probe gestellt. In dem Buch „Alexis Sorbas" von Nikos Kazantzakis wird erzählt, wie jemand eines Morgens in der Rinde eines Baumes einen Kokon entdeckte, gerade in dem Augenblick, als der Schmetterling ein Loch in das Gehäuse bohrte, um auszuschlüpfen: „Ich wartete eine Weile, aber es dauerte mir zu lange und ich wurde ungeduldig. Ich beugte mich über den Kokon und hauchte ihn mit meinem Atem an. Ich erwärmte ihn so schnell ich konnte, und das Wunder geschah vor meinen Augen, schneller als das Leben es fertig gebracht hätte. Das Gehäuse öffnete sich und der Schmetterling krabbelte langsam heraus. Ich werde nie mehr den Schrecken vergessen, der mich befiel, als ich sah, wie die Flügel des Schmetterlings in sich zusammensanken. Mit aller Anstrengung versuchte er, seine Flügel zu entfalten. Ich beugte mich wieder über ihn, um ihm mit meinem Atem zu helfen. Vergeblich. Er hätte ganz langsam ausschlüpfen müssen, und seine Flügel hätten sich nach und nach in der Sonne entfalten müssen, nun war es zu spät. Mein Atem hatte den Schmetterling herausgetrieben, und alles fiel in sich zusammen vor seiner Zeit. Der Schmetterling kämpfte noch verzweifelt, und wenige Sekunden später starb er in meiner Hand." (Übersetzung aus dem Englischen vom Verf.)

Diese kleine Geschichte mag verdeutlichen, mit welcher Geduld und mit welcher Ehrfurcht und Feinfühligkeit gegenüber „Gesetzmäßigkeiten" eines geistlichen Individuationsprozesses jemand einen anderen auf seinem Glaubensweg zu begleiten hat.

7. **Es gehört zu den langwierigsten und heikelsten Bemühungen in der geistlichen Begleitung, den Übenden mit der Gesetzmäßigkeit des geistlichen Lebens vertraut zu machen, dass wir nur über die Erfahrung der eigenen Schwachheit zu einer tiefen Gottverbundenheit finden.**

   Erst die Annahme dieser Gesetzmäßigkeit wird den Suchenden freisetzen. Nur dann kann Gottes Gnade in ihm zur Vollendung kommen.

   Abba Josephos mit dem Beinamen Dioratikós hatte die Gabe, den göttlichen Funken im anderen zu sehen und mit dem göttlichen Feuer in Verbindung zu bringen. Er kam in Fühlung mit dem, was im anderen wirklich lebte – oft verborgen auf dem Grund seines Herzens. Er durchschaute den frommen Schein und berührte die tiefste Sehnsucht im Menschen. Er hatte erfahren, dass es besser ist, seine eigene Schwachheit zu kennen als die Engel zu schauen.

   Als ihm eines Tages ein junger Bruder gestand, er habe alle Hoffnung aufgegeben, ein geistlicher Mensch zu werden, sagte Abba Josephos zu ihm: Glaube daran, dass etwas in dir ist, das darauf wartet, befreit und lebendig zu werden. Es gibt nichts, das böse und der Liebe unwürdig wäre. Auch die Triebe des Menschen sind von sich aus nicht böse. Mache aus ihnen einen „Esel für Gott". Da wurde der junge Bruder mit seiner tiefsten Schwachheit versöhnt, und sie feierten im Angesicht Gottes seine Barmherzigkeit.

8. **Geistliche Begleitung muß bei aller Hinwendung zum einzelnen die übergreifende Dimension des Kirchlichen und Gesellschaftlichen, den „Dienst für Gottes Sache unter den Menschen" im Blick haben.**

   Wer einem andern hilft, sein Leben nach dem Evangelium zu „ordnen", muss darum bemüht sein, dass die Spiritualität eines einzelnen in eine Spiritualität von Gemeinschaft einmündet: *mit* anderen und *für* andere. Geistliche Begleitung darf nicht an der Gemeinschaft von Menschen vorbeiführen, die sich in der Kirche am Wort und Beispiel Jesu ausrichten, um gemeinsam eine Antwort auf ihre geschichtliche Situation zu suchen und „auszubuchstabieren".[15]

9. **Geistliche Begleitung ist Dienst am prophetischen Auftrag der Kirche.**

Wir leben in einem gesellschaftlichen Kontext, der wesentlich geprägt ist von

- einer starken Ausrichtung auf technisch-wirtschaftliches und administratives Funktionieren in Verbindung mit einem Verlust an persönlichen Werten
- einem starken Streben nach materiellem Gewinn in Verbindung mit einem bedrohlichen Individualismus, der im anderen den ständigen Konkurrenten sieht.

Es gibt in unserer Gesellschaft so viele „wunde Stellen", wo durch keine noch so gerechtfertigte Kritik Zuversicht und Hoffnung mehr vermittelt werden können. Es gibt so viel Leid und Sinnlosigkeit, so viel Schuld und Scheitern, Ohnmacht und Enttäuschung, die durch keine menschliche Macht, keine sozialen Veränderungen und caritativen Maßnahmen aufgehoben werden können.

Hier hat geistliche Begleitung die gefährliche Erinnerung an die *eine* ganz bestimmte Geschichte Jesu und an sein Prophetenschicksal wachzuhalten. Jesu Weg, der zu Kreuz und Auferstehung führte, soll sich dem Suchenden erschließen als ein Weg, besser: als *der* Weg, wie in dieser alle Menschen bestimmenden Geschichte des Leidens, der Ungerechtigkeit und Schuld, Heil- und Sinnerfahrung möglich ist. Geistliche Begleitung geht davon aus, dass menschliches Heil weder aus den Bedürfnissen des Menschen noch aus denen der Gesellschaft noch aus den Interessen kirchlich-institutioneller Organe ableitbar ist. In Treue zum prophetischen Auftrag der Kirche, die Macht des Bösen über den Menschen zu brechen, wird geistliche Begleitung sich allem und jedem widersetzen, das einen Menschen zum Objekt machen und sein Antlitz entstellen will.

10. **Schließlich gehört zu den wichtigsten Aufgaben geistlicher Begleitung, bei Gott für den Suchenden einzustehen in allem, was nicht bewirkt und getan, sondern nur geschenkt werden kann.**[16]

11. **Geistliche Begleitung kommt nicht ohne *Intuition* aus,** eine Fähigkeit, für die man sich wohl disponieren, über die man aber nicht verfügen kann. Auch sie ist Geschenk.

    Was damit gemeint sein kann, mag zum Abschluss folgende Geschichte verdeutlichen: „Abba Pastor fragte den Abba Joseph: ‚Was muss ich tun, wenn mir Versuchungen nahen? Soll ich ihnen widerstehen oder soll ich ihnen Einlass gewähren?' Der Greis sprach zu ihm: ‚Lass sie ein und kämpfe mit ihnen.' Er kehrte heim und saß in der Sketis, und es begab sich, dass ein aus der Thebais in die Sketis kommender Bruder erzählte, er habe den Abbas Joseph gefragt: ‚Wenn mir eine Versuchung naht, soll ich ihr widerstehen oder soll ich sie in mich einlassen?' Und er habe ihm gesagt: ‚Keineswegs lass die Versuchung in Dich ein, sondern schneide sie schleunigst ab.' Als das Abbas Pastor hörte, stand er auf und ging wieder nach Pamphos zum Abbas Joseph und sprach zu ihm: ‚Vater, ich habe Dir meine Gedanken anvertraut, und Du hast mir anderes gesagt als dem Bruder aus der Thebais.' Und es sprach zu ihm der Greis: ‚Weißt Du, dass ich Dich liebe?' Und er antwortete: ‚Ja'. ‚Hast Du mir nicht gesagt, ich solle zu Dir sprechen, was ich denke, wie wenn ich es zu mir selber sagte? Wenn also

Versuchungen in Dir aufsteigen und Du gibst Dich mit ihnen ab, so fördern sie Dich in der Erprobung. Wie zu mir selbst, so habe ich zu Dir gesprochen. Es gibt aber andere, denen es nicht förderlich ist, wenn sich ihnen Leidenschaft naht; sie müssen sich vielmehr sofort davon abkehren'".[17]

15. Kapitel

Geistliche Begleitung in den Exerzitien nach Ignatius von Loyola

Geistliche Begleitung wird normalerweise in einem zeitlichen Abstand von vier bis sechs Wochen wahrgenommen. Der Begleitete versucht, täglich ein gewisses Maß an Zeit für seine Gebetsübungen zu reservieren, um seine Beziehung zu Gott zu pflegen und sein Leben auf ihn hin zu „ordnen". Manchmal mag es schwierig sein, in den Anforderungen des Alltags diese Kontinuität aufrecht zu erhalten. Darum ist eine klare und ehrliche Entscheidung am Anfang wichtig. Sie hilft, bei aller notwendigen Flexibilität konsequent den eingeschlagenen Weg fortzusetzen.

In *ignatianischen Einzelexerzitien* von etwa zehn bis zu dreißig Tagen wird von denen, die sich darauf einlassen, erwartet, dass sie während dieser Zeit pro Tag bis zu fünf volle Stunden meditieren – mit entsprechender Vor- und Nachbereitung. Das Gebet entfaltet sich in einer Abfolge von verschiedenen aufeinander abgestimmten geistlichen Übungen (Gebetsarten). Für diese Gebetszeiten werden jedem individuell die notwendigen Anregungen und Hilfen gegeben. Jeden Tag ist ein Gespräch mit dem Exerzitienbegleiter, in dem es vor allem darum geht, das, was sich im Verlauf bzw. Gefolge der Gebetsübenden beim einzelnen getan oder nicht getan hat, klarer zu sehen, um Gottes Wirken besser wahrzunehmen und darauf zu antworten.

Ein solcher Übungsprozess entwickelt normalerweise eine eigene Dynamik und eine größere Intensität als das im Alltag möglich ist. Deshalb verlangen ignatianische Einzelexerzitien von denen, die sie begleiten, nicht nur eine längere Gebetserfahrung mit den Übungen dieses geistlichen Weges und eine gründliche Kenntnis des Exerzitienbuches, sondern darüber hinaus eine spezielle Disposition, die ich im Folgenden zu beschreiben versuche.

Wer anderen die geistlichen Übungen „gibt", soll vor allem eine Erfahrung des hl. Ignatius beachten: „Nach meiner Ansicht kann es keinen größeren Irrtum in den geistlichen Dingen geben, als die anderen nach sich selbst leiten zu wollen". So ist es im Prozess der geistlichen Übungen „beim Suchen des göttlichen Willens angemessener und viel besser, dass der Schöpfer und Herr selbst sich seiner ihm hingegebenen Seele mitteile (se comunicar), sie zu seiner Liebe und seinem Lobpreis umfängt (abrazar) und sie für den Weg bereitmacht (disponer), auf dem sie ihm künftig besser dienen kann." Deshalb soll der Begleiter „*wie eine Waage in der Mitte stehend* unmittelbar den Schöpfer mit seinem Geschöpf und das Geschöpf mit seinem Schöpfer und Herrn wirken lassen" (EB 15). Ignatius erwartet also von dem, der die Exerzitien gibt, dass er Raum schafft für eine unmittelbare Beziehung zwischen Gott und dem Übenden. Um diese grundlegende Aufgabe und Ausrichtung zu verstehen, ist es hilfreich, sich **das Bild einer Waage** möglichst anschaulich vorzustellen: Je eine Schale rechts und links hängen an einem Bügel, der in der Mitte auf einer Nabe aufruht. Die Nabe hat als einzige Aufgabe, die Kommunikation zwischen den beiden Schalen zu ermöglichen. Dabei darf sie keinen direkten Einfluss auf eine der beiden Schalen ausüben. Ist sie aber verbogen, dann ist ihre Auswirkung auf die Schalen gestört. Die Nabe funktioniert nur richtig, wenn sie im Lot ist. So ist der Exerzitienbegleiter in der paradoxen Situation, dass er keinen direkten Einfluss ausüben darf bzw. kann und doch die direkte Kommunikation zwischen Schöpfer und Geschöpf ermöglichen soll. Das geht nur, wenn er im Lot ist und gleichzeitig in Kontakt mit beiden steht.

Wie ist die „Nabenfunktion" des Exerzitienbegleiters näherhin zu verstehen, m.a.W. wie ist sein Kontakt zum Übenden und zu Gott genauer zu beschreiben? Er entspricht seiner „Rolle" und Aufgabe am ehesten, wenn er seine Aufmerksamkeit, sein Einfühlungs- und Wahrnehmungsvermögen nach beiden Seiten hin ausrichtet. Einerseits muss er zwischen Schöpfer und Geschöpf vermitteln, andererseits darf er sich nicht in ihre Beziehung einmischen. Das verlangt ein hohes Maß an Sensibilität und geistlichem Spürsinn in beide Richtungen.

1. Die Ausrichtung auf den Übenden

- Sie besteht zunächst darin, dass der Begleiter ihn dafür disponiert, möglichst unbefangen wahrzunehmen, was wirklich in ihm lebt und vorgeht, und zwar ohne es zu werten, z. B. Sehnsucht nach Ganzheit, nach einer religiösen Sinngebung seines Lebens oder auch Angst vor den Konsequenzen, die im Gefolge der geistlichen Übungen sich zeigen können, Widerstand gegen Gott. Ignatius achtet sehr darauf, dass der Übende mehr und mehr spürig wird für die feinsten Regungen in seinem Innern. Deshalb soll der Exerzitienbegleiter den Übenden auf die Ebene seiner seelischen Impulse und Bewegungen führen. Der Übende soll ihm getreu darüber Auskunft geben, was sich im Verlauf der Übungen bzw. danach bei ihm getan oder nicht getan hat. In dem Maß, wie der Begleiter die inneren Vorgänge im Übenden erfasst und verstehend aufnimmt, bringt er ihn dazu, diese Erfahrung immer mehr zu erlauschen. Er hilft ihm, seine eigene Realität tiefer und freier zu erleben und anzunehmen. So wird der Übende auch frei, Neues und Unerwartetes zu entdecken (EB 6 und 17).

  Der Begleiter hört besonders auf die „stille Sprache der Seele", auf die wortlosen Aussagen, die den Übenden stärken und solche, die ihn schwächen. Er formuliert keine Sätze, die im Anderen nicht bereits vorhanden sind. Er lauscht gesammelt, konzentriert auf das, was sich zeigt, und wartet auf den Augenblick, der ihm erlaubt, die unausgesprochenen Sätze für den Übenden zu formulieren.

  Der Begleiter achtet auch auf mögliche Vorentscheidungen, die der Andere längst in der Tiefe seiner Existenz gefällt hat, die aber noch nicht ins volle Bewusstsein aufsteigen konnten, weil sie mit seinem Selbstbild und mit seinem Selbstwertgefühl (noch) nicht übereinstimmen. Auch hier braucht er den rechten Zeitpunkt und eine einfühlsame Art, auszusprechen, was da ist, um es in das Gesamt des Exerzitienprozesses einzubeziehen.

- Um seiner „Nabenfunktion" gerecht werden zu können, muss der Exerzitienbegleiter wahrnehmen, was in ihm selbst während der Begleitung mit dem Übenden vorgeht; nicht, um ihm dies ohne weiteres mitzuteilen, sondern um sich selbst genügend zu ordnen für ein sorgfältiges Hören, einen tiefen Respekt und eine feinfühlige Echtheit. So soll er mehr bereit sein, die Aussage des Übenden „zu retten als sie zu verurteilen; und wenn er sie nicht retten kann, erkundige er sich, wie jener sie versteht, und versteht jener sie in einem üblen Sinn, dann verbessere er ihn mit Liebe, und wenn das nicht genügt, suche er alle angemessenen Mittel, damit jener sie recht versteht und sich rettet" (EB 22). Auch wenn dieser Vorschuss an Vertrauen und vorurteilsfreiem Verstehen in gleicher Weise beim Übenden vorausgesetzt wird, so ist der Begleiter mit dieser Grundhaltung besonders in kritischen Gesprächs-Situationen oft unbewusst Modell für den Übenden. Ignatius betont diese Grundhaltung auch in einem Brief an seine drei Mitbrüder, die als Konzilsberater nach Trient geschickt wurden: "Ich wäre langsam im Sprechen, würde beim Zuhören zu lernen versuchen und bliebe dabei innerlich ruhig, um die Gedanken, Gefühle und Absichten der Sprecher aufzufassen und hernach um so besser zu antworten bzw. um so besser zu schweigen."

- Eng verbunden mit dieser Grundhaltung ist die Achtung vor der Einzigartigkeit des Übenden, die Ehrfurcht vor dem Geheimnis seiner Person. Deshalb soll der Begleiter die Voraussetzungen und Möglichkeiten (disposición) des Übenden erfassen und entsprechend situativ damit umgehen. Er soll sein Alter, seine Bildung und seine Begabung ebenso im Blick haben wie seine augenblickliche seelisch-geistige und körperliche Verfassung (vgl. EB 8, 14, 17, 18) und das, was in ihm zur Wahrheit drängt.

  Beim Umgang mit den Voraussetzungen und Möglichkeiten des Übenden sehe ich für den Exerzitienbegleiter die größte Gefahr, seine Nabenfunktion zu verlassen und direktiv zu werden. Er darf nicht vergessen, dass Gott es ist, der im Übenden das Wollen und das Vollbringen bewirkt, noch über seinen guten Willen hinaus (vgl. Phil 2, 13).

- Das situative Umgehen mit der jeweiligen Wirklichkeit des Übenden bezieht sich sowohl auf den „Stoff" und den praktischen Vollzug der täglichen Übungen als auch auf die Länge der einzelnen Exerzitienphasen („Wochen") und die Erklärung der Regeln zur Geistlichen Unterscheidung (vgl. EB 4, 7-10, 14, 16 und die entsprechenden Zusätze und Bemerkungen zu den vier „Wochen"). Hierher gehört auch das Ermessen für den Beginn und die „Zeit", eine „gesunde und gute Wahl" zu treffen.

- Alle Ausrichtung auf den Übenden zielt darauf, dass dieser „mit großmütiger Gesinnung (con grande ánimo) und Weitherzigkeit (liberalidad) gegenüber seinem Schöpfer und Herrn ... ihm sein ganzes Streben und seine Freiheit anbietet (ofrecer), damit seine göttliche Majestät sich sowohl seiner Person wie all dessen, was er besitzt, entsprechend ihrem heiligsten Willen bediene" (EB 5). Diese Offenheit und Verfügbarkeit wird ihm nur unter Mühen und im Durchstehen immer wiederkehrender Krisen zuteil. Sie ist eine Haltung und Gesinnung, die dem Übenden letztlich von Gott geschenkt wird. Sie bleibt unverfügbare Gabe.
- Die Offenheit und Verfügbarkeit wird lebendig, wenn der Übende mit der tiefsten Sehnsucht seines Herzens in Berührung kommt, mit jener Suchbewegung, die Gott selbst ihm ins Herz gegeben hat. Auf diese Quelle seiner Sehnsucht kann der Übende stoßen, wenn er bei der Betrachtung eines biblischen Textes etwas entdeckt, das ihn ganzheitlich anspricht und auf Gott hin „in Bewegung" bringt.

Deshalb soll der Exerzitienbegleiter bei der Vorlage des biblischen Textes für die Meditation oder Kontemplation den „Stoff" kurz und zusammenfassend auslegen, also keine langen und erschöpfenden Erklärungen geben. Er zeigt gleichsam auf den Schatz im Acker des Schrifttextes, den der Übende dann selbst ausgraben mag. Wenn der Übende „die wahre Grundlage der Geschichte annimmt, sie selbständig durchgeht und bedenkt und etwas findet, das die Geschichte ein wenig mehr aufhellt oder erspüren lässt, ... so gibt das mehr Geschmack und geistliche Frucht ... nicht das Vielwissen sättigt die Seele und gibt ihr Genüge (hartar y satisfacer), sondern das Spüren und Verkosten (sentir y gustar) der Dinge von innen" (EB 2). Das persönliche Neuentdecken sowie das „Spüren und Verkosten ... von innen" her sind ein zutiefst gnadenhaftes Geschenk. Deshalb muss der Begleiter, wenn er dem Übenden diese Texte vorlegt, sich selbst um eine Haltung der Ehrfurcht gegenüber dem eigentlich Handelnden bemühen: Gott ist es, der dem Übenden Herz und Verstand öffnet, damit er in die Erfahrung der Emmausjünger gerät: „Brannte nicht unser Herz ..." (Lk 24,32).

Der Begleiter würde seiner „Nabenfunktion" untreu werden, wenn er mit der Vorlage des Betrachtungsstoffes den Schrifttext oder den Übenden vereinnahmen wollte. Diese Gefahr ist besonders dann gegeben, wenn er bestimmte Wertungen einfließen lässt und den „Stoff abrundet", d.h. alle Spannungen im Text und alle Fragen, die er auslöst, für den Übenden selbst beantwortet. Er muss vielmehr damit rechnen, dass jeder Teil des Textes den Übenden ganzheitlich ansprechen *kann* und nicht vorauszusehen ist, in welchem Wort oder Bild, in welcher Person oder Szene die Gegenwart des lebendigen Gottes ihn berührt und zur vollen Anwesenheit (Präsenz) kommen lässt.

In solchen Augenblicken, da aus der Begegnung des Erfahrungs- und Lebensstromes mit dem vorgelegten Schrifttext verborgene „Orte" im Innern berührt werden, kann der Übende zu neuen existenziellen Einsichten kommen. Er erfährt, dass er persönlich gemeint und bei seinem Namen gerufen ist.

2. Die Ausrichtung auf Gott

Der Exerzitienbegleiter kann nicht direkt zwischen Gott und seinem Geschöpf vermitteln und doch muss es eine Verbindung mit IHM geben, wenn das Bild der Waage auch für diese Beziehung stimmen soll. Wie kann er seine „Nabenfunktion" in Bezug auf Gott wahrnehmen?

- Die Ausrichtung auf Gott besteht zunächst und vor allem darin, aus einer kontemplativen Begegnung mit den „Geheimnissen des Lebens Jesu" darauf aus zu sein, die „Lebensweise des Herrn" zu übernehmen. Aus der Vertrautheit (familiaritas) mit dem Herrn und dem leidenschaftlichen Verlangen, in seiner Nachfolge das Verlorene zu suchen und zu retten, wächst die Unterscheidungsgabe, zu wittern, was von Gott kommt und zu ihm hinführt und was nicht.

  Die Verbundenheit mit dem Herrn ist für die geistliche Begleitung noch entscheidender als große geistige Qualitäten und praktische Urteilsfähigkeit. Sie ist auch nicht durch eine gute Kenntnis psychologischer „Gesetzmäßigkeiten" und psychosomatischer Zusammenhänge zu ersetzen, so unentbehrlich das alles ist. Hier geht es um mehr als das, was man psychologisch erkennen und durch Übung erlernen kann. Diese Ausrichtung auf den Herrn bedeutet, dass sie die ganze Person des Begleiters, Geist, Seele und Leib durchdringt. „Zwischen dem Physischen und dem Psychischen besteht eine so enge Verbindung und Wechselwirkung, dass Unordnung in einem Sektor notwendig auf den anderen übergreift. Geist und Leib sind eins. Beides muss für das Wirken Gottes offen und verfügbar sein. Das ist die Grundlage für den ganzen inneren Kampf. Sein Ziel ist es, das Geschöpf in einer dauernden Verbindung mit dem Schöpfer zu halten. Sein einziger Zweck ist die Vereinigung der ganzen Person mit Jesus Christus" (R. Schutz).

- Zu der ganzheitlichen Ausrichtung auf Gott gehört auch *das Erspüren und Befolgen des eigenen Lebensrhythmus.* Ohne diesen inneren Gehorsam fällt der Begleiter aus der Beziehung zu sich selbst und seiner Geschichte. Er ist dann nicht *in* seinen Worten, nicht *in* seinen Gesten, nicht *in* dem, was er gerade tut. Thomas Merton sagt einmal: „Wer sich erlaubt, von einer Menge unvereinbarer Belange hinweggetragen zu werden, wer sich zu vielen Anforderungen unterwirft, sich mit zu vielen Aufgaben beschäftigt und jedem in allem helfen will, der erliegt der Gewalttätigkeit. Der Wahnsinn des Aktivisten neutralisiert sein Werk ... Er zerstört die Frucht seines eigenen Wirkens, weil er die Wurzel der inneren Weisheit abschneidet, die sein Werk erst fruchtbar macht." Die Witterung Gottes wird dem zuteil, der mit dem Herzen hörend die Wahrheit tut (Joh 3,21).

- Zur „Nabenfunktion" des Exerzitienbegleiters im Blick auf Gott gehört selbstverständlich, dass er über eine längere Erfahrung mit dem geistlichen Weg der Exerzitien verfügt und eine gründliche Kenntnis des Exerzitienbuches hat. Er kennt also aus eigenem Erleben und aus der Tradition den Weg der geistlichen Übungen und weiß um die Art und Weise, wie Gott auf diesem Weg sich zeigen kann. Seine persönliche Erfahrung und sein an der Tradition der Exerzitien überprüftes Wissen sind nicht abgeschlossen und bleiben begrenzt.
- Zur „Liebe und Sorgfalt", die geistlichen Übungen zu geben, gehört in diesem Zusammenhang nicht zuletzt das Gebet. Der Begleiter soll den Übenden „sehr ernst Gott empfehlen". Darüber hinaus gehört es zu seiner „Nabenfunktion", aus der Gegenwart des Herrn zu leben und sie in der Begegnung mit dem Übenden zu bezeugen. Die Begleitung geschieht in einer Atmosphäre der „Anwesenheit Gottes". Er ist das eigentliche Gegenüber sowohl für den Übenden wie für den Begleiter. Wenn diese Wirklichkeit nicht im Raum steht, kann man wohl kaum von einer geistlichen Kommunikation sprechen.

  Dazu gehört wesentlich, dass der Begleiter sich von Gott führen lässt, damit er zum Vermittler eines guten Weges wird. Diese „Führungsqualität" kann nicht ohne ein tiefgehendes, manchmal sehr unangenehmes Gefühl von Ohnmacht und Nicht-weiter-wissen „erworben" werden, – eine Erfahrung, die alle Vorstellungen entmutigt, selbst zu wissen, wo es für den Anderen lang geht. Es sind die fruchtbarsten Momente in der Begleitung, wenn wir das Feld räumen für das Handeln des Herrn.

Geistliche Begleitung in den Exerzitien versteht sich also als Einweisung und Einübung „in die Gesinnung, die dem Leben in Christus Jesus entspricht" (Phil 2,5), damit der, der die Übungen empfängt (recibir), aus der „inneren Erkenntnis" (conocimiento interno) des Herrn zulässt, was in ihm Mensch werden will nach dem Bild, auf das hin er geschaffen ist.

Wer andere in geistlichen Übungen begleitet, sollte sich über seine „Nabenfunktion" nach beiden Seiten hin im Klaren sein und darum wissen, dass es schwieriger ist, „den Menschen in das spirituelle Leben einzuführen als in wissenschaftliche Disziplinen" (M. Légaut).

Exerzitienbegleitung ist meines Erachtens eher eine Aufgabe in der zweiten Lebenshälfte, d.h. wenn wir genügend Aus- und Fortbildungen hinter uns haben und ein gerütteltes Maß an Lebenserfahrung uns zur Verfügung steht. In dieser Lebensphase können hoffentlich Ehrgeiz und die Notwendigkeit von Selbstbehauptung und -bestätigung zurücktreten. Es wird uns dann hoffentlich leichter fallen, uns zurückzunehmen und uns in Dienst nehmen zu lassen. Das ist neben aller notwendigen fachlichen Kompetenz die wichtigste Qualität, die wir in die Exerzitienbegleitung einbringen können.

Die beiden Fragen zur „Nabenfunktion" des Exerzitienbegleiters können als Anregung genommen werden, die eigene Praxis zu reflektieren.

Die Grafik auf der nächsten Seite versucht, die Ausführungen über die geistliche Begleitung in ignatianischen Exerzitien zusammenfassend zu verdeutlichen.

1. Inwieweit entspricht meine Art, andere in Einzelexerzitien zu begleiten, der Wirklichkeit des Bildes von der „Nabenfunktion" zwischen den beiden Waagschalen?
2. Welche Schwierigkeiten habe ich mit der Nabenfunktion des Exerzitienbegleiters?
   - ⇨ von meiner „Ideologie", d.h. von meinem Vor-Verständnis von geistlicher Begleitung her?
   - ⇨ von meiner Charakterstruktur her?
   - ⇨ von meinen Erfahrungen mit Begleiteten her?

Geistliche Begleitung in Exerzitien

Exerzitienbegleiter(in)

- Das Wissen um den Weg der Exerzitien als geistlichen Individuationsprozess
  - ➢ aus eigener Erfahrung
  - ➢ aus der Tradition, das bedeutet eine gründliche Kenntnis des Exerzitienbuches

  Er / sie weiß also etwas über die Art und Weise, wie göttliches Wirken menschliche Gestalt annehmen kann.

- Die eigene Gotteserfahrung/-beziehung aus der er/sie lebt. Die Verbundenheit (familiaritas) mit dem Herrn ist für die Begleitung noch entscheidender als große geistige Qualitäten und praktische Urteilsfähigkeit.

- Die momentane Aufmerksamkeit, Sensibilität, Durchlässigkeit für Gottes Wirken

- Das Gebet für den / die Begleitete(n)

➢ **Disponieren** für ein geistliches Exerzitium mit dem Ziel: einen geistlichen Wachstumsprozess einzuleiten bzw. zu fördern; Menschwerdung nach dem Bild Gottes, d. h. disponieren
- für eine absichtslose und unbefangene Wahrnehmung dessen, was im Übenden lebt und vorgeht (Sehnsucht, Verlangen, Angst, Widerstand), also für die „ganze" Wahrheit seines / ihres Lebens, aber ohne zu werten
- für eine Offenheit und Verfügbarkeit gegenüber Gott

Dies geschieht durch praktische Orientierungen aus der Tradition dieses geistlichen Weges.
- Strukturierungshilfen für den Tag
- Vorlegen biblischer Texte
- methodische Schritte zum Vollzug der geistlichen Übungen
- Beachtung des Phasenmodells*)

Diese praktischen Orientierungen sind gleichsam das Vehikel, bzw. das Instrumentarium, das den Kontakt zwischen dem / der Übenden und Gott ermöglichen soll.

➢ **Begleiten** des geistlichen Übungsprozesses (fördern, entfalten)

→ Beziehung ←

Übende(r) / Begleitete(r)

- Die geistlichen Übungen und die Gestaltung des Alltags, die die Offenheit und die Verfügbarkeit gegenüber Gott fördern und zur Entfaltung bringen d. h. → Phasen des geistlichen Wachstumsprozesses:*)
  - Vertrauen in Gott
  - Umkehr
  - Neuorientierung
  - Gottes Willen eine konkrete Gestalt geben
  - Vertiefung: Passion, Tod und Auferstehung
  - Gott finden in allen Geschöpfen

  - seine / ihre Sehnsucht und Suchbewegung nach Gott
  - Gottes Sehnsucht nach ihm / ihr
  - seine / ihre Widerstände gegen Gottes Lebensabsichten mit ihm / ihr
  - die Wachheit und das Schweigen des Herzens: Kontemplation

- Reflexion der geistlichen Übungen und Tagesrückblick als „Gebet der liebenden Aufmerksamkeit"

- Selbstexploration über das, was im Verlauf oder Gefolge der geistlichen Übungen geschah, und seine Auswirkungen auf den / die Übende(n):

  Trost – Trostlosigkeit

16. Kapitel

Geistliche Begleitung nach der kontemplativen Gebetstradition der Kirche

Vom Weg des Schweigens im Gebet

Wenn der Begleitete gelernt hat, sein Leben vor Gott zur Sprache zu bringen, und er sich lange darin geübt hat, das Wort Gottes, vor allem die Geheimnisse des Lebens Jesu, zu meditieren und sein Leben nach dem Evangelium auszurichten, dann kann in ihm die Sehnsucht lebendig werden, sich dem Geheimnis Gottes im Gebet auf eine Weise zu nähern, die Gedanken und Worte, Bilder und Bewegungen der Gefühle hinter sich lässt.

Der Begleiter sollte sorgfältig die Anzeichen wahrnehmen, die beim Begleiteten darauf hindeuten, dass dieser von Gott auf den Weg des Schweigens gezogen und zur Kontemplation geführt wird. Wenn der Begleiter mit der kirchlichen Gebetstradition dieses Weges vertraut ist, wird es ihm möglich sein, den Begleiteten weiterzuführen.

In den Kirchen des Ostens kann man die kontemplative Gebetstradition bis zu den Anfängen des christlichen Mönchtums in der ägyptischen Wüste zurückverfolgen. Vor allem die „Aufrichtigen Erzählungen eines russischen Pilgers" haben diese Tradition auch im Westen bekannt gemacht.

Wie die Übung des Jesusgebetes zieht die „Wolke des Nichtwissens" von einem anonymen Autor der Westkirche aus dem 14. Jahrhundert heute viele an, die ernsthaft nach verlässlichen Übungsschritten auf dem Weg zu einem kontemplativen Leben in Beruf und Alltag, in sozialen Bindungen und Verpflichtungen suchen. Beide Wege sind einander sehr ähnlich, sie verdanken sich dem einmal gemeinsamen Gut der Kirchen des Ostens und des Westens. Im Folgenden wird diese kontemplative Gebetstradition als Orientierung für Begleiter und Begleitete in Erinnerung gebracht – mit der für eine Einführung gebotenen Kürze.

Vom Weg des Schweigens im Gebet nach der „Wolke des Nichtwissens"

1. Kurze geschichtliche Einführung

Einen Weg des Schweigens von klassischer Einfachheit verdanken wir einem englischen Mystiker aus dem 14. Jh., dem anonymen Verfasser der „Wolke des Nichtwissens". Zu seiner Zeit war aus der Suche vieler Menschen nach einer kontemplativen Spiritualität eine breite Bewegung unter den Laien geworden. Der schwarze Tod, der zwischen 1348 und 1369 ungefähr ein Drittel der Bevölkerung hinwegraffte, der endlose Krieg mit Frankreich, die „babylonische Gefangenschaft" der Kirche und das große Schisma hatten unter der Bevölkerung zu einem weit verbreiteten Gefühl von Unsicherheit und Bedrohung sowie zu einem Verlust an religiöser Geborgenheit geführt. So kam es, dass damals viele Menschen, vor allem unter den „zunehmend kritisch denkenden Gläubigen" (W. R. Riehle) nach einem Weg suchten, der eine persönliche unmittelbare Begegnung mit Gott ermöglichte. Unter ihnen waren zahlreiche Männer und Frauen, die ein aktives Leben mit Kontemplation verbinden wollten, ohne ihre familiären Bindungen und sozialen Verpflichtungen aufzugeben.

Für die geistliche Betreuung dieser Suchenden waren die „Seelenführer" von großer Bedeutung. Zu ihnen gehörte auch der Verfasser der „WOLKE". Er hat bis jetzt allen Bemühungen widerstanden, seine Anonymität aufzuhellen. Aus seinem Werk, das außer der „Wolke" noch andere Texte umfasst, lassen sich kaum Rückschlüsse auf seine Biografie ziehen. Wir wissen lediglich, dass er in den letzten Jahrzehnten des 14. Jh. wirkte und in dem Dialekt schrieb, der im nördlichen Teil der Central East Midlands um diese Zeit gesprochen wurde. Vermutlich war er Priester und gehörte einem kontemplativen Orden an. Sein Werk zeugt von einer breiten und fundierten theologischen Bildung und offenbart bei aller Originalität eine Vertrautheit im Umgang mit den traditionellen Übungsschritten auf dem Weg zu einem kontemplativen Leben.

Sein Werk übt bis auf unsere Tage auf viele ernsthaft Suchende eine erstaunliche Anziehungskraft aus. Das liegt nicht zuletzt daran, dass uns hier eine spirituelle Persönlichkeit von seltener Kompetenz begegnet, die ihre eigenen Erfahrungen diskret mit einfließen läßt. Die Klarheit seiner Orientierungen ist frei von geistiger Enge und asketischer Strenge. Er zeigt viel Verständnis für die Anfangsschwierigkeiten seiner Schüler und weist trotz aller Zeitbedingtheit seines theologischen Hintergrundes einen Weg von klassischer Einfachheit. Mit Humor und feinem Spott setzt er sich von pseudo-mystischen Phänomenen seiner Zeit ab. Seine Weisungen kommen aus einer positiven Grundeinstellung zum Leben und haben nichts gemein mit einem resignierten Rückzug in die private Innerlichkeit.

2. *Das Ziel des kontemplativen Bemühens: eine einfache, liebende Sehnsucht nach Gott*

Was mit dem Weg des Schweigens gemeint ist, kommt recht anschaulich in folgendem Gebet zur Sprache:

> *Herr, da sein vor Dir,*
> *das ist alles.*
> *Die Augen meines Leibes schließen,*
> *alle Sinne ruhen lassen*

und still werden – regungslos;
mich Dir aussetzen,
wie Du Dich mir ausgesetzt hast.
Dir gegenwärtig sein, dem Allgegenwärtigen.

Herr, einfach dasein möchte ich vor Dir,
leer von jedem Gedanken,
von jedem Bild,
leer von allem Gemachten und Gewollten.

Herr, dasein möchte ich vor Dir
und Dir ohne Hindernis begegnen
im Schweigen des Glaubens
und in der Armut
eines einzigen Wortes.

Der Autor der „Wolke des Nichtwissens" gibt in seinem „Brief" von der mystischen Seelenführung (MS) die Anweisung: „Willst du beten, vergiss alles, was du getan hast oder vorhast zu tun. Lass alle Gedanken vorüberziehen, gleich, ob gute oder böse. Gebrauche beim Beten keine Worte, es sei denn, du fühlst dich innerlich dazu gedrängt .... Nur eines habe im Sinn, dass in deinem Herzen eine einfache tiefe Sehnsucht nach Gott wach ist .... Lass also dein Denken und Fühlen auf ihn hin eins werden, indem du versuchst, alles Nachdenken über ihn und über dich aufzugeben. Halte dein Denken leer, dein Fühlen unabhängig und dich selbst in reiner Gegenwärtigkeit, damit Gnade dich anrühren und dich kräftigen kann mit der Erfahrung der wirklichen Gegenwart Gottes" (MS).

Dieses liebende Sich-ausrichten ist der Kern seiner Einführung in den Weg des Schweigens. In immer neu variierenden Formulierungen sucht der Autor das einzig Entscheidende herauszustellen: Willst du vorankommen, lass in dir eine ganz tiefe Sehnsucht nach Gott wachsen. Diese Sehnsucht ist zwar letztlich sein Geschenk an dich, doch an dir liegt es, sie zuzulassen und sie zur Entfaltung kommen zu lassen (vgl. W Kap 2).

Tu nichts anderes, als dein Herz mit einer demütigen Regung der Liebe Gott hinzuhalten. Sehne Dich nach Ihm und nicht nach Seinen Gaben. Lass es deine einzige Sorge sein, mit ungeteilter Aufmerksamkeit auf Ihn ausgerichtet zu sein. Versuche mit allen Kräften, alles andere zu vergessen (vgl. W Kap 3).

Lass nur noch deine liebende Sehnsucht mutig und froh emporsteigen, um das Dunkel über dir zu durchdringen. Durchstoße diese dichte Wolke des Nichtwissens mit dem Speer deiner liebenden Sehnsucht. Lass nicht nach, mag kommen, was will (vgl. W Kap 6).

Versuche ohne Unterlass, mit dem spitzen Speer deines liebenden Verlangens die Wolke des Nichtwissens zwischen dir und Gott zu durchbohren. Weigere dich, an etwas zu denken, was geringer ist als Gott und lass dich durch nichts ablenken (vgl. W Kap 12).

Es genügt ein einfaches Verlangen (a naked intention), eine Sehnsucht, die einzig auf Gott gerichtet ist (vgl. W Kap 7).

> *„Nimm den guten gnädigen Gott ... und lege ihn gleichsam als Heilverband um dein krankes Selbst ... Halte Gott einfach dein krankes Selbst hin und lass deine Sehnsucht sich aufmachen, Ihn ... zu berühren. Denn Ihn berühren, heißt heil werden" (MS).*

Der Autor der „Wolke" ist sehr zurückhaltend gegenüber starken Gefühlsäußerungen in der kontemplativen Übung:

Solange sich unsere Sehnsucht noch mit Gefühlen mischt, ist sie Gott nicht so nahe, als wenn sie ganz behutsam in der lauteren Tiefe des Geistes lebendig ist .... Nimm deine Sehnsucht in die Tiefe deines Geistes, in den Seelengrund hinein, weit weg von jeder Vermengung mit irgendeiner sinnlichen Empfindung, die ihre geistige Eigenschaft mindert und weiter von Gott wegführt ... (vgl. W Kap 47).

Die gleiche Zurückhaltung übt der Autor gegenüber der Entfaltung unserer imaginativen Kräfte in der Kontemplation. Seiner Meinung nach lenkt das eher von Gott ab. Die Möglichkeit einer kontemplativen Vereinigung mit Gott hängt von IHM, nicht von unseren Fähigkeiten ab.

Das liebende Verlangen eines lauteren Herzens... kann mit keinem Mittel und keiner Methode erzwungen werden. Gott selbst bewirkt es... (vgl. W Kap 48).

Auch *Johannes Tauler* u. a. spricht von der Notwendigkeit, sich von allem zu lösen, was einer ungeteilten und geläuterten Hinwendung des Beters zu Gott im Weg steht: „Wirst du dessen gewahr, dass Gott dich nach innen ziehen will, laß alles fallen, folge Gott einfach, lass alle deine bildhaften Vorstellungen fallen. Kommen dir irgendwelche Gedanken dazwischen, lass sie fallen, sollten es selbst göttliche Erleuchtungen sein. Maß dir nichts an durch deine Sinne; kommst du mit all dem nicht zum Ziel, leg es auf Gott: Er wird es gut machen." Natur und Vernunft werden so geläutert, der Kopf gestärkt, der Mensch den Tag über friedlicher, gütiger und ruhiger, dank der inneren Übung, durch die er sich mit Gott vereinigt hat. Davon werden alle seine Werke gut geordnet ...[18].

Johannes vom Kreuz sagt im Aufstieg zum Berg Karmel: „Der Mensch muss sich ganz und gar von allem entäußern, was in seinen Fassungsbereich fallen kann .... Er muss wie ein Blinder im Dunkel bleiben und sich auf den dunklen Glauben stützen und ihn zur Leuchte und zum Führer wählen, statt auf seinen Verstand, Geschmack, sein Gefühl oder seine Vorstellungskraft zu vertrauen. Denn das alles ist Finsternis, die ihn in die Irre führt und aufhält. Der Glaube hingegen ist über allem solchen Verstehen, Genießen, Empfinden, Vorstellen. Wird aber der Mensch dafür nicht blind und bleibt dafür nicht in vollständigem Dunkel, dann gelangt er auch nicht zu dem, was darüber erhaben ist, was ihn der Glaube lehrt" (II,3).

3. Der Kern der kontemplativen Übung

Ein einfaches Wort, in dem die einfache, liebende Sehnsucht nach Gott allein gegenwärtig ist.

Um in gesammelter Aufmerksamkeit und in diesem liebenden Aussein auf Gott hin auszuharren und nicht ins Assoziieren, Phantasieren oder Dösen abzugleiten oder sich in Gedankenprozesse zu verheddern, empfiehlt der Autor der „Wolke" dem Beter auf den Weg des Schweigens, sich für die Zeit der Übung ein kurzes, am besten ein einsilbiges Wort auszuwählen. In diesem Wort soll er die ganze Kraft seiner Sehnsucht nach Gott sammeln und alle Zerstreuungen und störende Gedanken abwehren. *‚Willst du deine Sehnsucht in ein Wort fassen, um dich besser daran halten zu können, nimm am besten ein kurzes Wort mit einer einzigen Silbe.... Nimm dieses Wort so tief in dich hinein, dass es nicht verklingt, was auch geschehen mag ....* Benutze es, um in die dunkle **Wolke (des Nichtwissens)** über dir zu stoßen. Alle Zerstreuungen wehre damit ab und bringe sie unter die **Wolke des Vergessens** (vgl. W Kap 7).

Es genügt also, seine Aufmerksamkeit auf ein einziges Wort zu richten ... und die Wirklichkeit, für die das Wort steht, auf sich wirken zu lassen. Dabei gilt es, die Neugier des Verstandes zu bändigen und darauf zu verzichten, das Wort zu analysieren und seinen verschiedenen Bedeutungen nachzugehen. So etwas ist der kontemplativen Übung abträglich. Das Wort muss in seiner Ganzheit belassen werden (vgl. W Kap 36).

In dem kurzen Wort soll das Verlangen nach Gott allein gegenwärtig sein. Außer ihm soll nichts unsere Gedanken und unser Herz erfüllen (vgl. W Kap 40).

> *„Lass jeden Gedanken vorüberziehen, mag er noch so klar und wohltuend sein. Bedecke ihn mit einer dichten Wolke des Vergessens, denn in unserem irdischen Leben kann nicht unser Wissen und Denken bis zu Gott dringen, sondern nur die Liebe" (W Kap 8).*

Die Weisung, alle Gedanken und Vorstellungen vorüberziehen und hinter sich zu lassen, wiederholt der Autor der „Wolke" im nächsten Kapitel und fügt hinzu, dass eine einzige blinde Regung der Liebe zu Gott Ihm mehr gefalle als alles andere, was man sonst tun könnte (vgl. W Kap 9).

Wann immer also der Beter sich zu dieser (dunklen) Kontemplation hingezogen fühlt, soll er sich diesem „geheimnisvollen Zug" überlassen und ebenso sorgfältig wie entschieden darauf achten, alles loszulassen und ruhen zu lassen: seine leiblichen Sinne, seine geistlichen Fähigkeiten, seine intellektuellen Aktivitäten, alles, was er außerhalb seiner selbst mit seinen Sinnen wahrnehmen und alles, was er in seinem Innern mit seinem geistlichen Wahrnehmungsvermögen erkennen kann.

In diesem Zusammenhang ist es wichtig, dass es nicht die Geschöpfe selbst sind, die unter die Wolke des Vergessens gestoßen werden, sondern nur der Gedanke, die Erinnerung an sie, die Vorstellung von ihnen. Das geschieht auch nur während der kontemplativen Übung. Nicht als wären die Geschöpfe in irgendeiner Weise vom Bösen, sie sollen nur nicht Gegenstand unserer Aufmerksamkeit sein, solange wir in der kontemplativen Übung verweilen.

Das Vergessen von *allem*, was geringer ist als Gott, das Leerwerden von allem, was unsere Sinneswahrnehmung und unser intellektuelles Vermögen, was unser Gedächtnis und unsere Vorstellungskraft präsentieren, ist aber sinnlos und sogar gefährlich, wenn der Übende sich nicht liebend auf Gott hin ausrichtet.

Die Wolke des Nichtwissens ist nur ein Mittel, um die *ein*-fache, liebende Sehnsucht nach Gott, „the blind stirring of love" zu pflegen. Sie will nicht das Wissen auslöschen, sondern das ungeordnete Verlangen, die Wissbegier, mit dem unser Wissen gekoppelt ist.

Wenn die Wolke des Vergessens die Seele gereinigt hat, ist sie frei, zu lieben in der Freiheit des Geistes. Wer alles losgelassen hat, erhält alles wieder zurück: Ein von Gott verwandelter Mensch – sein Ebenbild. Wenn die Wolke des Vergessens ihr Werk vollbracht hat, kann man sich wieder erinnern.

Es geht also nicht um ein Zerstören, sondern um ein Verwandeln.[19]

Die Grafik auf der nächsten Seite mag als zusammenfassende Verdeutlichung dienen.

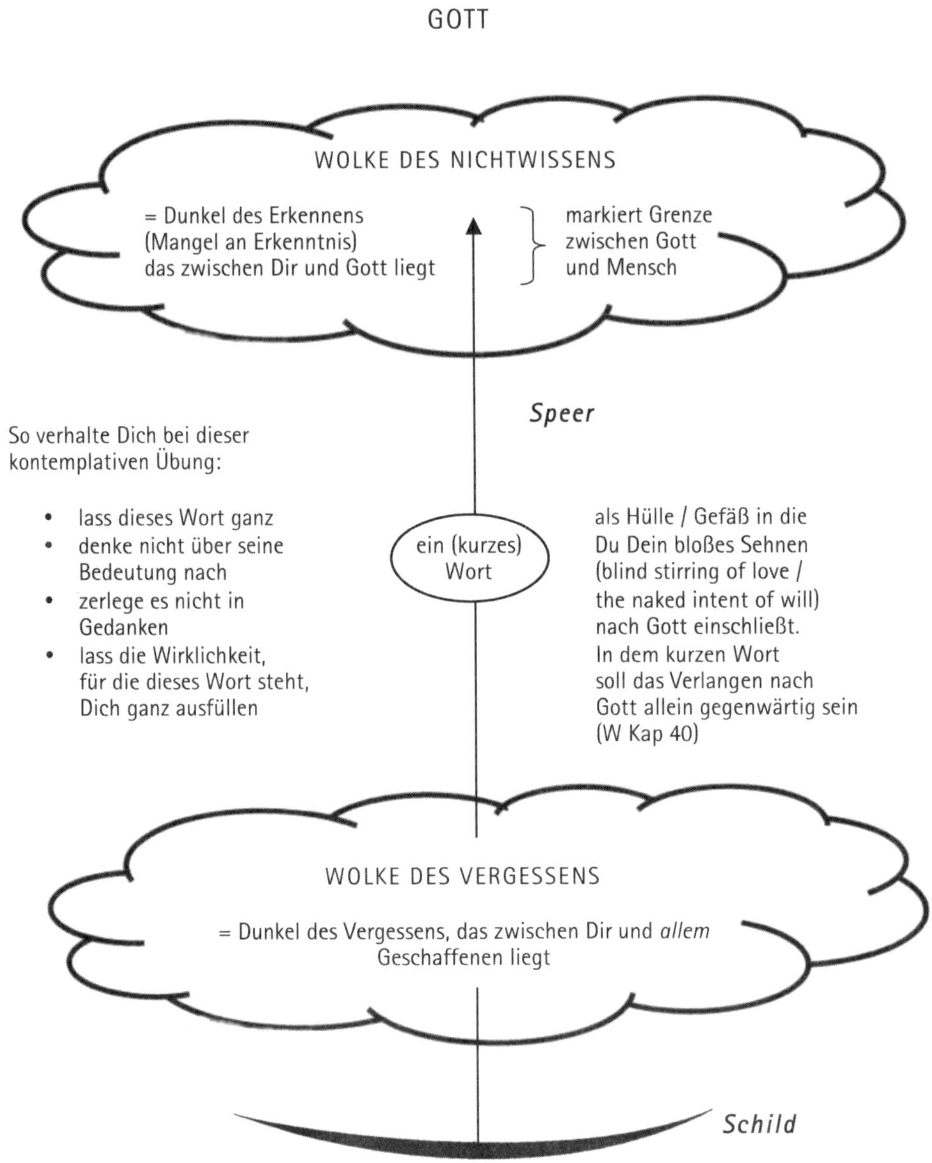

= Vergessen, was außer Gott ins Bewusstsein kommt durch:
- Sinneswahrnehmung
- intellektuelles Vermögen; begriffliches und diskursives Denken
- Vorstellungskraft, Phantasie
- Gedächtnis, Erinnerung
- Wille
- Gefühle

4. Die Mühe der kontemplativen Übung

Das Einüben in die innere Sammlung, das Loslassen der zahllosen Gedanken, Bilder und Vorstellungen ist ein mühsamer Weg: Wer sich zur Kontemplation hingezogen fühlt, soll großmütig und entschlossen die Mühe auf sich nehmen, die mit dem Einüben der inneren Sammlung verbunden ist. Die eigentliche Mühe besteht darin, die Erinnerung an die Geschöpfe unter die Wolke des Vergessens zu bringen.

„Wenn du dir nur anfangs die größte Mühe gibst, wirst du bald von der Größe und Schwere dieser Arbeit erleichtert werden. Denn wenn auch dieses Werk am Beginn, solange du noch nicht zur wahren Kontemplation gefunden hast, hart und schwer ist, wird dir, sobald du die rechte Kontemplation erlernt hast, das mühelos und leicht vorkommen, was für dich zuerst sehr schwer war, und dann brauchst du dich nur noch wenig oder gar nicht mehr abzumühen. Denn dann will Gott zuweilen ganz allein in dir wirken; immer aber wird Er es nicht tun und auch nicht lange Zeit hindurch, vielmehr nur dann, wann und wie es Ihm gefällt. Und dann wirst du Freude daran haben, Ihn ungestört walten zu lassen.

Vielleicht sendet er dann gelegentlich einen Strahl geistigen Lichtes aus, der diese Wolke durchbricht, die zwischen dir und Ihm ist, um dir etwas von Seinen Geheimnissen zu zeigen, von denen der Mensch weder sprechen darf noch kann." (W Kap 26)

Es kommt darauf an, unablässig in dieser kontemplativen Übung fortzufahren, bis sie schließlich das ganze Leben durchdringt (vgl. W Kap 34).

Mit Techniken und Methoden ist die kontemplative Liebe, das „Werk", nicht zu erreichen. Alle Hilfen sind abhangig von dieser kontemplativen Liebe. Sie selbst aber ist unabhängig von ihnen (vgl. W Kap 34).

Der Autor der „Wolke" warnt den Beter davor, krampfhaft zu üben. Er solle eher mit weiser Kunst als mit falscher Kraftanstrengung wirken. Eine gewisse Gelassenheit ist der Kontemplation bekömmlicher als tierischer Ernst (vgl. W Kap 46).

Wenn jemand sich zur kontemplativen Übung hingezogen fühlt, soll er am Anfang nur kurze Zeit sich mühen und dann ausruhen. Der Autor legt großen Wert darauf, der göttlichen und menschlichen Spontaneität in der Kontemplation ihren Raum zu belassen. Wir müssen mit freudigem Eifer „üben", nicht mit Gewalt. Echte Kontemplation steigt aus einer Tiefe auf, die wir nicht manipulieren können. Alles, was wir tun können, ist: uns zu disponieren und uns nicht einzumischen, wenn diese kontemplative Regung in uns aufsteigt.

In diesem Zusammenhang macht dieser Lehrer des geistlichen Lebens auch deutlich, daß das kontemplative Leben einen gesunden, gelösten und belastbaren Leib und eine ebensolche Seele braucht (vgl. W Kap 41).

5. Die theologische Ausrichtung und spirituelle Wirkung der kontemplativen Übung

(1) Gott um Seiner selbst willen lieben (vgl. W Kap 5), Gott Gott sein lassen.

(2) Die Gottebenbildlichkeit des Menschen wieder herstellen.

Jeder von uns ist nach dem Bild Gottes geschaffen, Ihm ähnlich, und er ist gerufen, zu der einmaligen Ganzheit zu wachsen, zu der er von Gott her angelegt ist. Paulus sagt im Römerbrief, dass Gott uns im voraus erkannt und auch dazu vorausbestimmt hat, dem Bilde seines Sohnes gleichgestaltet zu werden (Röm 8,29). In Gemeinschaft mit den anderen sollen wir „zur Einheit ... in der Erkenntnis des Sohnes Gottes gelangen, damit wir zum vollkommenen Menschen werden und Christus in seiner vollendeten Gestalt darstellen". Wir sollen „in allem (in jeder Hinsicht) wachsen, bis wir ihn erreicht haben" (Eph 4,13 ff.).

Durch das „Werk", d.h. durch die kontemplative Übung, das Exerzitium, wird die Gottebenbildlichkeit des Menschen wieder hergestellt (vgl. W. Kap 4).

(3) Die Sünde überwinden

Kein anderes „Werk" reinigt dich so sehr und macht dich so lauter wie dieses ... (vgl. W Kap 3). Es geht nicht nur an „den Grund und die Wurzel der Sünde, soweit das hienieden möglich ist", sondern lässt den Menschen im Guten wachsen (vgl. W Kap 12).

(4) Den Nächsten lieben

Für den, der vollen Ernst macht mit der kontemplativen Übung, wird nach und nach „ein Mensch wie der andere, mag er nun verwandt oder fremd, Freund oder Feind sein .... Alle Menschen erscheinen ihm als Freunde und keiner als Feind ..." (vgl. W. Kap 24). Der Autor ergänzt im nächsten Kapitel: „Wer ein rechter Jünger unseres Herrn sein will, der muss sich im Geist bei diesem „Werk" sehr abmühen und so zur Erlösung seiner Brüder und Schwestern beitragen, wie unser Herr seinen Leib ans Kreuz schlagen ließ ..." (vgl. W Kap 25).

6. Voraussetzungen für den Weg der Kontemplation

Keiner findet zur Kontemplation, der nicht lange Zeit die Hl. Schrift meditiert und sich geläutert hat. Der Autor warnt Leute, die sich vor der Zeit auf den Weg der Kontemplation machen wollen. Denn auf dem Weg zur Kontemplation sind wichtige „Stufen" nicht zu überspringen:

(1) Meditation der Hl. Schrift

Der Übende sollte sich durch das Lesen, Hören und Betrachten der Hl. Schrift darauf vorbereiten; die Betrachtung führt zum Beten und schließlich zur Kontemplation (lectio ⇨ meditatio ⇨ oratio ⇨ contemplatio). Darum sollten Anfänger und auch Fortgeschrittene sich nicht wundern, wenn sie nicht beten können, falls sie sich nicht die Mühe machen, über Gottes Wort nachzusinnen.

Auch solche, die schon über Erfahrungen im kontemplativen Leben verfügen, müssen Gottes Wort lesen und hören, bevor sie es meditieren (betrachten). Ohne ernsthafte Meditation gibt es kein ernsthaftes Gebet und keine Kontemplation (vgl. W Kap 35).

Die Meditation der Hl. Schrift unterweist den Geist, bewegt den Willen und erwärmt das Herz fürs Gebet. Alle großen Lehrer des Gebetes betrachten die Meditation als einen grundlegenden Schritt im Gebetsleben. Hier erfährt man etwas von Gott und lernt, auf Seine Stimme zu hören.

Wer glaubt, er könne „zur Kontemplation gelangen ohne viele vorausgehende tröstliche Meditationen über die eigene Erbärmlichkeit, das Leiden Christi und Gottes große Güte und Erhabenheit, wird sicher irregehen". Man muss sich in diesen Meditationen lange geübt haben (vgl. W Kap 7). Dafür gibt der Autor zwei Gründe an:

a) Bevor unsere Vorstellungskraft nicht über längere Zeit durch Meditation in Zucht genommen ist, kann man der vielen verschiedenartigen Gedanken, Bilder und Phantasiegebilde, die durch die Aktivität unserer Vorstellungskraft dem Bewußtsein angeboten und eingeprägt sind, nicht Herr werden (vgl. W Kap 65).

b) Gottes Wort ist mit einem Spiegel zu vergleichen: ohne das Lesen und Hören, ohne das Meditieren des Gotteswortes ist es nach menschlichem Ermessen nicht möglich, sich als Sünder zu erkennen (vgl. W Kap 35).

(2) Läuterung des Herzens (Umkehr)

Wer sich auf den Weg der Kontemplation gezogen fühlt, muss zuerst „sein Gewissen reinigen! Und danach, wenn man alles, was zur Beichte gehört, ordnungsgemäß und nach Kräften getan hat, soll man sich ... an dieses ‚Werk' machen" (vgl. W Kap 28).

Der Umkehrprozess soll im Rahmen der kirchlichen Bußpraxis und in Übereinstimmung mit dem geistlichen Begleiter geschehen (vgl. W Kap 75).

(3) Entscheidung für den kontemplativen Weg

Für den kontemplativen Weg braucht es die Entschiedenheit „mit lauterem Willen und in ungeteilter Hingabe", „ein vollkommener Jünger Christi zu sein" (vgl. W Prolog). Die Entscheidung für diesen Weg soll mit Zustimmung des geistlichen Begleiters gefällt werden (vgl. W Kap 16).

Wer sich also aufrichtigen Herzens für den kontemplativen Weg entschieden hat, soll in dieser Gnade und in diesem „Werk" wirken.

Die kontemplative Übung oder, wie der Autor der Wolke sagt, das (mystische) „Werk" vollzieht sich also in drei Schritten:

(a) *Grundlage ist die Lektüre der Hl. Schrift,* denn durch sie erfährt der Übende schließlich das Ausmaß und die Folgen seines fehlgeleiteten Willens. Die Bibel ist wie ein Spiegel, durch den der Übende

(b) in einer *zweiten Stufe* zur Meditation gelangt und sich dabei selbst erkennen könne. Die *Erkenntnis des eigenen Selbst* führe zur Demut vor Gott und dem Verlangen nach Erlösung von der Sünde.

(c) Erst dann kann der Übende im geistlichen Gebet als der *dritten Stufe* des (mystischen) „Werkes" *sich ganz auf Gott ausrichten* und alle Gedanken und Wünsche beiseite legen.

7. Zeichen / Kriterien für den Weg der Kontemplation

Um einen Ruf zur Kontemplation richtig erkennen zu können, sind folgende Kriterien wichtig:

(1) Ein wachsendes Verlangen nach Kontemplation, das sich während der täglichen Gebetsübungen ständig bemerkbar macht – eine Sehnsucht, die sich ganz von selbst einstellt!

(2) Eine Unfähigkeit, gegenständlich zu meditieren.

(3) Eine „stille Sehnsucht" nach Gott, d.h. wenn du dich von etwas freudig bewegt fühlst, wobei du an nichts Geringeres als an Gott denkst und dein Verlangen bloß und unmittelbar auf IHN gerichtet ist (vgl. W Kap 34).

(4) Keine rechte Freude an allem, was vergänglich ist, ein Gefühl von Arm„seligkeit".

(5) Ein Gefühl völliger Unzulänglichkeit, solange nicht diese einfache liebende Sehnsucht der innere Beweggrund für dein ganzes Wirken ist (vgl. W Kap 75).

(6) Eine Sehnsucht nach Einsamkeit, die inneren Frieden und Ruhe gibt (keine Flucht).

(7) Eine tiefe Freude, die immer dann auftritt, wenn du über Kontemplation hörst oder liest – eine Freude, die dich begleitet, wenn du am Abend zu Bett gehst und am Morgen aufstehst.

(8) Die Erfahrung von Glück, wenn nach längerer Zeit der Trockenheit diese „stille liebende Sehnsucht" nach Gott sich plötzlich wieder meldet – eine tiefe Freude, die größer ist als der vorher empfundene Schmerz über ihren Verlust (vgl. W Kap 75).

8. Vertrauen und Ausdauer in der kontemplativen Übung

Der Weg ins Schweigen hinein ist wohl nur durchzuhalten aus der Überzeugung, dass in dem „blinden" Sich-ausstrecken nach Gott etwas mit dem Beter geschieht, das nicht von ihm gemacht ist. Johannes Tauler spricht wie andere geistliche Autoren von den Zweifeln und Anfechtungen, die man auf einem solchen Weg zu gewahren hat: „Dann kommt die Vernunft, die nach einem Gegenstand für ihre Tätigkeit sucht, weiterhin deine eigene Vernünftigkeit und spricht: ‚Womit beschäftigst du dich? Du sollstest anderes vornehmen: Du versäumst deine Zeit: Du solltest betrachten und beten'. Sodann der Feind: ‚Warum sitzt du hier? Du solltest irgendeine geistliche Übung machen: steh auf; Du verlierst deine Zeit; tu dies oder jenes gute Werk!' Schließlich kommen die ungeschliffenen Menschen und sagen: ‚Was sitzt du hier und hörst nicht Gottes Wort?' Das sind alles Jagdhunde; und du selbst wirst einer und bellst dich selber an ...".[20]

Das größte Hindernis besonders für den Weg des Schweigens ist die instinktive Vorahnung, dass gewisse Dinge in meinem Leben geändert werden müssen. Das erschwert die Treue auf dem Weg und das Treubleiben den Erfahrungen, die sich beim Beter nach und nach einstellen. „Es ist leicht zu üben, aber es ist schwer, ein Übender zu bleiben" (Karlfried Graf Dürckheim).

Zusammenfassung

1. Beten will mich schließlich dahin führen, mit Leib, Seele und Geist, mit der ganzen Breite meiner Erfahrung mich dem WORT und GEHEIMNIS GOTTES ohne Vorsicht und ohne Rücksicht zu überlassen.
2. Deshalb gehört es zu jeder Gebetsübung, dass ich versuche, alles loszulassen, was mich an einer ganzheitlichen und ungeteilten Ausrichtung auf Gott hindert.
3. Es ist für rechtes Beten unerlässlich,
   - ⇨ die Hl. Schrift zu lesen
   - ⇨ wahrzunehmen, welche Stimmungen und Gefühle, welche „Bewegungen" das Wort der Hl Schrift in mir auslöst

⇨ mit dem Verstand und mit dem Herzen ihren „geistlichen Sinn" zu erfassen

⇨ die Beziehung zwischen meinen Erfahrungen und den Glaubenserfahrungen der Hl. Schrift zu entdecken versuchen

⇨ mein Leben zu „ordnen"

4. Wenn ich spüre, dass mein Beten das Denken loslassen möchte, dass die Bewegungen der Stimmungen und Gefühle verklingen, dass ich ohne Worte, ohne Bilder und Vorstellungen beten möchte, einfach da sein "vor" Gott in Seinem Blick und mit der Sehnsucht nach IHM – ein Blick der Liebe, der Gedanken, Worte, Bilder und Gefühle hinter sich lässt –, dann kann das ein Anzeichen dafür sein, mich für einen Weg des Betens zu öffnen und zu entscheiden – den Weg des Schweigens, wie er in der kirchlichen Gebetstradition vorgezeichnet ist.

5. Auf diesem Weg ist nach dem Zeugnis der Tradition geistliche Begleitung anzuraten.

Die beiden folgenden Texte aus dem „Buch der mystischen Lebensführung" und der „Wolke des Nichtwissens" können als kurze Übungsanleitung für den Begleiteten genommen werden.

Nur eines habe im Sinn ...!

Willst du beten, vergiss alles, was du getan hast oder vorhast zu tun. Lass alle Gedanken vorüberziehen, gleich ob gute oder böse. Gebrauche beim Beten keine Worte, es sei denn, du fühlst dich innerlich dazu gedrängt ... Nur eines habe im Sinn, dass in deinem Herzen eine einfache tiefe Sehnsucht nach Gott wach ist ... Lass also dein Denken und Fühlen auf ihn hin eins werden, indem du versuchst, alles Nachdenken über ihn und über dich aufzugeben. Halte dein Denken leer, dein Fühlen unabhängig und dich selbst in reiner Gegenwärtigkeit, damit Gnade dich anrühren und dich kräftigen kann mit der Erfahrung der wirklichen Gegenwart Gottes.

Lass es deine einzige Sorge sein, mit ganzem Vertrauen und ganzer Aufmerksamkeit auf ihn ausgerichtet zu sein. Versuche mit allen Kräften, alles andere zu vergessen.

Buch von der mystischen Seelenführung (MS)

Um in gesammelter Aufmerksamkeit und in diesem liebenden Aussein auf Gott hin auszuharren und nicht ins Assoziieren oder Dösen abzugleiten oder sich in Gedankenprozessen zu verheddern, empfiehlt der Autor der „Wolke" dem Beter auf dem Weg des Schweigens sich für die Zeit der Übung ein kurzes, am besten ein einsilbiges Wort auszuwählen. In diesem Wort soll er die ganze Kraft seiner Sehnsucht nach Gott sammeln und alle Zerstreuungen und störenden Gedanken abwehren.

„Willst du deine Sehnsucht in *ein* Wort fassen, das du leicht behalten kannst, ziehe ein kurzes Wort einem langen vor ... Nimm dieses Wort so tief in dich hinein, dass es nicht verklingt, was auch kommen mag ... Benutze es, um in die Wolke des Dunkels über dir zu stoßen. Alle Zerstreuungen wehre damit ab und bringe sie unter die Wolke des Vergessens".

Wolke des Nichtwissens (W)

Die Übung des Jesusgebetes

„Jesus ist das brennende Licht,
das der Name wie eine Linse sammeln und lenken kann,
bis ein Feuer in uns entzündet ist."

Von einem Mönch der Ostkirche

Einen breiten Strom kontemplativer Gebetstradition finden wir in den Ostkirchen mit der Übung des Jesusgebetes. Sie reicht zurück bis zu den Anfängen des christlichen Mönchtums in der ägyptischen Wüste (3. Jh. n. Chr.) und findet ihren Höhepunkt in bezug auf ihre Praxis und ihre theologische Begründung auf dem Berg Athos, bes. mit dem hl. Gregor vom Sinai (1255-1346) und dem hl. Gregor Palamas (1296-1359). Durch Nil Sorskij (1433-1508) kam die Übung schon früh vom Athos nach Rußland und erlebte vor allem durch den weitgereisten Paissij Velickowskij (1722-1794) vom Ausgang des 18. Jh. an eine neue Blütezeit, die bis zum Beginn des 20. Jh. andauerte.

1. Kurzer geschichtlicher Überblick über die Entwicklung und Verbreitung des Jesusgebetes

Seit dem 6. Jh. hat die lebendige Tradition des Jesusgebetes ununterbrochen in den Kirchen des Ostens ihren Platz. Manchmal war dieser Strom des Gebetes stark und gleichmäßig, manchmal kaum mehr als ein Rinnsal, das ganz zu versiegen schien. Er wurde jedoch immer wieder durch einzelne belebt, die sich auf die alten Quellen besannen und zu ihnen zurückkehrten. Sie lasen die Schriften der Väter und versuchten, sie in ihrem Leben zu verwirklichen. Seine klassische Form gewann das Jesusgebet durch die Verbindung der rhythmischen Wiederholungsgebete der Wüstenväter mit dem Jesus-Namen. Diese Stoßgebete, z. B. kurze Psalmverse, die unablässig wiederholt wurden, hatten ihr Vorbild im Neuen Testament, wo z. B. der Zöllner im Tempel betet: „Gott, sei mir Sünder gnädig" (Lk 18,13) oder der Blinde vor den Toren Jerichos ruft: „Jesus, Sohn Davids, erbarme dich meiner" (Lk 18,38). Die immer wiederholten Stoßgebete wurden auch „Ein-Wort-Gebete" (= monologia) genannt.

Man kann insgesamt vier Perioden unterscheiden, in denen die Praxis des Jesusgebetes besonders intensiv gepflegt wurde: Sie werden hier in Erinnerung gerufen, nicht um der Geschichte, sondern um unseres Betens willen. Die Geschichte kann uns helfen, die Liebe zu dem Weg der Vereinigung mit Christus zu beleben und zu entfalten. Gleichzeitig macht der geschichtliche Überblick uns bewusst, in welchen ununterbrochenen Gebetsstrom wir gleichsam eintauchen, um uns von ihm tragen zu lassen und ihn selbst mitzutragen.

(1) Auf dem **Sinai** entstand im 5. Jh. der große Überlieferungsstrom des sinaitischen Hesychasmus. Hesychasmus leitet sich von dem griechischen Wort *hesychia* her und bedeutet äußere Einsamkeit und Zurückgezogenheit sowie innere Ruhe und Gelassenheit. Ein Hesychast ist also jemand, der die *hesychia* lebt, d.h. der als Mönch oder Einsiedler in äußerer Abgeschiedenheit sein Leben ganz auf Innerlichkeit und Beschauung auszurichten versucht. Der Hesychasmus geht zurück auf die Lehre vom „reinen Gebet" des Evagrios Pontikos (+ 399), d.h. auf die Lehre vom gedanken-freien und bild-losen Gebet. Dieser gelehrte Mönch verband in sich die Spiritualität der Wüstenväter und der großen alexandrinischen Theologen, vor allem des Origines (+ 254). Die Spiritualität der Mönche vom Sinai war von einer starken Jesusfrömmigkeit geprägt, deren natürliche Frucht die Anrufung des Jesus-Namens war.

Zu den palästinensisch-sinaitischen Vätern gehören im 6. Jh. vor allem die beiden Schweigemönche **Barsanuphios der Große** (+ um 540) aus dem Kloster des Abtes Seridos zwischen Askalon und Gaza und sein Schüler **Johannes, der Prophet.** Beide haben eine Sammlung von 850 geistlichen Briefen verfasst, die u. a. ein wichtiges Zeugnis der geistlichen Führung durch den Geistlichen Vater darstellen.

Etwa ein Jahrhundert später war **Johannes Klimakos** (580-649) Mönch im Sinaikloster, zuerst Einsiedler, dann Abt. Er trägt seinen Beinamen von seinem Hauptwerk, der „Leiter (griech. *klimax*) zum Paradies". Es ist bis heute ein Standardwerk hesychastischer und überhaupt östlicher monastischer Spiritualität. Die „Paradiesleiter" hatte für die Verbreitung des Jesusgebetes große Bedeutung.

In die monastische Landschaft des Sinai gehören ferner **Hesychios vom Bathoskloster**, dem Dornstrauchkloster (Ende des 7. Jh.) und **Philotheos vom Sinai** (9.-10. Jh.). Beide sind für eine weitere methodische Ausgestaltung des Jesusgebetes wichtig.

Mit **Simeon dem Neuen Theologen** (949-1022) erreicht die erste große Epoche der byzantinischen Mystik ihren Höhepunkt und auch ihr Ende. Schon zu seinen Lebzeiten hatte die Hesychia beim orientalischen Mönchtum an Bedeutung verloren und geriet in Vergessenheit.

(2) Zu einem neuen Aufblühen der hesychastischen Mystik kam es im 14. Jh. auf dem **Berge Athos.** Hauptträger dieser Erneuerung sind der **hl. Gregor vom Sinai** (1255-1346), der Laie **Nikolaos Kabasilas** (+1371) und der **hl. Gregor Palamas** (1296/97-1360). Gregor Sinaites ist gleichsam das Bindeglied zwischen der sinaitischen und der athonitischen Frömmigkeit. Er hat die alte hesychastische Überlieferung durch seine Begegnung mit dem Mönch **Arsenios** auf Kreta wiederentdeckt und durch seine Lehre, mehr noch durch sein Beispiel zu neuer Bedeutung und nachhaltiger Wirkung gebracht. Gregor Palamas, später Erzbischof von Tessalonich, wird durch seine öffentliche Auseinandersetzung mit

dem Mönch Barlaam aus Kalabrien um die Gebetsweise und mystischen Erfahrungen der Hesychasten zum Hauptvertreter des östlichen Hesychasmus. Hier ist auch **Nikephoros der Einsiedler** (Anfang 14. Jh.) zu nennen, der als geistlicher Lehrer des Gregor Palamas gilt. Er empfiehlt die hesychastische Gebetsweise, die später die „physische Methode" genannt und Symeon dem neuen Theologen zugeschrieben wurde. Seine Schriften, vor allem die „Methode über das heilige Gebet und die Achtsamkeit" genießen in der monastischen Tradition des Ostens hohes Ansehen.

Eine Art Zusammenfassung und Synthese der athonitischen Periode, die auch das goldene Zeitalter des Hesychasmus genannt wird, bildet die Zenturie (Hundert-Sprüche-Lehre) des **Kallistos** und **Ignatios**, beide genannt **Xanthopoulos** (Ende 14. Jh.). Sie ist im Gegensatz zu den oft polemischen Schriften des Gregor Palamas eine rein positive Darstellung der hesychastischen Frömmigkeit, in deren Mitte das Jesusgebet steht.

Vom Athos aus wurde die Übung des Jesusgebetes in den griechischen und slawischen Raum getragen. Der hl. Gregor Sinaites wirkte auch hier als Bindeglied. Er gründete im bulgarischen Gebiet von Paroria an der Grenze zum byzantinischen Reich ein Kloster und sammelte während seiner letzten Jahre eine beträchtliche Zahl von Mönchen, Griechen, Bulgaren und Serben. Sein Wirken hatte eine große Ausstrahlung auf die Länder des Balkans und auf Russland. **Nil Sorskij** (1433-1508) betrachtet den hl. Gregor vom Sinai als „den tiefsten Geist der Ostkirche". Dieser russische Starze pilgerte von seinem Kloster in der Nähe des Weißen Sees zusammen mit seinem Freund Innokentij zum Berg Athos, um tiefere Unterweisung im Gebet zu finden. Dort verbrachte er mehrere Jahre und studierte unter Anleitung den ganzen Reichtum geistlicher Überlieferung, vor allem die Werke der bereits genannten großen Väter. Es sind die Väter, die das monastische Leben auf die Grundlage des Herzensgebetes und der Gottverbundenheit stellen. In besonderer Weise fühlt sich Nil Sorskij mit dem hl. Gregor vom Sinai verbunden, dessen Geist auf dem Athos in seinen Schülern noch lebendig war.

Nach Russland zurückgekehrt, siedelte er sich mit Innokentij in der Nähe seines früheren Klosters in den einsamen Tannenwäldern des russischen Nordens an und gründete nach dem Beispiel der ägyptischen Mönche der Sketis neue Klostergemeinschaften. Doch sein hesychastischer Aufbruch konnte sich gegen die neue geistige Richtung des hl. Josif von Volokalamsk (+1515) und dessen Schüler, des Moskauer Metropoliten Daniil (+1547) nicht durchsetzen. Diese beiden wollten Kirche und Staat weiter miteinander verbinden und nach dem Untergang von Byzanz Moskau als das dritte Rom institutionalisieren. So geriet Nil Sorskij mit seiner Erneuerungsbewegung für lange Zeit in Vergessenheit.

(3) In der zweiten Hälfte des 18. Jh. kommt es zu einer Wiedergeburt der hesychastischen Frömmigkeit auf dem **Berg Athos**. Der griechische Mönch **Nikodemos der Hagiorit**, d.h. vom hl. Berg Athos (1748-1809) trägt über mehrere Jahrzehnte die Schriften der alten Väter des christlichen Ostens zusammen und vertieft sich darin. Er vergleicht die Texte, die sein Freund, der Bischof **Makarios von Korinth** (1731-1805) zusammengestellt hat, mit den ihm verfügbaren Handschriften, verfasst zu den verschiedenen Autoren, einführende Kurzbiografien und schreibt die Einführung zur „Philokalie", d.h. die „Liebe zur geistlichen Schönheit", die sie gemeinsam 1782 in Venedig veröffentlichen. Sie ist eine Art Anthologie von mehr als dreißig Autoren der Ostkirche vom 4. bis 14. Jh., die sich alle auf irgendeine Weise mit dem Herzensgebet befassen, mit seiner Methode und der damit verbundenen Lebensweise, ferner mit den mystischen Erfahrungen, die den Betenden geschenkt werden können, sowie deren Erscheinungsform und theologischen Deutung. Es ging den beiden Herausgebern der Philokalie darum, eine lange kontemplative Tradition wieder aufzugreifen, die wieder Gefahr lief, in Vergessenheit zu geraten, vor allem, weil entsprechende Texte nicht zur Verfügung standen und nicht genug bekannt waren. Diese Philokalie wurde zum Handbuch der Starzen des 19. Jh., besonders in Griechenland und Russland. Bis auf den heutigen Tag ist sie der wichtigste spirituelle Leitfaden für die Mönche des christlichen Ostens, das Standardwerk orthodoxer Frömmigkeit und Spiritualität.

Die späteren Autoren der Philokalie betonen vor allem einen Aspekt des immerwährenden Jesus- oder Herzensgebetes, der schon im 11. Jh. aufkam, dass nicht nur Mönche, Einsiedler und Priester, sondern jeder Christ zu diesem Gebet berufen ist. Die Hesychia wird also nicht mehr allein in äußerer Einsamkeit und Abgeschiedenheit verwirklicht, sondern mehr und mehr verinnerlicht. Die Klausur des Herzens ist *der* „Ort" für jeden, der die Vereinigung mit Christus sucht.

Fast zur gleichen Zeit arbeitete der russische Archimandrit **Passij Velickowskij** (1722-1794) in zwei Moldau-Klöstern an der Übersetzung geistlicher Schriften ins Moldavische und Kirchenslavische. 1793 veröffentlichte er in St. Petersburg eine gekürzte kirchenslavische Ausgabe der Philokalie unter dem Titel „*Dobrotoljubije*", das heißt „Liebe zum Guten".

Von den 36 Autoren der griechischen Philokalie übernahm er nur 15. Die Dobrotoljubije fand in Russland große Verbreitung und machte das Jesusgebet in der Bevölkerung bekannt.

1739 hatte Paissij die Akademie in Kiew verlassen und war ruhelos durch die Klöster der Moldau gewandert. 1746 besuchte er den Athos und lebte dort eine Zeit in Einsamkeit. Weil er keinen geistlichen Lehrer für den inneren Weg fand, drängte es ihn, zusammen mit seinen Mönchen die schriftlichen Unterweisungen der griechischen Väter zu sammeln, intensiv zu studieren und zu übersetzen. Seine Schüler brachten im 19. Jh. das Starzentum in Russland zu einer großen Blüte.

(4) Der vielleicht größte und einer der beim Volk beliebtesten Vertreter des **russischen Hesychasmus im 19. Jh.** ist der **hl. Serafim von Sarov** (1759-1833). Er lebte gut dreißig Jahre als Eremit, davon fünfzehn Jahre als Klausner im Kloster. Die letzten acht Jahre seines Lebens wirkte er als Starez für das Volk mit Krankenheilungen, Prophezeiungen und Wegweisungen. Neben den **großen Starzen der Optina – Eremitage, Leonid, Makarij, Amwrosij, Josif** (1768-1894), sind vor allem die beiden Bischöfe, der **hl. Theophan der Klausner** (Georg Goworow 1815-94) und der **hl. Ignatij Briancaninov** (1807-76) zu nennen. Theophan gilt als einer der bedeutendsten Vertreter des russischen Hesychasmus. Er gehörte eine zeitlang zur russischen geistlichen Mission in Jerusalem und hatte so Gelegenheit, in Palästina viele alte Klöster zu besuchen. Seine große Kenntnis der monastischen Tradition des Orients wie der Patristik befähigte ihn, vor allem eine neue, auf fünf Bände vervollständigte Ausgabe der Dobrotoljubije herauszugeben (1877-89). Sie ist eine erweiterte, der russischen Mentalität angepasste Übersetzung.

Die Geschichte des Jesusgebetes ist eng mit der Philokalia bzw. mit der Dobrotoljubije verbunden, wie „Die aufrichtigen Erzählungen eines russischen Pilgers" bezeugen.

Theophan lebte nach seiner Resignation vom Bischofsamt ungefähr 28 Jahre in immer strengerer Klausur in der Vysen-Einsiedelei bei Tambov. Er unterhielt eine ausgedehnte seelsorgerliche Korrespondenz und praktizierte so eine ganz eigene Form des Starzentums und der geistlichen Führung. Seine Unterweisungen zum Jesusgebet, die sich in seinen verschiedenen Schriften verstreut finden, wurden vom Abt des berühmten Inselklosters Valaamo im Ladoga-see, Igumen Chariton, 1936 zusammen mit anderen Texten von meist russischen Autoren herausgegeben. Kallistos (Timothy) Ware hat von dieser Anthologie 1966 eine englische Übersetzung mit einer ausführlichen Einleitung herausgebracht. Die Ausgabe erschien unter dem Titel: „The Art of Prayer. An Orthodox Anthology." Der Otto-Müller-Verlag hat 1985 von den auschließlich von Theophan stammenden Texten eine deutsche Übersetzung mit dem Titel: „Schule des Herzensgebetes. Die Weisheit des Starez Theophan" veröffentlicht.

Ignatij kam aus der Gegend, die man die „russische Thebais" nannte, ein Gebiet, das mit vielen Klöstern und Einsiedeleien besiedelt war. Er war tief im mystischen Geist der Ostkirche verwurzelt. Durch seine Verbindung mit dem Starzentum und seine Schriften übte er auf das russische Mönchtum einen großen erzieherischen Einfluss aus. Auf Befehl des Zaren Nikolaj, der meinte, ein guter

Pionieroffizier könne auch kein schlechter Mönch sein, wurde er mit 26 Jahren Abt eines Klosters in der Nähe von Petersburg, das er 24 Jahre leitete. Danach wurde er zum Bischof von Stawropol und Kaukasus ernannt, legte aber sein Amt nach drei Jahren nieder und zog sich die letzten sechs Jahre seines Lebens in ein Kloster zurück. Dort schrieb er seine bedeutenden „Asketische Versuche".

Gegen Ende des 19. Jh. gibt es im russischen Mönchtum einen letzten großen Zug in die „Wüste", in die Einsamkeit der kaukasischen Berge. 1875 gründeten Mönche des russischen Pantaleimon-Klosters auf dem Athos am Fuße des Kaukasus in der Nähe der Stadt Suchumi beim Schwarzen Meer das Neu-Athos-Kloster Simon Kananäus. Einer von ihnen war der **Schimonach Ilarion**, der sich später in die Berge des Großen Kaukasus zurückzog, wo er anderen Einsiedlern begegnete. Seine Erfahrungen und Meditationen wurden 1907 in dem Buch „Auf den Bergen des Kaukasus" veröffentlicht (deutsche Übersetzung mit einem Vorwort von Bonifaz Tittel OSB, Salzburg 1991). Das Buch wurde zu einem richtigen Volksbuch über das Jesus-Gebet.

Im Westen ist das Jesusgebet vor allem durch den Kontakt mit der russischen Diaspora bekannt geworden. Der Kontext ostkirchlicher Spiritualität muss mit seinen wesentlichen Inhalten auch für den westlichen Beter des Jesus- oder Herzensgebetes maßgebend bleiben, sonst läuft der Weg des Jesusgebetes Gefahr, zum Irrweg zu werden. Zum Kontext gehören eine aufrichtige und konsequente Gottsuche mit einem gesunden Streben nach Innerlichkeit und Beschauung (Hesychia) sowie ein Verbundensein mit dem liturgischen und sakramentalen Leben der Kirche und nicht zuletzt das häufige Lesen der Evangelien. „Jeder, der in seinem Herzen das Gedenken Gottes, oder, was dasselbe ist, das Jesusgebet, bestärken will, muss unbedingt möglichst oft das Heilige Evangelium lesen .... Der Name Jesus Christus ist Wurzel und Grund, Mittelpunkt und innere Kraft des Evangeliums" (Ilarion, Auf den Bergen des Kaukasus, S. 84). „Der Geist des Evangeliums und des Jesusgebetes sind ein und dasselbe" (a.a.O. S. 83). Dem russischen Pilger wird anhand der Evangelien das Geheimnis des Jesusgebetes erläutert: „Ohne das Evangelium ist es unmöglich, das gebührende Gebet zu erlernen" (S.175 ff.). Das Evangelium wird im Geist des Gebetes gelesen und führt wieder ins Beten. Das Gebet wiederum nährt sich von der vorausgegangenen Lesung der Heiligen Schrift, in der das Herz Gottes sich zeigt.

2004 hat der Verlag „Der christliche Osten" erstmals eine vollständige deutsche Ausgabe der Philokalie herausgebracht. Sie stützt sich auf die 3. Auflage der griechischen Philokalie (Athen 1957-1963).

2. *Hesychia, das Schweigen im Gebet*

Das zentrale Moment dieser kontemplativen Gebetstradition, dieses geistlichen Weges, ist das Mühen um Hesychia, jener wachen und schöpferischen Herzensruhe, jener ungeteilten Hinwendung von Herz und Verstand zu Gott.

In dieses Schweigen des Herzens führt das unablässige Bemühen, *während der Übung* die Gedanken und Begriffe beiseite zu legen, die Bilder und Vorstellungen loszulassen, die Phantasien und Erinnerungen ruhen zu lassen, vor allem die Erinnerung an die Wunden, die das Leben uns geschlagen hat, und an die Verbitterungen und Rachegefühle, die das Herz verschließen und uns nicht zur Ruhe kommen lassen vor Gott; ferner das Bemühen, sich von allen Wünschen und Neigungen, Gefühlen und Empfindungen zu lösen, die sich auf Geschöpfliches ausrichten, z. B. alles, womit wir Eindruck machen wollen.

Als wichtigste Grundlage der Hesychia wird ein tief inneres Wissen um die eigene Gebrochenheit und Schwäche, ein Vertrautsein mit der eigenen Versuchbarkeit, mit den eigenen Gefährdungen genannt. Aus diesem Bodenkontakt mit der eigenen Wirklichkeit resultiert nach dieser Tradition die Demut, die Ehrfurcht vor jedem Geschöpf und die Barmherzigkeit gegenüber jedem Menschen, auch Trauer und Schmerz über die Erfahrung von Versagen und Schuld im eigenen Leben und von daher das Bemühen, im Kampf mit den eigenen Leidenschaften und in Auseinandersetzung mit seinen Bedürfnissen und Gefühlen zu einem befreiten, geläuterten Umgang mit ihnen zu finden.

Wenn jemand sich in dieser Weise von allem Gemachten und Gewollten freisetzen lässt und arm wird, dann einzig und allein, um sich ganz für Gottes Gegenwart zu bereiten und sich von ihr durchdringen zu lassen. Wir lassen unsere eigenen Aktivitäten ruhen, um uns für Seine Gegenwart zu disponieren. Das Schweigen ist eine Haltung der Wachsamkeit und des aufmerksamen Hörens.

Hesychia hat also zum Ziel einen Menschen, der mit Leib, Seele und Geist Gebet geworden ist. Sie bezeichnet die Haltung eines Menschen, der in seinem Herzen vor Gott steht. So gesehen ist Hesychia ein Zustand des Herzens, nicht eine Frage des geografischen Standorts.

Als Arsenios noch am Hof in Konstantinopel Lehrer für die Kinder des Kaisers war, betete er zu Gott: „Herr, zeige mir einen Weg, wie ich Rettung finde." Und er hörte eine Stimme, die zu ihm sagte: „Arsenios, fliehe die Menschen, und du wirst gerettet werden". Er zog sich in die Wüste zurück und wurde Einsiedler. Als er mit denselben Worten betete, sagte ihm die Stimme: „Arsenios, fliehe, schweige (*siopa*), bleibe in der Ruhe (*hesychádze*), denn das sind die Wurzeln der Sündelosigkeit."

Fliehe die Menschen, schweige, sei still – das sind also die drei Stufen der Hesychia. Am Anfang des geistlichen Lebens steht zunächst ein Einschnitt, der von Überflüssigem freimacht. Er schafft die notwendigen Voraussetzungen, die zu einer neuen Ausrichtung des Lebens führen. Dieser Einschnitt schafft den *physischen Raum der Einsamkeit*, in dem der eigentliche Kampf um das innere Schweigen erst beginnt. Nach Überzeugung der Väter gibt es ohne konsequente Askese kein Schweigen und auch kein rechtes Beten. Die ersten beiden Stufen der Hesychia sind noch äußerlich und machen aus einem Menschen noch keinen Hesychasten. Man kann sich räumlich trennen und in äußerer Einsamkeit leben und kein Wort sprechen, und dennoch innerlich voller Lärm und Unruhe sein. Um zur echten Ruhe zu gelangen, muss man von der äußeren zur inneren Hesychia übergehen, vom Schweigen des Mundes zum aktiven und schöpferischen Schweigen des Herzens. So kann jemand mitten in einer Großstadt leben und dennoch im Schweigen des Herzens vor Gott ein wahrer Hesychast sein.

Dieser Weg des inneren Schweigens ist also an keinen geografischen Ort gebunden, sondern ebensogut möglich „mitten in den Städten" wie in den „Bergen und Zeiten". So betont schon der hl. Simeon der neue Theologe (+1022). Verheiratete mit Familie, eingebunden in ein berufliches Leben mit seinen Alltagssorgen, können ihn ebenso gehen wie Mönche und Einsiedler[21]. In der altchristlichen Tradition gibt es nur *eine* Spiritualität. Das Evangelium wendet sich an alle.

Der Laie Nikolaos Kabasilas (14. Jh.), ein Staatsbeamter am kaiserlichen Hof, äußert mit Nachdruck, dass jeder bei seinem Handwerk oder Beruf bleiben solle. Wer General ist, solle weiter kommandieren, der Bauer weiter sein Land bestellen und der Künstler sein Handwerk ausüben. Denn es sei nicht notwendig, sich in die Wüste zurückzuziehen, ungenießbare Nahrung zu sich zu nehmen, seine Kleidung zu ändern, die Gesundheit auf's Spiel zu setzen oder irgendetwas Unkluges zu tun. Es sei ebensogut möglich, in seinem eigenen Haus zu bleiben, ohne all seinen Besitz aufzugeben, und inmitten all seiner Tätigkeit sich im Schweigen des Herzens vor Gott zu üben[22]. Es gibt keine berufliche Tätigkeit und keine Lebenssituation, die sich nicht mit der Herzensruhe vereinbaren lässt. Selbst in Situationen großer Beanspruchung, wenn weniger einfache Gebetsweisen unmöglich geworden sind, kann die Anrufung des hl. Namens mich im Schweigen des Herzens „halten."

Es kommt also m.a.W. auf die Klausur des Herzens an, in der *die liebende Ausrichtung auf Gott* hin lebendig bleiben kann.

Ein gutes Kriterium dafür, dass man vom Schweigen des Herzens noch weit entfernt ist, ist gegeben, wenn das eigene Herz andere ständig kritisiert und verurteilt. So sagt Abba Poimen: „Da ist ein Mensch, der scheint zu schweigen, aber sein Herz verurteilt andere. Ein solcher redet in Wirklichkeit ununterbrochen. Und da ist ein anderer, der redet von der Frühe bis zum Abend, und doch bewahrt er das Schweigen, d.h. er redet nichts, als was anderen hilft."

Dies trifft insbesondere auf den **hl. Serafim von Sarov** und die großen russischen Starzen der Optina-Eremitage zu. Sie empfingen einen ständig wachsenden Strom von Besuchern, Dutzende und manchmal sogar Hunderte an einem einzigen Tag, ohne dass sie dabei ihre innere Hesychia einbüßten. Gerade weil ihre Worte aus dem tiefen Schweigen ihres Herzens kamen, waren sie voller Geist und Kraft. Von Serafim von Sarov sagt man, dass er Gebet geworden ist.

3. *Das Jesusgebet als Weg zur Hesychia*

Wie hilft nun die Übung des Jesusgebetes, sich für diese Qualität des Schweigens und der Stille zu disponieren?

Wer sich zum Beten sammelt und sich zum Schweigen bringen möchte, spürt immer neu das Unvermögen, mit seinem ganzen Sein hier und jetzt ganz „da" zu sein. Ein ruheloser Strom von Gedanken, Bildern und Vorstellungen bewegt sich durch seinen Kopf. Gewaltsam kann man diese Flut nicht aufhalten, aber es ist möglich, durch das unablässige Wiederholen einer Gebetsformel die ruhelose Aktivität unseres Geistes nach und nach zu vereinfachen und schrittweise die Gedanken, Bilder und Vorstellungen loszulassen, die das bewusste und unbewusste Selbst uns präsentieren. Dieses Loslassen scheint dem zu entsprechen, was Evagrius Pontikus (+ 399) im Sinn hatte, als er das Beten ein „Beiseitelegen der Gedanken" nannte.

Die ruhige und beständige Anrufung des Namens Jesu hilft, unseren unruhig bewegten Geist aus der Zerstreuung zu sammeln und auf einen Zielpunkt hin zu konzentrieren. „Durch die Erinnerung an Jesus", schreibt der hl. Philotheus vom Sinai (9.-10. Jh.), „sammle deinen zerstreuten Geist".

Wo immer du auch seist, was immer du auch tust, zu jeder Zeit, an jedem Ort, bei jeder Beschäftigung, sprich andauernd das Jesusgebet. In dem Maß, wie du in dieser Übung ausharrst, wird dein Verstand von leeren Gedanken gereinigt und dein Herz durch die Gnade des Hl. Geistes geheiligt ... Die Übung des Jesusgebetes ist wie eine goldene Schnur, die unsere Seele mit all ihren Kräften, Wünschen und Gefühlen mit dem Herrn vereint hält[23].

Die Übung des Jesusgebetes ist zunächst sehr einfach: Man wiederholt mündlich oder im Innern unaufhörlich das Gebet: „Herr, Jesus Christus, erbarme dich meiner". In der Ostkirche ist die gebräuchlichste Form: „Herr Jesus Christus, Sohn Gottes, erbarme dich meiner, des Sünders". Welche Gebetsformel man auch immer verwendet, Mittelpunkt und Herzstück der Anrufung[24] ist der heilige Name selbst, das Wort ‚Jesus'. In ihm liegt die ganze Kraft der Anrufung. Die Gebetsworte soll man nicht oft verändern, denn „Zweige, die oft umgepflanzt werden, treiben keine Wurzeln" (hl. Gregor vom Sinai).

Das ruhige, unablässige Wiederholen dieser Gebetsworte kann man auch mit dem Rhythmus des Atems in Einklang bringen: beim Einatmen „Herr, Jesus Christus", beim Ausatmen „erbarme dich meiner". Johannes Klimakos empfiehlt, den Namen

Jesu an unseren Atem zu „kleben". Dabei ist nach Theophan dem Klausner zu berücksichtigen, dass der Ausgangspunkt allen wahren Betens die Konzentration unserer Aufmerksamkeit im Herzen ist.

Im Rhythmus dieser konzentrierenden Gebetsübung löst sich die Aufmerksamkeit unseres Bewusstseins allmählich von dem, was die Stille und das Schweigen des Herzens stört und sammelt sich auf Anbetung hin ...

Wenn du den heiligen Namen wiederholst, so konzentriere deine Gedanken, Gefühle und Wünsche nach und nach auf den Namen. Sammle in ihm dein ganzes Wesen.

Wie ein Öltropfen auf einem Tuch sich ausbreitet und es durchtränkt, so lass den Namen deine Seele durchdringen. Nicht der kleinste Teil deines Selbst soll davon ausgenommen sein. Unterwirf dein ganzes Sein und schließe es in den Namen ein[25].

Lass den Namen dein Herz nach und nach durchdringen, bis alle Gedanken und Gefühle eins werden und sich in ihm verschmelzen. Lass den Namen seine Anziehungskraft ausüben[26].

Dabei kann sich die Anrufung des Namens schließlich vereinfachen bis auf das eine Wort: *Jesus*.

Wie der Autor der Wolke des Nichtwissens kann man auch hier sagen: „Nimm dieses Wort so tief in dich hinein, dass es nicht verklingt, was auch kommen mag".

Auch wenn die Anrufung des Namens überall und jederzeit geschehen kann, so ist es doch gut, gewisse Zeiten und Orte für eine „regelmäßige" Anrufung des Namens auszuwählen. Das gilt besonders für Anfänger.

- Vor Beginn des Gebetes komm zur Ruhe und sammle dich, stell dich in Ehrfurcht in die Gegenwart Gottes bis zum Bewusstwerden seiner Nähe und ruf im Herzen den lebendigen Glauben wach, dass Gott dich sieht und bereit ist, dich zu erhören. Sei ganz in der Gegenwart. Bring dir auch zum Bewusstsein, wer Gott ist und wer du selbst bist.
- Bevor du mit dem Aussprechen des Namens Jesus beginnst, erbitte den Antrieb und die Führung des Heiligen Geistes. Der Name Jesus kommt erst in ein Herz, wenn es zuvor von dem reinigenden Hauch und der Flamme des Geistes erfüllt wurde (vgl. 1 Kor 12,3)[27] ...
- „Beginne damit, den Namen Jesus ehrfürchtig und liebend auszusprechen. Bleibe fest dabei. Wiederhole ihn. Denke nicht daran, dass du jetzt den Namen anrufst; denke allein an Jesus. Sprich langsam, sanft und ruhig seinen Namen aus .... Verbissene Anstrengung und die Suche nach gesteigertem Erlebnis werden nutzlos sein ..."[28].
- Ziehe Deinen Geist aus dem gewohnten Umherschweifen und Zerstreutsein im Äußeren zurück, führe ihn durch den Atem der Nase sanft ins Innere des Herzens

> und lass ihn dort das Gebet üben: Herr, Jesus Christus, Sohn Gottes, erbarme dich meiner[29].

Alles beruht auf einem freien, bewussten Hinwenden zu Gott ... Suche die Macht des Jesusgebetes im Hinwenden von Herz und Verstand zu Gott[30].

Bete in der Einfachheit des Herzens ohne jegliches Philosophieren und ohne irgendwelche Erscheinungen zu erwarten. Vertrau auf den Herrn, dass Er dich mit der Zeit auf den rechten Weg des Herzensgebetes führen und dich das Gelobte Land schauen lassen wird[31].

Lass dich dadurch nicht anfechten, dass du das Gebet anfangs nur mit der Zunge sprichst, die Gedanken umherirren und die Trägheit dich übermannt[32]. Die Erfahrung lehrt, dass die monotone Wiederholung einer Gebetsformel unseren Verstand allmählich beruhigt, der ständig am Analysieren und Reflektieren ist. Wenn es nur um einen einzigen Gedanken geht, verschwinden nach und nach die vielfältigen Gedanken. Unsere Aufmerksamkeit wird auf das eine gesammelt, und wir finden mehr und mehr in die Ausrichtung dessen, was wir beten.

Wenn es dir nicht möglich ist, den Namen des Herrn mit Andacht, Eifer und großer Aufmerksamkeit anzurufen, weil deine Seelenkräfte schwach sind, dann wird der Herr ... deinen guten Willen annehmen. Daher sagten auch die Väter: Bete, wie du kannst, mit deinem unreinen Geist, mit der Zeit wird der Herr dir auch das reine Gebet gewähren[33].

Ein solches Anrufen des hl. Namens bildet gleichsam den Vorhof des Betens[34]. Wenn du eine gewisse Zeit für die Anrufung des Namens verwendet und dabei nichts „gefühlt" hast, dann glaube nicht, dass deine Zeit vertan und deine Anstrengung fruchtlos gewesen sei. Im Gegenteil, dieses taube Gebet war möglicherweise Gott wohlgefälliger als die Augenblicke des Hingerissenseins, denn es war frei von jeder ichbezogenen geistigen Freude.

Zur Anrufung des Namens dürfen wir nicht durch irgendeine Laune oder eine willkürliche Entscheidung kommen. Dazu müssen wir von Gott geführt werden, sonst werden wir bald aufgeben[35]. Wie der Pilger in den „Aufrichtigen Erzählungen" darf ich das Jesusgebet nur aus dem Verlangen heraus üben, Christus zu gehorchen und ihm ganz zu gehören. Will man das Gebet „erfolgreich" verrichten, muss man sein ganzes Leben zum Besseren wenden[36]. Die Übung des Jesusgebetes soll schließlich dazu führen, dass wir mehr und mehr in Gottes Gegenwart leben: Lebe vom Aufwachen bis zum Einschlafen in Gott-Gegenwart, im Bewusstsein, dass er dich sieht[37].

Obwohl sein Wortlaut wie ein Bittgebet klingt, steht beim Jesusgebet die Anbetung des Mensch-gewordenen im Vordergrund. Die Bitte um Erbarmen ist Ausdruck der eigenen Erlösungsbedürftigkeit und lebendiger Hoffnung.

4. Der Weg zum Herzen

(1) *Äußere Hilfen* für das Jesusgebet

- Zur Sammlung und Konzentration bei der Übung des Jesusgebetes, d.h. wenn unsere ganze Aufmerksamkeit nur darauf ausgerichtet ist, den Hl. Namen anzurufen, wird ein abgedunkelter und geräuscharmer Raum empfohlen.
- Man verwendet oft eine Gebetsschnur (Komroschoinion, tchotki), die meist aus hundert geflochtenen Knoten besteht. Sie hilft, sich zu konzentrieren und einen gleichmäßigen Gebetsrhythmus zu finden.
- Nach Möglichkeit soll man eine leibliche Haltung einnehmen, die einerseits körperliche Ruhe und Gelassenheit sowie geistige Präsenz fördert, andererseits Ausdruck der Ehrfurcht und Demut vor dem Geheimnis Gottes ist. Ohne Ehrfurcht und Demut gibt es keine tiefe religiöse Erfahrung. „Die Aufmerksamkeit der Seele hängt auch von einer angemessenen Haltung des Leibes ab" (Theophan der Klausner)
- Russische Lehrer des Jesusgebets empfehlen bisweilen, bei der Anrufung des Hl. Namens für einige Zeit die rechte Hand auf das Herz zu legen. Das kann helfen, unseren Verstand beim Gebet in der Sammlung zu halten, die Aufmerksamkeit im Herzbereich zu konzentrieren.
- Es kann auch eine Hilfe sein, die Anrufung des Hl. Namens mit dem Rhythmus des Atems zu verbinden.

  Dabei ist jedoch Umsicht geboten, weil der Rhythmus des Atems ein unbewusster körperlicher Vorgang ist, auf den man nur mit Kenntnis der atemtherapeutischen Zusammenhänge einwirken sollte.

  Der hl. Gregor vom Sinai ist mit dieser sog. *physischen Methode* vertraut. Sie findet sich zum ersten Mal klar beschrieben in einem Text „Über die drei Weisen von Aufmerksamkeit und Gebet". Dieser Text wird dem hl. Simon, dem neuen Theologen (11. Jh.), zugeschrieben, stammt aber vermutlich vom hl. Nikephorus dem Einsiedler (14. Jh.). Er war der geistliche Vater des hl. Gregor Palamas, des größten Theologen des Jesusgebetes. Seine Beschreibungen basieren vermutlich auf einer Praxis, die schon lange vor ihm in Übung war. Die russischen Lehrer des Jesusgebetes, vor allem der hl. Theophan der Klausner und Ignatij Briancaninov, sind der *physischen Methode* gegenüber sehr zurückhaltend. Sie warnen eher davor.

  Die Verbindung des Jesusgebetes mit dem Rhythmus des Atems kann für einige eine Hilfe zur Sammlung sein, ist aber kein wesentlicher Teil des Jesusgebetes.

  In sich selbst basiert die *physische Methode* auf einem gesunden theologischen Prinzip, nämlich, dass der Mensch ein Ganzes ist, eine Einheit von Leib, Seele und Geist, und dass deshalb auch der Leib eine positive Rolle beim Gebet zu spielen hat, soll der Mensch doch mit Leib und Seele Gebet werden.

- Um den ruhelosen Strom von Gedanken, Bildern und Vorstellungen zu „bändigen", hilft es meist eher, sie nicht direkt zu bekämpfen und durch Willensanstrengung gewaltsam auszutreiben oder zu unterdrücken. Das alte China hatte ein treffendes Bild dafür: die Gedanken sind wie Affen, die im Baum des Gehirns hin- und herspringen. Wenn man versucht, einen nach dem anderen zu fassen und auf die Erde zu werfen, bis der Baum frei ist, werden sie den Baum alsbald von einer anderen Seite wieder hinaufsteigen, ehe man die letzten überhaupt erwischt hat, und der Lärm und Aufruhr geht von neuem los. Man wird auf diese Weise einfach nicht mit ihnen fertig. So neigen die Gedanken dazu, mit vermehrter Kraft zurückzukehren. Man soll sich vielmehr bemühen, die Aufmerksamkeit von ihnen wegzulenken und auf den Herrn zu richten. „Wende dich an den Herrn um Hilfe gegen sie, indem du deine Hilflosigkeit vor ihm ausbreitest, denn er ist fähig, sie auszutreiben und zunichte zu machen" (Barsanuphios und Johannes von Gaza).

  Wenn Gefühle von Hass und Neid hochkommen, bitte den Herrn um Erlösung aus deiner Unversöhnlichkeit.

(2) Der *innere Vollzug* des Jesusgebetes: *ununterbrochenes und bildloses Beten*

Der hl. Gregor vom Sinai betont immer wieder zwei Dinge:

a) Die Anrufung soll, soweit wie nur möglich, *ununterbrochen* sein, und zwar *regelmäßig und rhythmisch, ruhig und beständig.*

b) Sie soll *leer von allen bildhaften Vorstellungen sein.*

Anfänger sollen das Jesusgebet langsam, sanft und ruhig sprechen. Jedes Wort soll mit Sammlung und ohne Hast gesagt werden und doch ohne unangemessene Betonung. Das Gebet soll in seiner sanften, natürlichen Weise fließen. Wir müssen immer beten mit einer inneren Aufmerksamkeit und Konzentration, aber gleichzeitig soll damit keine Anstrengung, keine selbstverursachte Intensität oder künstliche Emotion verbunden sein. Nach jeder Gebetsformel soll man eine kleine Pause machen, bevor man neu beginnt. Das wird dazu beitragen, dass der Geist aufmerksam bleibt.

Großes Gewicht legt Gregor auf den zweiten Punkt. „Halte deinen Verstand stets frei von Bildern, Farben und Formen jeder Art!" Er warnt vor der menschlichen Vorstellungskraft oder der Phantasie. „Sonst bist du eher ein Phantast, als ein Hesychast." Das ist kontemplative Gebetstradition im christlichen Osten lange vor Gregor.

Das Jesusgebet ist also nicht eine Weise, besondere Ereignisse aus dem Leben Jesu zu meditieren. Es ist eher eine Methode, die Gedanken beiseite zu legen, die Aufmerksamkeit zu konzentrieren und den Geist wachzuhalten, um ihn schließlich ins Herz zu führen und dort zu halten. „Zur Zeit des Gebetes verweile der Verstand im Herzen, bewege sich darin und bete aus Herzenstiefen zu Gott. Darin liegt alles."[38]

Um zum wahren Beten des Herzens zu kommen, muss unser Geist geeint werden. Er muss vom Fragmentarischen zum Ganzen, von der Vielfalt zur Einheit und Einfachheit gebracht werden. Nur so wird er nach und nach fähig, ins Herz einzugehen und dort zu bleiben. Das ist das Ziel des Jesusgebetes. „Um das beständige Andrängen deiner Gedanken zu beenden," sagt Theophan, der Klausner, „musst du deinen Geist binden mit einem einzigen Gedanken oder dem Gedanken des Einen" – dem Gedanken an den Herrn Jesus. Deshalb ist das Jesusgebet sowohl *ununterbrochen als auch bildlos.* Nur so kann es wirksam die Aufgabe der Vereinigung und Vereinfachung erfüllen.

(3) *Drei Ebenen des Jesusgebetes*

Man kann beim Jesusgebet drei Ebenen unterscheiden, die sich gegenseitig durchdringen:

- *das mündliche Gebet*, wenn also die Anrufung des Namens Jesus mit dem Mund geschieht,
- *das geistige Gebet oder das Gebet des Verstandes* (*nous*), wenn die Anrufung des Namens Jesu allein im Geist, also innerlich geschieht, und ihren Rhythmus gefunden hat.
- *das Herzensgebet oder das Gebet des Verstandes (nous) im Herzen*, wenn die Anrufung des Namens Jesu Eingang ins Herz gefunden hat, wenn der Verstand ins Herz hinabgestiegen ist.

- *Das mündliche Gebet:* In dem Buch „Auf den Bergen des Kaukasus" von Schimonach Ilarion erzählt der Starez, dass er fast 15 Jahre mit dem mündlichen Aussprechen der Gebetsworte „Herr, Jesus Christus, Sohn Gottes, sei uns Sünder gnädig" beschäftigt war. Doch viele von denen, die mit dem Jesusgebet begonnen haben, lassen es wieder, wenn sie keinen geistlichen Trost verspüren und sich ein Widerwillen gegen das Gebet einstellt. Am Anfang kann das Gebet bisweilen so mühsam sein, als müsse man mit einem Hammer Steine zerschlagen. „Ganze Wolken von allen möglichen Gedanken, unter ihnen auch schmutzige, gotteslästerliche, unbeschreibliche schlagen gegen den Verstand wie Meereswellen gegen einen Felsen"[39]. Die Väter erwähnen auch, dass während der Übung des Jesusgebetes, insbesondere am Anfang, manchmal ein verstärktes Aufwallen der Leidenschaften zu bemerken ist. Darüber soll man sich nicht wundern oder gar erschrecken. „Es ist ein Anzeichen dafür, dass unser Gebet begonnen hat, eine eigene, ihm zukommende Wirkung hervorzurufen ... Es schreitet in der nötigen Ordnung voran ..., um die unreinen Mächte zu vertreiben" (Ignatij Briancaninov). Wenn der Name des Herrn in die Tiefen unseres Herzens hinabsteigt, dann kann er die Anfechtungen Stück für Stück entwurzeln. Man soll ihnen daher keine Aufmerksamkeit schenken und unaufhörlich den Namen des Herrn Jesus anrufen. Diese mühsame und leidvolle Zeit muss man unbedingt aushalten. Erst ganz allmählich durch lange Zeiten der Gewöhnung und Mühe dringt *das* Gebet in uns ein, das uns mit Gott vereint. Die mündliche Phase des Jesusgebetes ist grundlegend und darf nicht übersprungen werden.

- *Das geistige Gebet oder das Gebet des Verstandes (nous):* Der eingangs von Ilarion genannte Starez berichtet weiter, dass im Verlauf der 15 Jahre das Gebet von selbst in das geistige Gebet übergegangen ist, als der Verstand (*nous*) sich auf die Worte des Gebetes konzentrierte und sich gleichzeitig ganz auf den Herrn ausrichtete. Dabei ist aber (wie schon erwähnt) zu beachten, dass der Verstand, gehalten von den Worten des Gebetes, keinerlei Bild oder Vorstellung, Kontur oder Gestalt entwirft. Das geistige Gebet ist ein gänzlich bildloses Gebet. Der Name Jesu selbst und die in ihm enthaltene Kraft rufen die ihnen eigene Wirkung hervor. Der Verstand wird vom Licht Christi erleuchtet und geheiligt.

  Die beiden ersten Ebenen oder Phasen sind eine Vorbereitung und Annäherung auf das Ziel allen Mühens im Gebet hin: Der Eintritt des Jesusgebetes in das Herz. Die zwei Ebenen hören dann nicht auf. Das Gebet wird zu einem ganzheitlichen, Leib, Seele, Geist umfassenden und durchdringenden Geschehen. Der Mensch wird mit seinem ganzen Sein in das Geheimnis der Gegenwart Gottes hineingezogen. Der Herr selbst durchdringt unseren *Geist* mit seiner Anwesenheit „wie der Sonnenstrahl das Glas durchdringt"[40].

- *Das Herzensgebet oder das Gebet des Verstandes (nous) im Herzen* Es wird, wenn überhaupt, durch Gottes Barmherzigkeit hervorgerufen. Es geschieht nach Aussagen der Väter in der innersten und tiefsten Seite unseres geistlichen Wesens, eben im *Geist.* In der hesychastischen Tradition sind Geist und Herz ein und dieselbe Wirklichkeit. Man braucht mal das eine oder das andere Wort oder auch synonym, manchmal sogar in der Wortverbindung „Geist – Herz". Es ist das Prinzip, das Leib und Seele eint.

  „Seele" (*psychè)* meint unser ganzes psychisches Leben, also Intelligenz, Wille, Gefühl, Vorstellungskraft. „Sie durchseelt den Leib, lebt in seinem Innersten, schwingt, empfindet, sieht, denkt in ihm ... Die Seele wird ständig ... beeinflusst

... von äußeren Bedingungen, Umständen, Begegnungen, Problemen ... Sie ist die Angel zwischen Materie und Geist."[41]

Wir erleben den Unterschied zwischen Seele und Geist, wenn wir in uns gleichzeitig ein emotionales Aufgewühltsein und eine tiefe Ruhe spüren. Das Unterscheidungsmerkmal des Geist-Herzens ist Friede, Freude, Liebe. Das Geist-Herz ist nach dem Bilde Gottes: Abbild vom Vater als Lebensquell, Abbild von Christus als Wort, Abbild vom Heiligen Geist als Energie und Hauch.

Was heißt nun näherhin die Vereinigung des *Verstandes* mit dem Herzen? Nach Ilarion besteht die Vereinigung des *Verstandes* mit dem Herzen in der Vereinigung unserer Denkfähigkeit oder Urteilskraft, die sich im Kopf befindet, mit dem *Geist.* Zum Wesen des Geistes gehört die Sehnsucht nach Gott. Hier ist die Quelle unseres andauernden Hingezogenseins zu IHM. Er ist der Sinn für das Göttliche, das Organ zur Aufnahme numinoser Eindrücke. Er nimmt am Irdischen keinen Anteil und wird unmittelbar vom unzugänglichen Licht Christi erleuchtet.

Das Denkvermögen oder die Urteilskraft muss sich deswegen mit dem Geist vereinen, damit das Herz zu einer wirklichen Einheit wird. Solange das nicht geschieht, kann durch das Denkvermögen wie durch eine offene Tür jeder Vagabund eintreten. Erst wenn der Verstand durch den Geist mit Gott verbunden ist, hört das Herumvagabundieren der Gedanken auf.

Die Tätigkeit des Verstandes als unseres Denk- und Urteilsvermögens besteht im Erforschen und Überlegen. Seine Natur ist das Denken und Analysieren, sein Inhalt sind die Begriffe. Er vergleicht, urteilt, zieht logische Schlüsse. Am Ende steht das Wissen, das er sich über die Sinneseindrücke und Erfahrungen, durch Urteilen und Schlussfolgern erworben hat. Welchen Gegenstand er betrachtet, dessen Eindrücke erfüllen ihn. Er regt das Gefühl an und bewegt den Willen zur Erkenntnis.

Das Wissen und *die Tätigkeit* des *Geistes* sind ganz anderer Art. Er kommt zu seinen Erkenntnissen durch unmittelbare Eindrücke aus der übersinnlichen Welt. Im Geist ist gleichsam der „Ort", wo Urbild und Abbild Gottes sich begegnen, wo der Mensch durch die Vereinigung des Verstandes mit dem Geist zur Erneuerung seiner ursprünglichen Gestalt findet.

Ilarion sagt: Wenn wir keine Ahnung von dieser Wirklichkeit haben, dann können wir auch nicht zum rechten Beten finden, weil wir nicht wissen, wohin wir unsere inneren Seelenkräfte richten sollen. Sind aber alle unsere Seelenkräfte im Zentrum oder in der Wurzel unseres geistlichen Wesens, d.h. *im Geist*, und damit im Herzen gesammelt und auf Gott ausgerichtet, dann wird der ganze Mensch geistlich und ist mit Gott vereint.

Allen Menschen sind die geistlichen Augen zur Schau Gottes gegeben, wie jedem Leib leibliche Augen zum Sehen. Aber die geistlichen Augen sind von Dunkelheit bedeckt. Sie können das Sonnenlicht nicht schauen[42].

Beim Herzensgebet wird in der Tradition noch einmal unterschieden zwischen dem Gebet des Verstandes im Herzen und dem vom Heiligen Geist bewirkten, selbsttätigen Gebet. Beim ersten ist noch das eigene bewusste Bemühen im Spiel, das zweite ist reines Geschenk: von Zeit zu Zeit oder als immerwährendes Gebet. Der Übergang zum selbsttätigen Gebet lässt der russische Pilger in seinen „aufrichtigen Erzählungen" anklingen: „Einst früh am Morgen war es so, als habe mich das Gebet geweckt" (S. 35). Bis dahin war er es, der das Gebet gesprochen hat. Jetzt wird der Pilger auf einmal gewahr, dass das Gebet sich von selbst einstellt – das Gebet, das Christus in ihm spricht. „Und endlich fühlte ich, dass das Gebet sich ganz von selbst ohne irgend eine Nötigung meinerseits in mir verwirklichte und vom Geist und Herz nicht nur im wachen Zustande verrichtet wurde, sondern dass es sogar im Schlaf genau ebenso wirkte und durch nichts unterbrochen wurde, nicht für den geringsten Augenblick, gleichviel, was ich tun mochte" (S. 60).

„Üblicherweise kommt das selbsttätige Gebet des Herzens, wenn überhaupt, nur nach der Dauer eines lebenslangen aszetischen Ringens. Es ist das freie Geschenk Gottes, das er gewährt, wie und wann er will, und nicht das unausbleibliche Ergebnis einer bestimmten Technik"[43].

Der folgende Text kann zusammenfassend als kurze Übungsanleitung genommen werden.

Durch die Erinnerung an Jesus sammle Deinen zerstreuten Geist!

Philotheus vom Sinai

- Vor Beginn des Gebetes stelle Dich in Ehrfurcht in die Gegenwart des HERRN – bis zum Bewusstwerden, dass ER Dich sieht und bereit ist, Dich zu erhören.
- Ehe Du beginnst, den **Namen JESUS** ehrfürchtig und liebend auszusprechen, komme zur Ruhe und sammle Dich und bitte den Heiligen Geist um Erleuchtung und Führung.
- *Sammle Deine Aufmerksamkeit im Herzen.*
- Beginne damit, den **Namen JESUS** ehrfürchtig und liebend auszusprechen. Bleibe fest dabei. Wiederhole ihn. Denke nicht daran, dass Du jetzt den **Namen** anrufst; denke allein an **JESUS.** Sprich langsam, sanft und ruhig seinen **Namen** aus.
- Welche Gebetsformel Du auch immer verwendest, Mittelpunkt und Herzstück der Anrufung muss der heilige **Name** selbst sein, das Wort **JESUS.** In ihm liegt die ganze Kraft der Anrufung.
- Wenn Du den heiligen **Namen** wiederholst, so konzentriere Deine Gedanken, Gefühle und Wünsche nach und nach auf den **Namen.** Sammle in IHM Dein ganzes Wesen.

  Wie ein Öltropfen auf einem Tuch sich ausbreitet und es durchtränkt, so lass den **Namen** Deine Seele durchdringen. Nicht der kleinste Teil Deines Selbst soll davon ausgenommen sein. Unterwirf Dein ganzes Sein und schließe es in den **Namen** ein.
- Lass den **Namen** Dein Herz nach und nach durchdringen, bis alle Gedanken und Gefühle eins werden und sich in IHM verschmelzen. Lass den **Namen** seine Anziehungskraft ausüben.

Von einem Mönch der Ostkirche

Dabei kann sich die Anrufung des **Namens** schließlich vereinfachen bis auf das eine Wort: **JESUS.**

Wie der Autor der „Wolke des Nichtwissens“ kann man auch hier sagen: *Nimm dieses Wort so tief in Dich hinein, dass es nicht verklingt, was auch kommen mag!*

5. *Die Wirkungen des Jesusgebetes*

- Der wahre Anfang des Gebets, so schreibt der hl. Gregor vom Sinai, ist **ein Gefühl von Wärme im Herzen.** Damit meint er eine spirituelle Erfahrung, die physische Auswirkungen hat. Sie ist verbunden mit einem Gefühl von Ganzheit und ganz frei von Zweifeln, Bildern und Formen. Vertrauen und ruhige Gewissheit bilden gleichsam den Grundton. Alles, was diese Klarheit und Sammlung trübt, deutet auf eine Täuschung hin.
- Eine weitere Auswirkung des Jesusgebetes ist ein Gefühl von **Freude und Trauer zugleich** (*charmolýpä*). Freude über Gottes Barmherzigkeit und Trauer über die Erfahrung eigener Gebrochenheit und Verstrickung in das Böse.
- Wenn das Jesusgebet in einem Menschen lebendig geworden ist, dann erschließt es ein tiefes und umfassenderes Verständnis der Hl. Schrift.
- In Andeutung spricht Gregor noch von der Erfahrung **göttlichen Lichts** (*théosis*), wodurch der Mensch wahrhaft wieder zu Gottes Ebenbild wird. Das göttliche Licht weist sich durch sich selbst aus: Es lässt jedes Ding und jede Person deutlich in ihrem einzigartigen und unwiederholbaren Wesen erscheinen. Gleichzeitig macht es jedes Ding und jede Person so transparent, dass Gottes Gegenwart sich in ihnen zeigt. „Menschen, Bäume, Pflanzen, Tiere, alles war mir unsäglich vertraut, und an allem sah ich das Abbild des Namens Jesu Christi“.[44]
- Das hat eine veränderte Beziehung zur Welt und zum Mitmenschen zur Folge, große Klarsicht, ein Erfassen der tiefen Charakterzüge eines Menschen (*kardiognosis*) und eine außerordentliche Fähigkeit zum Mitleiden.
- Aus der Nähe und Verbundenheit mit dem Herrn wächst eine schmerzliche Sehnsucht, auf immer vollständigere Weise am göttlichen Leben teilzuhaben.

Nachwort

Geistliche Begleitung steht im Kontext der Frage, wie menschliches Leben gelingen kann. Die Antwort darauf muss so konkret und lebensbezogen sein, dass sie in der Realität des Alltags bestehen kann.

Zum gelingenden Leben gehört vor allem ein Grundvertrauen in das Leben als von Gott (oder vom Schicksal) aufgegeben, ein Bewusstsein, dass es von ihm getragen ist und sich auf ein gutes Ende hin entwickeln wird. Diese Zuversicht in den Zusammenhalt von Welt und Leben, dieses Gespür von Sinnhaftigkeit und Verankertsein ist eine ganzheitliche Wahrnehmungsweise von Welt und Leben, eine affektiv-kognitive Lebensperspektive, sich in dieser Welt zu verstehen und zu behaupten. Aaron Antonovsky bezeichnet in seinem Salutogenesemodell diese Grundhaltung als „sense of coherence" („Kohärenzgefühl"). Sie setzt sich aus drei unterschiedlichen, aber nicht voneinander trennbaren Erfahrungskomponenten zusammen:

- *das Element der Verstehbarkeit.* Damit ist die Erfahrung und die Fähigkeit gemeint, dem Leben, auch in seinen schwer erträglichen Seiten, einen Sinn abzugewinnen, im Extremfall einen verborgenen. Menschen, die mit dieser Perspektive dem Leben begegnen, können sich auch Entwicklungen anvertrauen, deren Ende für sie noch nicht absehbar ist. Sie „wissen", dass ihnen alles zum Guten ausgehen wird (vgl. Röm 8,28).
- *das Element der Gestaltbarkeit.* Damit ist die Erfahrung und die Fähigkeit gemeint, über ausreichend Möglichkeiten zu verfügen, die Herausforderungen des Lebens angemessen zu bewältigen und Welt zu gestalten. Dabei können die Ressourcen, die einem zugänglich sind, sowohl aus eigenen als auch aus fremden Quellen sein. Im Extremfall müsste man lernen, mit einem Problem zu leben.
- *das Element der Bedeutsamkeit.* Damit ist die Erfahrung und die Fähigkeit gemeint, dass es sich lohnt, die Herausforderungen des Lebens anzunehmen und sich mit Hingabe und Engagement einzusetzen. Die Sichtweise der Bedeutsamkeit ist das Motivationselement, die Fähigkeit, Ressourcen zu mobilisieren. Der Wille zur Bewältigung und Gestaltung des Lebens gibt dem Element der Verstehbarkeit und dem Element der Gestaltbarkeit die notwendige Kraft und Ausdauer.

Alle drei Erfahrungsdimensionen sind also trotz ihrer Unterschiedlichkeit eng miteinander verwoben.

Dieses „Kohärenzgefühl", diese Grundeinstellung entwickelt sich über eine lange Zeit im Verlauf des Lebens. Sie lässt sich fördern und beeinträchtigen, vor allem durch die Erfahrungen, die ein Mensch macht. Sie braucht also einen tragenden und motivierenden Kontext, um nicht von der Realität überfordert zu werden. Zu diesen förderlichen Rahmenbedingungen gelingenden Lebens gehören:

- *Die Erfahrung der eigenen Lebenswelt als Ganzheit*

  Jeder Mensch braucht immer wieder die Grunderfahrung, dass sein Leben beständig ist, dass es eine innere Kontinuität hat – trotz aller Unwägbarkeiten und Überraschungen, die das Leben für jeden bereithält. Zu dieser Konsistenz der Lebenserfahrungen gehört die Möglichkeit, auf die Gestaltung der eigenen Lebensbedingungen Einfluss nehmen zu können, und vor allem die Kontrolle über die Auswirkungen des eigenen Handelns. Entscheidend dafür sind die Reaktionen des sozialen Umfelds. Wer seine Lebenswelt als eine Ganzheit erfährt, für den wird sie verstehbar und mit Sinn erfüllt. Sie motiviert, sie mit zu gestalten.

- *Balance zwischen Überforderung und Unterforderung des eigenen Kräftehaushalts*

  Jeder Mensch braucht die Erfahrung, in seinen Fähigkeiten und Talenten herausgefordert zu sein. Ein gewisses Maß an Stimulation und Belastung des eigenen Kräftehaushalts ist für eine gesunde Entwicklung notwendig. Wenn es jedoch längere Zeit zu Überlastung kommt, vor allem in Bereichen, in denen jemand weniger qualifiziert ist, wird die individuelle Belastungsgrenze überschritten. Im Gegensatz dazu gibt es auch eine Unterforderung des eigenen Potentials. Sie wird besonders schmerzlich empfunden in Lebensbereichen, in denen sich jemand stark fühlt. Das Ziel ist eine Balance zwischen Überforderung und Unterforderung. Wenn jemand sich mit seinen Fähigkeiten und Talenten einbringen kann und die Ergebnisse seines Handelns und Wirkens auch für andere wertvoll sind, dann wird sich das Gefühl einstellen, dass das eigene Leben und die eigene Lebenswelt gestaltbar sind.

- *Teilhabe am Entscheidungsgeschehen im Blick auf die eigene Lebensgestaltung*

  Jeder Mensch braucht die Erfahrung, dass der Einsatz seiner Potentiale gefragt ist und er genügend Entscheidungsspielräume hat, sein Leben aktiv zu gestalten. Wenn das, was ihm wichtig ist, zum Zug kommt und von seinem Umfeld geschätzt und gewürdigt wird, wenn also jemand das Gefühl hat, sein Einsatz lohnt sich, wird er zu Engagement und Hingabe finden.

Die Kräfte, die das Grundvertrauen ins Leben formen, sind also nicht nur die individuelle Kindheits- und Familiengeschichte mit den Prägungen des Herkunftsmilieus, sondern auch die sozialen und kulturell-historischen Rahmenbedingungen.

Die folgende Grafik nach Christoph Jacobs kann das Geschilderte noch einmal zusammenfassend verdeutlichen:

Die Rahmenbedingungen für die Entwicklung des Grundvertrauens in das Leben:		**Grundvertrauen in das Leben („Kohärenzgefühl")** setzt sich zusammen aus drei unterschiedlichen, miteinander verschränkten Erfahrungskomponenten
Erfahrung der eigenen Lebenswelt als Ganzheit	→	**Element der Verstehbarkeit** d.h. die Erfahrung und Fähigkeit, dem Leben – auch in seinen schwer erträglichen Seiten, einen Sinn abzugewinnen
Balance zwischen Überforderung und Unterforderung des eigenen Kräftehaushalts	→	**Element der Gestaltbarkeit** d.h. die Erfahrung und Fähigkeit, über ausreichend eigene Möglichkeiten und die Hilfe anderer zu verfügen, um das Leben zu bewältigen
Teilhabe am Entscheidungs-Geschehen im Blick auf die eigene Lebens-gestaltung	→	**Element der Bedeutsamkeit** d.h. die Erfahrung und Fähigkeit, dass es sich lohnt, die eigene Lebenswelt mit Hingabe und Engagement zu gestalten

Wenn die moderne Gesundheitspsychologie diese Zusammenhänge gelingenden Lebens heute wieder entdeckt, dann erinnert sie damit an die schöpfungsgemäßen Voraussetzungen und Gegebenheiten gesunder Lebensführung und die Grundzüge heilsamer Spiritualität, wie sie als Lebens- und Glaubenswissen in der christlichen Tradition von den Anfängen her beheimatet ist. Gelingendes Leben gibt es demnach nur im Zusammenwirken von Körper, Seele, Geist und allen sozialen Dimensionen. „Gloria Dei vivens homo" (Irenäus von Lyon). Gottes Größe und Herrlichkeit zeigt sich darin, dass der Mensch wahres und heiles Leben findet. Ganzheitlichkeit als Mann und als Frau gehört zum biblischen Gottes- und Menschen-„bild". Es ist „ein Synonym für Heil und Leben vor Gott und durch Gott" (C. Jakobs).

Geistliche Begleitung ist dieser ganzheitlichen Sicht verpflichtet. Sie ist ein „Ort", wo Menschen mit ihren Alltagserfahrungen, ihren Grundbedürfnissen und Sehnsüchten nach gelingendem Leben in den Augen Gottes Orientierung finden und sich einfügen lernen in ihren Lebensgehorsam. *„Geh deinen Weg vor mir und sei ganz!"* (Gen 17,1).

Andererseits kann geistliche Begleitung den Blick schärfen für die wachsende Zahl derer, bei denen sich kein „Kohärenzgefühl" entwickeln konnte, die in unserer Gesellschaft Rechte haben, ohne über Ressourcen zu verfügen.

Anmerkungen

1 Voillaume, Mitten in der Welt, Freiburg 1960, 184-188 pp

2 Für dieses und das nächste Kapitel verdanke ich P. Günter Niehüser wichtige Hinweise

3 Légaut, Glaube 123

4 vgl. Bamberg 286

5 Légaut, Summe 29

6 Buber 20 f.

7 Schutz 37

8 vgl. Sudbrack 101

9 vgl. Polag 424

10 vgl. Bamberg 286

11 vgl. van Deenen 252

12 vgl. Edwards 69-89; Übersetzung aus dem Englischen vom Verfasser

13 vgl. Sudbrack 65 f.

14 Légaut, Summe 14

15 vgl. Polag 425 f.

16 vgl. Polag 425

17 Herwegen, zitiert nach Bamberg 284

18 Tauler, Meister 55-56

19 vgl. Johnston, 181-183

20 Tauler, Meister 122

21 Ware, Schweigen im Gebet 433

22 Ware, Schweigen im Gebet 444

23 vgl. Ilarion 89 und 91

24 vgl. Jesusgebet Nr. 1

25 Jesusgebet Nr. 10

26 Jesusgebet Nr. 29

27 Selawry 89

28 Jesusgebet Nr. 9 und 10

[29] Centurie 55

[30] Selawry 61

[31] vgl. Ilarion, 128-129

[32] Selawry 78

[33] vgl. Schimonach Ilarion, 129

[34] Selawry 79

[35] vgl. Jesusgebet Nr. 16

[36] Ilarion 104

[37] Selawry 91

[38] Theophan der Klausner 81

[39] Ilarion 130

[40] Ilarion 54

[41] A. u. R. Goettmann 111/112

[42] vgl. Ilarion 169-189

[43] Ware / Jungclaussen, Hinführung zum Herzensgebet, 55

[44] Aufrichtige Erzählungen 115/116

Literatur

Andriessen, Herman	Sich von Gott berühren lassen, Geistliche Begleitung als pastorales Handeln heute, Mainz 1994
ders.	„Ja, die Schafe haben Hunger", in: Lebendige Seelsorge, 46. Jg, Juli 1995, Heft 3, S. 127-134
Antonovsky, Aaron	Salutogenese, zur Entmystifizierung der Gesundheit, Tübingen 1997
Bamberg, Corona	Geistliche Führung im frühen Mönchtum, in: Geist und Leben, 4/1981
Bäumler, Regina/ Plattig, Michael	Aufmerksamkeit ist das natürliche Gebet der Seele – Geistliche Begleitung in der Zeit der Wüstenväter und der personzentrierte Ansatz nach Carl R. Rogers – eine Seelenverwandtschaft?!, Würzburg 1998
Becker, Peter	Seelische Gesundheit und Verhaltenskontrolle, eine integrative Persönlichkeitstheorie und ihre klinische Anwendung, Göttingen 1995
Broeckhoven van, Ägid	Freundschaft zu Gott, Einsiedeln [2]1972
Bruners, Wilhelm	Gottesbilder und Persönlichkeitsstruktur, in: Lebendige Katechese, Beihefte zu „Lebendige Seelsorge" 2/1994
Buber, Martin	Die Erzählungen der Chassidim, Zürich 1949
Bunge, Gabriel	Irdene Gefäße, Die Praxis des persönlichen Gebets nach der Überlieferung der heiligen Väter, Würzburg [2]1997
Conzen, Peter	Erik H. Erikson, Leben und Werk, Stuttgart-Berlin-Köln 1996, S. 113-160
Deenen van, Jan	Stufen geistlicher Führung, in: Geist und Leben, 4/1981

Dobhan, Ulrich	Teresa von Avila, Gotteserfahrung und Weg in die Welt, Olten 1979
Edwards, Tilden	Spiritual Friend, Reclaiming Gift of Spiritual Direction, New York 1980
Falkner, Andreas	Schritte des Betens, Die „contemplación" nach Ignatius von Loyola, in: Korrespondenz zur Spirtualität der Exerzitien, Heft 64, 44. Jg., 1995
Frenzel, Peter/ Schmidt, Peter F. Marietta Winkler (Hrsg.)	Handbuch der personzentrierten Psychotherapie, Mit einer Einleitung von Carl R. Rogers, Köln 1992
Heyer, Josefine	Charakterisierung der Grundstrebungen, Manuskript, zusammengestellt nach Virginia Satir, Kommunikation, Selbstwert, Kongruenz, 1990
Hugo-Becker, Annegret/Becker, Henning	Psychologisches Konfliktmanagement, Menschenkenntnis, Konfliktfähigkeit, Kooperation, München [3]2000, S. 251-311
Jacobs, Christoph	Salutogenese, Eine pastoralpsychologische Studie zu seelischer Gesundheit, Ressourcen und Umgang mit Belastungen bei Seelsorgern, Studien zur Theologie und Praxis der Caritas und sozialen Pastoral, Band 19, Würzburg 2000
Jacoby, Mario	Übertragung und Beziehung in der Jungschen Praxis, Solothurn, Düsseldorf [2]1993
Köster, Peter	Suchet mein Angesicht, Vom Wort zum Schweigen – ein Weg zur Kontemplation, Würzburg 1989
ders.	Zuhause auf dem Weg, Meditationsimpulse zu Zeichen, Bildern und Symbolen aus dem Johannesevangelium, St. Ottilien 1999
ders.	Zur Freiheit befähigen, Kleiner Kommentar zu den Großen Exerzitien des hl. Ignatius, Leipzig [3]2004
Köster, Peter/ Andriessen, Herman	Sein Leben ordnen, Anleitung zu den Exerzitien des Ignatius von Loyola, Freiburg i. Br. 1991

Kügler, Hermann — Die inneren Bewegungen unterscheiden, zu Lernziel und Psychodynamik der ignatianischen Exerzitien, in: Lebendige Katechese 15 (1993), Heft 1

Lambert, Willi — Die Gewissenserforschung – Das Gebet der liebenden Aufmerksamkeit – in: Korrespondenz zur Spiritualität der Exerzitien, 32. Jg. 1982, Heft 47, S. 36-101

ders. — „Derjenige, der die Exerzitien gibt", zur Rolle des Begleiters in den Exerzitien, in: Korrespondenz zur Spiritualität der Exerzitien, Heft 64/1994

Leech, Kenneth — Soul Friend, The Practice of Christian Spirituality, New York 1980

Légaut, Marcel — Summe meines Lebens, Limburg 1980

ders. — Glaube, der mich trägt, Freiburg 1974

Louf, André — Die Gnade kann mehr..., Geistliche Begleitung, Münsterschwarzach 1995

Loyola von, Ignatius — Geistliche Übungen, Übertragung aus dem spanischen Urtext, Erklärung der 20 Anweisungen von Adolf Haas, Freiburg 1967 oder:

Geistliche Übungen nach dem spanischen Urtext übersetzt von Peter Knauer, Würzburg 1998

ders. — Bericht des Pilgers, übersetzt und kommentiert von Peter Knauer, Leipzig 1990

Merton, Thomas — Spiritual Direction and Meditation, Collegeville, Minn. 1960

Meures, Franz — Was heißt Unterscheidung der Geister? In: Ordenskorrespondenz 31, S. 272-291, 1990

Miller, Bonifaz — Weisung der Väter, Trier ^{2}1980

Pesch, Otto Hermann — Sprechender Glaube, Mainz 1970

ders. — Das Gebet, Augsburg 1972

Peters, William A.	The Spiritual Exercises of St. Ignatius, Exposition and Interpretation, Jersey City 1968
ders.	Die Unterscheidung der Geister bei Ignatius von Loyola, in: Concilium, 14. Jg., S. 581-585, 1978
Polag, Athanasius	Der Auftrag der geistlichen Führung, Überlegungen zur Praxis geistlicher Führung in unseren Gemeinschaften, in: Ordenskorrespondenz, 4/1981
Riemann, Fritz	Grundformen der Angst, München, Basel [14]1979
Ruthe, Reinhold	Typen und Temperamente, Die vier Persönlichkeitsstrukturen, Moers [2]1994
Schaupp, Klemens	Schwerpunkte geistlicher Begleitung, Hilfen zu ihrer Gestaltung nach Ignatius von Loyola, in: Ordensnachrichten, Sonderreihe Dokumentation 7, 29. Jg. 1990, Heft 4
ders.	Die Gegenwart des Herrn bezeugen, die Anmerkungen zu den Exerzitien als Regeln zur Unterscheidung der Geister für den, der die Übungen gibt, in: Korrespondenz zur Spiritualität der Exerzitien, Heft 65/1994
ders.	Gott im Leben entdecken, Einführung in die geistliche Begleitung, Würzburg 1994
ders.	Einführung in die geistliche Begleitung, Topos plus 2011
Schmidt, Peter F.	Personale Begegnung, Der personzentrierte Ansatz in Psychotherapie, Beratung, Gruppenarbeit und Seelsorge, Würzburg 1989
ders.	Personzentrierte Gruppenpsychotherapie, Ein Handbuch, I Solidarität und Autonomie, Köln 1994
Schutz, Roger	Im Heute Gottes leben, Freiburg [2]1978
Schwermer, Josef	Das helfende Gespräch in der Seelsorge, Paderborn [3] 1991
ders.	Gespräche, die weiterhelfen, Übungsprogramm für seelsorgliche Berufe, Paderborn [4]1991
Sudbrack, Josef	Geistliche Führung, Freiburg 1981

Usamer, Bertold	Das Handwerk des Familienstellens, Eine Einführung in die Praxis der systemischen Hellinger-Therapie, Goldmann [2]2001
ders.	Zum Helfen geboren, Antworten für hilflose Helfer aus dem Familienstellen, Münsterschwarzach 2004
Weinberger, Sabine	Klientenzentrierte Gesprächsführung, eine Lern- und Praxisanleitung für helfende Berufe, Weinheim und Basel [8]1998
Wolff, Hanna	Jesus als Psychotherapeut, Jesu Menschenbehandlung als Modell moderner Psychotherapie, Stuttgart [2]1979
Wöller, Wolfgang und Johannes Kruse (Hrsg.)	Tiefenpsychologisch fundierte Psycho-Therapie: Basisbuch und Praxisleitfaden, Stuttgart-New York 2001
Zodrow	Praktische Handhabung der Regeln zur Unterscheidung der Geister der Ersten Woche; unveröffentlichtes Manuskript
Zulehner, Paul	Helft den Menschen leben, Freiburg [6]1981

Literatur zur kontemplativen Gebetstradition der Kirche

Centurie	Die Centurie der Mönche Kallistos und Ignatios, genannt Xanthopouloi, Bern und München 1983
Das Jesusgebet	Anleitung zur Anrufung des Namens Jesus, von einem Mönch der Ostkirche, hrsg. und eingeleitet E. Jungclaussen, Regensburg [7]2001
Goettmann, Alphonse und Rachel	In deinem Namen ist mein Leben, Die Erfahrung des Jesusgebetes, mit einem Geleitwort von Abt. E. Jungclaussen OSB, Herder 1993
Johnston, William	The Cloud of Unknowing and the Book of Privy Counselling, newly edited, with an introduction by William Johnston, S.J. Image Book, 1973

ders.	The Mysticism of the Cloud of Unknowing, with a Forword by Thomas Merton, in: Religious Experience Series no. 8 [2]1980
Jungclaussen, Emmanuel (Hrsg.)	Aufrichtige Erzählungen eines russischen Pilgers, hrsg. und eingeleitet von E. Jungclaussen, Freiburg 1974, [16]1987
ders.	Das Jesusgebet, Anleitung und Anrufung des Namens Jesu, hrsg. und eingeleitet von E. Jungclaussen, Regensburg 1976
ders.	Unterweisung im Herzensgebet, St. Ottilien [3]2010
Kadloubovsky, E. und Palmer, G. E. H. (Übersetzer)	Writings from the Philokalia on Prayer of the Heart, translated by E. Kadloubovsky and G. E. H. Palmer, Faber & Faber, London [10]1979
ders. und Palmer, E. M.	The Art of Prayer, an Orthodox Anthology, compiled by Igumen Chariton of Valamo, translated by E. Kadloubovsky and E. M. Palmer, ed. with an introduction by Timothy Ware, Faber & Faber, London [6]1981
Kleine Philokalie	Betrachtungen der Mönchsväter über das Herzensgebet, Klassiker der Meditation, Düsseldorf 2006
Main, John	Meditieren mit den Vätern, Münsterschwarzach 1983
ders.	Der Pfad der Meditation, Salzburg 1985
ders.	Das Herz der Stille, Anleitungen zum Meditieren, Freiburg 2000
Philokalie der heiligen Väter der Nüchternheit	Band 1-6, Verlag „Der christliche Osten", Würzburg 2004
Riele, Wolfgang	Die Wolke des Nichtwissens, übertragen und eingeleitet von Wolfgang Riele, Einsiedeln 1980
Rosenberg, Alfons	Die Meditation des Herzensgebetes, Ein christlicher Weg der Meditation, mit einer Einführung in Methode und Praxis, Otto Wilhelm Barth Verlag 1983
Ruhbach, Gerhard/ Sudbrack, Josef (Hrsg.)	Große Mystiker, Leben und Wirken, München 1984
Schimonach, Ilarion	Auf den Bergen des Kaukasus, Gespräch zweier Einsiedler über das Jesus-Gebet, Salzburg 1991

Schneider, Michael — Das Herzensgebet, Eine Hinführung zur Theologie und Praxis des Jesusgebetes, Köln [2]2004

Schule des Herzensgebetes — Die Weisheit des Starez Theophan, mit einer Einführung von Josef Sudbrack SJ, Salzburg 1985

Selawry, Alla — Das immerwährende Herzensgebet, Ein Weg geistiger Erfahrung, Russ. Originaltexte zusammengestellt und übersetzt von Alla Selawry, Otto Wilhelm Barth Verlag 1973

Spitlik, Thomas — Theophan der Rekluse, in: Gerhard Ruhbach, Josef Sudbrack, Große Mystiker, Leben und Wirken, München 1984, S. 282 ff.

ders. — Die Starzen im alten Russland, Laienmönche als „geistliche Väter" in: Geist und Leben, 1985, Heft 2

Tertyschnikow, Georgi — Auf dem Wege zu Gott, Leben und Lehre des Starzen Theophan, Leipzig 1978

Walsh SJ, James (Hrsg.) — The Cloud of Unknowing, edited with an Introduction by James Walsh SJ, Preface by Simon Tugwell, O.P. in: the Classics of Western Spirituality, New York 1981

Ware, Kallistos — The Jesus Prayer in St. Gregory of Sinai in: Eastern Church Review IV (1972), S. 3-22

ders. — Schweigen im Gebet, Was „Hesychia" bedeutet, in: Erbe und Auftrag, Benedikt. Monatszeitschrift (Beuron), 51. Jg., Dez. 1975, S. 427-447

ders. und Jungclaussen, E. — Hinführung zum Herzensgebet, Freiburg [9]2002

Wolters, Clifton — The cloud of Unknowing, translated into Modern English with an Introduction, Pinguin 1976

Peter Köster SJ

Die Anfänge Israels

Die Väter- und Müttergeschichten
aus dem Buch Genesis und die Erzählungen
des Buches Exodus

304 Seiten, geb. mit Schutzumschlag
3. Auflage, 29,95 Euro, ISBN 978-3-8306-7656-0

Die Väter- und Müttergeschichten aus dem Buch Genesis und die Erzählungen des Exodus enthalten gleichsam den Urmythos, das religiös-kulturelle Gedächtnis, mit dem sich das Gottesvolk des ersten Testamentes in seinem Glauben beheimatet. Auch Jesus wuchs mit den Geschichten des Gottesvolkes auf und lebte aus ihnen. Als Ursprungserfahrungen sind sie wesentlicher Bestandteil unserer christlichen Bibel. Sie enthalten gleichzeitig viele Anregungen und Hinweise, was der Glaube an Gott in unserem Alltag bedeuten kann.

www.eos-verlag.de

Peter Köster SJ

Lebensorientierung am Markus-Evangelium

Eine geistiche Auslegung auf fachexegetischer Grundlage

248 Seiten, geb. mit Schutzumschlag
24,80 Euro, ISBN 978-3-8306-7445-0

In vielen Suchenden lebt die Sehnsucht, dass aus den Evangelien das Geheimnis der Gestalt Jesu ihnen wie eine Feuerflamme entgegenschlägt und sie nicht mehr anders können, als Seinen Weg aufs Neue zu beginnen. Diese Auslegung des Markus-Evangeliums ist ein Versuch, den Leser/die Leserin an die im Text verborgene Glut heranzuführen – in der Hoffnung, dass ein Funke überspringt und er/sie „Feuer" fängt.

www.eos-verlag.de

Peter Köster SJ

Das Lukas-Evangelium

Orientierung am Weg Jesu.
Eine geistliche Auslegung auf fachexegetischer Grundlage

272 Seiten, geb. mit Schutzumschlag
2. Auflage, 29,95 Euro, ISBN 978-3-8306-7863-2

Kein Evangelium hat die Liturgie des Kirchenjahres und das Gottes- und Jesus-„Bild" so geprägt wie das Lukasevangelium. Die eindrucksvoll gemalten Textbilder von der Verkündigung in Nazareth, dem Besuch Marias bei Elisabeth („Heimsuchung"), der Geburt Jesu im Stall, der Engel über den Hirtenfeldern von Bethlehem, des stärkenden Engels in der Todesangst Jesu am Ölberg, der Begegnung des Auferstandenen mit den beiden Jüngern auf dem Weg nach Emmaus, der „Himmelfahrt" und der Geistsendung am Pfingsttag in Jerusalem – sie alle verdanken wir ausschließlich dem Evangelisten Lukas. Der hier vorgelegte Kommentar bringt in knapper Form wesentliche Fragen und Themenfelder des dritten Evangelisten zur Sprache.

www.eos-verlag.de

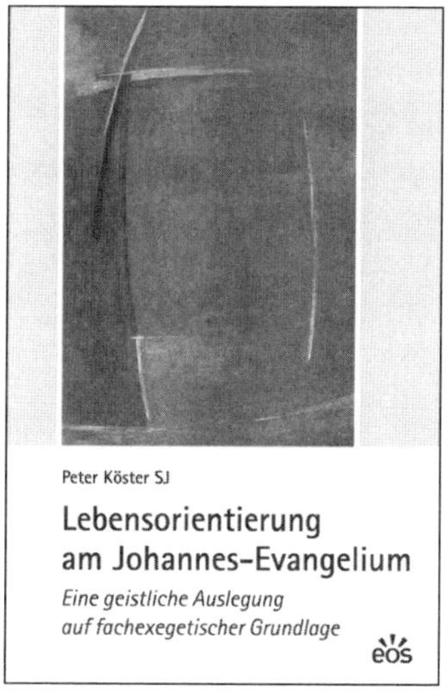

Peter Köster SJ

Lebensorientierung am Johannes-Evangelium

Eine geistliche Auslegung auf fachexegetischer Grundlage

232 Seiten, geb. mit Schutzumschlag
19,95 Euro, ISBN 978-3-8306-7585-3

Das Symbol des Johannesevangeliums ist der Adler, der in kühnen Höhen seine Kreise zieht, dabei aber das, was sich unter ihm am Boden bewegt, genau im Blick hat. Bei aller theologischen „Höhe" und Konzentration bleibt das vierte Evangelium bei den Grundfragen der Menschen, setzt bei ihren elementaren Nöten, Sehnsüchten und Bedürfnissen an, um ihrem Leben Sinn und Orientierung zu geben. Wer die Szenen und Reden dieses Evangeliums verstehen will, muss durch das äußere Geschehen und den wörtlichen Sinn der Worte hindurch nach dem geistlichen Sinn forschen, nach der in ihnen verborgenen unsichtbaren Wirklichkeit: der Leidenschaft Gottes für den Menschen.

www.eos-verlag.de